普通高等教育"十三五"规划教材
全国高等院校规划教材·财经管理系列

管理学学习指导

李传军 主编

图书在版编目(CIP)数据

管理学学习指导/李传军主编.—北京：北京大学出版社，2019.1
全国高等院校规划教材·财经管理系列
ISBN 978-7-301-29356-0

Ⅰ.①管… Ⅱ.①李… Ⅲ.①管理学－高等学校－教学参考资料 Ⅳ.①C93

中国版本图书馆 CIP 数据核字（2018）第 036986 号

书　　　名	管理学学习指导 GUANLIXUE XUEXI ZHIDAO
著作责任者	李传军　主编
策划编辑	李　玥
责任编辑	李　玥
标准书号	ISBN 978-7-301-29356-0
出版发行	北京大学出版社
地　　　址	北京市海淀区成府路 205 号　100871
网　　　址	http://www.pup.cn　　新浪微博:@北京大学出版社
电子信箱	zyjy@pup.cn
电　　　话	邮购部 010-62752015　发行部 010-62750672　编辑部 010-62704142
印　刷　者	北京市科星印刷有限责任公司
经　销　者	新华书店
	787 毫米×1092 毫米　16 开本　11.75 印张　324 千字 2019 年 1 月第 1 版　2019 年 1 月第 1 次印刷
定　　　价	29.00 元

未经许可，不得以任何方式复制或抄袭本书之部分或全部内容。
版权所有，侵权必究
举报电话：010-62752024　电子信箱：fd@pup.pku.edu.cn
图书如有印装质量问题，请与出版部联系，电话：010-62756370

前　言

管理学是经济管理类专业的专业基础课、核心课，是非经管类专业的平台课，也是报考管理类专业硕士研究生的考试课程。目前，全国各大高校所使用的管理学教材并不统一，但基本理论与基本方法是一致的。大多数教材课后都给出了思考题或练习题，但往往没有给出参考答案，这给初学者带来了一定的困难。

管理学这门课程不仅要求学生系统地掌握管理学的基本概念、基本理论和基本方法，而且要能够运用理论发现、分析和解决现实中的具体问题。为了帮助学生更好地学习本门课程，我们以北京大学出版社出版的《管理学：理论与实践（第二版）》(ISBN：978-7-301-29216-7)为蓝本，编写了这本学习指导书。

需要特别指出的是，本书中各类题目的作用主要在于促进和强化学生对于教材内容的理解和掌握。许多题目的答案只是一种重要的参考，而非唯一的标准答案。这是因为，在不同的教材中，对于管理学的基本理论与基本方法的介绍几乎一致，但是对于一些管理学的基本概念，不同的教材中的定义并不完全相同，这也是哈罗德·孔茨提出的"管理理论丛林"的一种现象。

需要说明的是，本书提供的案例分析参考答案主要是为了帮助学生尽快掌握通过案例来学习管理的方法，并非是案例分析的所谓唯一标准答案。通过阅读并思考案例中所描述的特定管理情境，积极参与课堂讨论，然后尝试总结出一些一般性的结论，这也是经典的科学方法。但试图从单个案例中得出唯一正确的结论是不科学的。分析案例要求更多的是开放的思路、多种视角、身临其境、体会感悟。

本书由齐鲁工业大学（山东省科学院）李传军副教授担任主编。在编写过程中编者参考了大量的相关文献，在此对文献作者致以诚挚的感谢。北京大学出版社的李玥编辑和审稿人员提供了大量帮助，在此一并感谢！

本书既可以作为学生学习管理学课程的练习及考研辅导书，也可以用于管理学授课教师的教学与命题参考书。尽管本书进行了多次修改、补充，但由于作者水平有限，不当之处在所难免。恳请各位同行、专家与读者继续不吝指正（E-mail：lichuanjun@126.com）。

李传军

2018 年 10 月 18 日

Contents

目 录

第 1 章　管理与组织概述 …………………………………………………（1）
第 2 章　管理理论的形成与发展 …………………………………………（18）
第 3 章　决策 ………………………………………………………………（25）
第 4 章　计划 ………………………………………………………………（41）
第 5 章　战略管理 …………………………………………………………（52）
第 6 章　组织职能概述 ……………………………………………………（61）
第 7 章　组织结构设计 ……………………………………………………（68）
第 8 章　组织文化与组织变革 ……………………………………………（85）
第 9 章　领导与领导理论 …………………………………………………（90）
第 10 章　激励理论 ………………………………………………………（104）
第 11 章　沟通 ……………………………………………………………（120）
第 12 章　控制职能概述 …………………………………………………（127）
第 13 章　控制方法 ………………………………………………………（136）
习题答案 ……………………………………………………………………（139）
　第 1 章　管理与组织概述 ………………………………………………（139）
　第 2 章　管理理论的形成与发展 ………………………………………（142）
　第 3 章　决策 ……………………………………………………………（145）
　第 4 章　计划 ……………………………………………………………（148）
　第 5 章　战略管理 ………………………………………………………（151）
　第 6 章　组织职能概述 …………………………………………………（154）
　第 7 章　组织结构设计 …………………………………………………（157）
　第 8 章　组织文化与组织变革 …………………………………………（163）
　第 9 章　领导与领导理论 ………………………………………………（165）
　第 10 章　激励理论 ……………………………………………………（169）
　第 11 章　沟通 …………………………………………………………（173）
　第 12 章　控制职能概述 ………………………………………………（174）
　第 13 章　控制方法 ……………………………………………………（176）

第1章 ■ 管理与组织概述

一、本章词汇

1. 管理（management）
2. 计划（planning）
3. 组织（organization）
4. 领导（leading）
5. 控制（controlling）
6. 效果（effectiveness）
7. 效率（efficiency）
8. 管理者（managers）
9. 非管理类员工（nonmanagerial employees）
10. 管理者角色（management roles）
11. 人际关系角色（interpersonal roles）
12. 信息角色（informational roles）
13. 决策角色（decisional roles）
14. 概念技能（conceptual skills）
15. 技术技能（technical skills）
16. 人际技能（human skills）
17. 道德（ethics）
18. 道德的功利观（utilitarian view of ethics）
19. 道德的权利观（rights view of ethics）
20. 道德的公正观（justice view of ethics）
21. 道德准则（code of ethics）
22. 企业社会责任（corporate social responsibility, CSR）

二、单项选择题

1. 管理的载体是（　　）。
   A. 组织　　　　B. 人　　　　C. 管理者　　　　D. 资源
2. 管理的目的是（　　）。
   A. 把人管住
   B. 做正确的事
   C. 正确地做事
   D. 有效实现组织目标

3. 管理的主体是（　　）。
   A. 企业家　　　　B. 全体员工　　　C. 高层管理者　　D. 管理者
4. （　　）提出"管理就是决策"的主张。
   A. 西蒙　　　　　B. 德鲁克　　　　C. 泰勒　　　　　D. 法约尔
5. （　　）被称为现代经营管理理论的创始人。
   A. 西蒙　　　　　B. 德鲁克　　　　C. 泰勒　　　　　D. 法约尔
6. 最早提出"管理是由计划、组织、指挥、协调及控制等职能为要素组成的活动过程"的管理学家是（　　）。
   A. 法约尔　　　　B. 西蒙　　　　　C. 德鲁克　　　　D. 泰勒
7. 通常被描述为"做正确的事"的是（　　）。
   A. 管理　　　　　B. 领导　　　　　C. 效率　　　　　D. 效果
8. 下列几项活动中，哪一项不属于管理活动？（　　）
   A. 部队中的班长与战士谈心
   B. 钢琴家制订自己的练习计划
   C. 企业的主审计师对财务部门进行检查
   D. 医院的外科主任主持会诊
9. 对"管理"一词下一个确切的定义并不是一件很容易的事，古今中外对管理的概念有众多解释。根据管理的性质，以下解释明显错误的是（　　）。
   A. 管理就是借他人之力把事情办好
   B. 协调一个组织的活动以达到其目标
   C. 运用各种权力来源，以便达成个人目标
   D. 管理者通过计划、组织、领导、控制等活动实现组织目标
10. 管理学是一门软科学，人们对"管理"一词本身也有不用的理解。这里有两种不甚规范但耐人寻味的解释：一种是"管理就是你不管，下属就不理你"；另一种是"管理就是先理（梳理）然后才能管"。对这两种解释，你的看法是（　　）。
    A. 前者代表了典型的集权倾向，后者反映出一种民主的气氛
    B. 后一种更科学，因为强调了"理"，但也有不妥，似乎"理"好了，就不需要管了
    C. 两种解释都片面地强调了管理工作中的控制职能，只是思考和表达的角度不同而已
    D. 前者可应用于基层管理，后者可应用于高层管理
11. 下列关于管理者的说法中，正确的是（　　）。
    A. 管理者是组织中地位较高的人
    B. 管理者可以分为高层、中层和基层
    C. 管理者可以指挥别人的活动，不受别人的指挥
    D. 组织中的技术专家和法律顾问也是管理者
12. 管理的职能包括（　　）。
    A. 计划、组织、领导、控制　　　　B. 计划、组织、协调、控制
    C. 组织、协调、沟通、激励　　　　D. 组织、沟通、激励、控制
13. 在整个管理工作中处于首要位置的职能是（　　）。
    A. 计划　　　　　B. 组织　　　　　C. 领导　　　　　D. 控制

14. 下述哪一项不属于法约尔提出的管理的五项职能？（　　）
    A. 计划　　　　B. 组织　　　　C. 决策　　　　D. 控制

15. 为了有效地实现组织目标，而在组织中进行部门划分、权力分配和资源配置的过程，属于以下哪一项管理职能？（　　）
    A. 计划职能　　B. 组织职能　　C. 领导职能　　D. 控制职能

16. 管理人员对当前的实际工作是否符合计划进行测定、纠正，并促使组织目标实现的过程，属于哪一项管理职能？（　　）
    A. 组织职能　　B. 领导职能　　C. 控制职能　　D. 计划职能

17. "运筹帷幄之中，决胜千里之外"，这里的"运筹帷幄"反映了管理的哪个职能？（　　）
    A. 计划职能　　B. 组织职能　　C. 领导职能　　D. 控制职能

18. 通过营造一种"为实现目标努力奋斗"的氛围，对组织成员施加影响是管理的（　　）职能所从事的活动。
    A. 计划　　　　B. 组织　　　　C. 领导　　　　D. 控制

19. 把生产要素按照计划的各项目标和任务的要求结合成为一个整体，把计划工作中制订的行动方案落实到每一个环节和岗位，以确保组织目标的实现，这是管理的（　　）。
    A. 计划职能　　B. 组织职能　　C. 领导职能　　D. 控制职能

20. 要确保"事有人做，人有事做；事得其人，人得其事"，需做好管理中的（　　）工作。
    A. 计划职能　　B. 组织职能　　C. 领导职能　　D. 控制职能

21. 在一场足球比赛中，教练会根据场上的形势及时换人，从管理的角度看，这种换人调整更多地属于管理的哪一个职能？（　　）
    A. 计划职能　　B. 组织职能　　C. 领导职能　　D. 控制职能

22. 一个月前，章小欣担任了一家大型上市公司的总经理。经过一个月的调查、审慎考虑以后，章小欣发出了四道指令：一是调整公司发展方向；二是调整部门结构；三是完善公司的激励措施，进一步调动员工积极性；四是要加强对工作绩效的考核。这四道指令分别对应于管理的哪些职能？（　　）
    A. 计划、控制、组织、领导　　　　B. 计划、组织、领导、控制
    C. 组织、计划、控制、领导　　　　D. 领导、组织、计划、控制

23. 轮船要顺利到达目的地，船长的工作非常重要：设计方向的领航员，实际控制方向的舵手，轮船的设计者或选用者，以及全体船员形成支持、参与和沟通关系的促进者。这些分别是管理的哪些职能？（　　）
    A. 计划、控制、组织和领导　　　　B. 计划、组织、领导和控制
    C. 领导、计划、组织和控制　　　　D. 领导、组织、计划和控制

24. 长期以来，盛阳新材料公司人才济济、设备精良，常常以管理正规有序而自诩。但近年来该公司却业绩不佳，尤其是员工士气低落，管理人员和技术人员的流失率逐年升高。从管理职能分析，该公司最有可能是（　　）工作存在问题。
    A. 计划职能　　B. 组织职能　　C. 领导职能　　D. 控制职能

25. 以下分别是管理的哪一项职能？① 航行于大海上的轮船只有依靠舵手对航向

的不断修正,才能平安到达目的地;② 教练在赛前给球队制定的赛场战术、赛中换人或利用"暂停"指示队员改变战术、赛后总结经验教训,都是为了球队取得理想的成绩;③ 生产过程中,若发现某产品的单位变动成本超过了某一特定水平,管理者则要分析原因,确定是因为原材料涨价,还是员工劳动生产率降低,或者生产过程中浪费严重等,以便采取一定措施,使成本下降。(　　)

  A. 分别是管理的计划、领导和控制职能
  B. 分别是管理的领导、组织和控制职能
  C. 分别是管理的领导、组织和计划职能
  D. 都是管理的控制职能

26. 为了开拓中国市场,某大型跨国公司在北京建立了一个集多功能于一体的信息中心,即通常人们所说的"呼叫中心"。这个中心包括:在线销售中心、客户满意中心、客户技术中心、内部技术支持中心。公司明确要求中心负责人需注意以下事项:① 根据目标规划与未来发展的潜力,确定业务与技术方面的需求;② 对中心进行配置,确定技术和数据库方面的需求;③ 注重员工招募与培训,组成能与客户良好交流的服务小组;④ 进行结果分析,采取行动,以保证持续的进步和满足既定的业务目标。请问,在上述事项中没有得到明确强调的是哪一项管理职能?(　　)
  A. 计划　　　　B. 组织　　　　C. 领导　　　　D. 控制

27. 对于基层管理者而言,最重要的是(　　)。
  A. 技术技能　　B. 人际技能　　C. 概念技能　　D. 管理技能

28. 有一种技能对于高层管理者最重要,对于中层管理者重要,对于基层管理者不重要,它就是(　　)。
  A. 技术技能　　B. 人际技能　　C. 概念技能　　D. 管理技能

29. 对于管理人员来说,需要具备多种技能,如概念技能、人际技能、技术技能等。对于高层的管理人员,以上三种技能按其重要程度的排列顺序为(　　)。
  A. 技术技能、人际技能、概念技能
  B. 技术技能、概念技能、人际技能
  C. 概念技能、人际技能、技术技能
  D. 人际技能、概念技能、技术技能

30. 根据罗伯特·卡茨的观点,对于不同层次管理者而言,有一项技能的重要性大体相同,它是以下哪一项?(　　)
  A. 技术技能　　B. 人际技能　　C. 概念技能　　D. 财务技能

31. 一个管理者所处的组织层次越高,面临的问题越复杂,越无先例可循,就越不需要具备(　　)。
  A. 领导技能　　B. 技术技能　　C. 概念技能　　D. 人际技能

32. 有时,一位工作表现很出色的基层主管在被提升为中层主管、进而高层主管后,虽然工作比以往更卖力,绩效却一直很差。其中的原因很可能就在于这位管理人员并没有培养起从事高层管理工作所必需的(　　)。
  A. 概念技能　　B. 技术技能　　C. 人际技能　　D. 领导技能

33. 管理者需要具有多种技能。其中,管理者对组织发展的远大目标、战略方向的判断力,即洞察组织与环境相互影响因素的能力、确定和协调各方面关系的能力以及权衡不同方案优劣的能力属于以下哪种技能?(　　)

　　A. 技术技能　　　　　　　　B. 概念技能
　　C. 人际技能　　　　　　　　D. 战略技能

34. 在做出是否收购其他企业的决策时,管理者必须从多个角度出发全面分析拟购企业的目前状况及可能的发展余地等。这时管理者需要的技能主要是(　　)。

　　A. 诊断技能　　　　　　　　B. 人际技能
　　C. 概念技能　　　　　　　　D. 技术技能

35. 刘晓在某公司做了两年的业务员,最近被提升为华东营销中心主任。他很想在新的岗位上取得成绩,故去咨询曾做过营销中心主任的王川。王川向他提供了三条建议:第一,能理解人,能敞开地和人沟通,能在部门内外和他人一起工作;第二,能理解组织的整体结构,能解释组织计划和目标并将其转换为本部门的目标,能够预见问题并进行处理;第三,能使自己的想法和建议被上司接受,维护权威,尊重管理阶层。根据罗伯特·卡茨的观点,王川所提出的建议涉及人际技能的有(　　)。

　　A. 第一点和第二点　　　　　B. 第一点和第三点
　　C. 第二点和第三点　　　　　D. 第一点

36. 东山旅行公司张蒙总经理在总体市场不景气的情况下,以独特的眼光发现了探险项目与40岁左右男性消费者之间的相关性。在此基础上,他设计了具有针对性的旅游线路和项目,并进行了大量的前期宣传。因为涉及与旅游、交通、保险、环保等部门的协调,新项目的正式批准时间比预期晚了整整一年,因此丧失了大量的市场机会。下列说法中最能概括张总的管理技能的是(　　)。

　　A. 技术技能、人际技能、概念能力都弱
　　B. 技术技能、人际技能、概念能力都强
　　C. 技术技能和人际技能强,但概念能力弱
　　D. 技术技能和概念技能强,但人际技能弱

37. 在管理者由低到高升迁的过程中,其工作性质也逐渐变得(　　)。

　　A. 具体,技术性很强　　　　B. 抽象,战略性很强
　　C. 模糊,技术性很强　　　　D. 具体,战略性很强

38. 负责直接指挥作业人员的日常作业,例如,工厂中的领班、组长,商场中的主管,等等,他们属于(　　)。

　　A. 基层管理者　　B. 中层管理者　　C. 高层管理者　　D. 作业人员

39. 主要负责确立组织的目标以及影响全体组织成员的重大决策,并对组织的成败负有根本责任,如工厂的厂长、商场的总经理、学校的校长或董事长等。他们属于(　　)。

　　A. 基层管理者　　B. 中层管理者　　C. 高层管理者　　D. 作业人员

40. 某位管理人员把大部分时间都花费在直接监督下属人员工作上,他一定不会是(　　)。

　　A. 工长　　　B. 总经理　　　C. 领班　　　D. 车间主任

41. 在介绍自己的时候,某研究所的一位管理人员说他在单位的主要职责是给软件

开发人员分派具体的工作任务,并指挥和监督各项具体工作任务的完成。由此可推断,这位管理人员是( )。
   A. 高层管理人员　　　　　　　B. 中层管理人员
   C. 基层管理人员　　　　　　　D. 无法推断

42. 管理人员与一般工作人员的根本区别在于( )。
   A. 需要与他人配合完成组织目标
   B. 需要从事具体的文件签发审阅工作
   C. 需要对自己的工作成果负责
   D. 需要协调他人的努力以实现组织目标

43. "兵熊熊一个,将熊熊一窝。"这句话最能说明的管理原理是( )。
   A. 搞好企业,关键在于有没有一个合格的企业家
   B. 搞好企业,就不可避免地要解聘无能的人,让"熊兵"下岗
   C. 当好领导的关键,是要进行人力资源开发,把"熊兵"培养成"能将"
   D. 任何领导者都不免要与一些无能之辈共事

44. 某技术专家原来从事专业工作,业务专精、绩效显著,最近被提拔到所在科室负责人的岗位。随着工作性质的转变,他今后的工作重心应该是( )。
   A. 放弃技术工作,全力以赴,抓好管理和领导工作
   B. 重点仍以技术工作为主,以自身为榜样带动下级
   C. 以抓管理工作为主,同时参与部分技术工作,以增强和下级的沟通与理解
   D. 在抓好技术工作的同时,做好管理工作

45. 管理者应具备的技能被划分为三类。在现实中我们经常能够看到这样一种现象:一所高校的校长往往是一位在某学科造诣很高的学术专家,一所医院的院长则是一位医术高深的医学专家。但是,有些学术专家乃至医术专家却未能成为称职的管理者。针对上述现象,你的看法是( )。
   A. 就管理层次而言,越往上,技术技能越重要;越往下,人际技能越重要
   B. 搞技术的人往往不善于与人打交道,人际技能较弱,难以胜任担当管理之职
   C. 对高层管理者来说,最重要的是人际技能,其他技术技能和概念技能均不重要
   D. 就管理层次而言,越往上,概念技能越重要;越往下,技术技能越重要

46. 有人说,"外行不能领导内行",但有时某些业务上"外行"领导"内行",也能有许多成功的事例。从管理学的角度分析,业务上的外行更适合担任( )。
   A. 基层管理者,因为管理的内容比较简单
   B. 中层管理者,因为对中层管理者来说业务并不重要
   C. 高层管理者,因为高层管理者重在决策,而不是具体业务
   D. 外行在任何情况下,都不宜领导内行

47. 管理学原理认为,对于管理人员来说需要具备多种技能,其中最主要的是概念技能、人际技能和技术技能等。有一种观点认为,当一名高级管理人员需要最多的是概念技能,而基层管理人员需要最多的是技术技能,但是二者的人际技能要求基本相同。你认为造成这种情况的最主要原因是什么?( )
   A. 高层管理人员需要做各种各样的例外管理和技术性管理
   B. 基层管理人员需要做更多的程序化的技术性管理

C. 二者管理工作的内容和对象不同

D. 二者管理工作的程序和方法不同

48. 管理者在处理与组织成员和其他利益相关者的关系时,他们就在扮演(　　)。
    A. 人际角色　　　B. 信息角色　　　C. 决策角色　　　D. 企业家角色

49. 管理者从外界的组织或机构获得一些信息,并将这些信息传递给组织的其他成员,他们就在扮演(　　)。
    A. 人际角色　　　B. 信息角色　　　C. 决策角色　　　D. 企业家角色

50. 以下关于组织的说法中不准确的是(　　)。
    A. 组织必须由两个或两个以上的人组成
    B. 组织必须有一定的行为准则
    C. 组织必须有既定的目标
    D. 任意一个群体都可称为一个组织

51. 管理者必须因地制宜地将管理知识与具体管理活动相结合,这里强调的是(　　)。
    A. 管理的科学性　　　　　　B. 管理的艺术性
    C. 管理的有效性　　　　　　D. 管理的实用性

52. 绿艺公司为高档宾馆、写字楼等提供各种景观植物,品种多达上千种。为了更牢固地站稳市场,公司总经理要求公司外派业务员密切关注他们所负责的宾馆、写字楼的整体布局与风格调整、用户结构变化、大型商务活动计划等,为此还设计了专业的信息表,规定这些表多长时间必须填一次,收到表的部门如何处理这些调查表等。这些措施是(　　)。
    A. 组织措施　　　B. 计划措施　　　C. 销售措施　　　D. 控制措施

53. OEC管理法是海尔管理模式的典型代表,曾获得国家级企业管理现代化成果一等奖。其含义大致是:全方位地对每一个人每一天所做的每一件事进行严格控制和清理,做到"日清日毕,日清日高"。许多企业到海尔学习了这一做法,但回到自己的企业后却发现很少能坚持下去的。请问以下说法哪一条不能解释这一现象?(　　)
    A. 管理具有科学性和艺术性
    B. 任何一种管理经验都具有明显的个性,它只适用于一种特定的文化,并不是所有企业都能用得上
    C. 一家成功企业的成功经验是企业全体成员长期共同实践的结晶
    D. 学习一个成功企业,关键是学习它的管理思路,而不是学习它的具体做法

54. 朱力东是某大型企业集团的总裁助理,年富力强,在助理岗位上工作得十分出色。他最近被任命为集团销售总公司的总经理,从而由一个参谋人员变成了独立部门的负责人。下面是他最近参与的几项活动,你认为其中的哪一项几乎与他的领导职能无关?(　　)
    A. 向下属传达他对销售工作目标的认识
    B. 与某用户谈判以期达成一项长期销售协议
    C. 召集各地分公司经理讨论和协调销售计划的落实情况
    D. 召集公司有关部门的职能人员开联谊会,鼓励他们攻克难关

55. 管理工作必然会涉及人,使管理者在许多问题的处理上都会自觉不自觉地受到

主观因素的影响。在管理制度建设上,有人提出应该"对事不对人",以减少主观因素对决策的影响,但也有人提出应该"既对事也对人",因为实际上人与事是很难完全分离的。以下关于管理制度建设的看法,你最赞同哪一种?(　　)
   A. 制度建设只要做到客观公正,在执行中就能回避主观因素的影响
   B. 制度建设不可能一蹴而就,要在执行过程中随时视情况加以修正
   C. 只要制度是经过正式程序制定出来的,在执行中就必须不折不扣
   D. 制度建设必须考虑人性因素,在执行过程中应体现例外原则

56. 美国管理大师彼德·德鲁克说过,如果你理解管理理论,但不具备管理技术和管理工具的运用能力,你还不是一个有效的管理者;反过来,如果仅具备管理技术和能力,而不掌握管理理论,那么你充其量只是一个技术员。这句话说明(　　)。
   A. 有效的管理者应该既掌握理论,又具备管理技巧与管理工具的运用能力
   B. 是否掌握管理理论对管理工作的有效性来说,无足轻重
   C. 如果理解管理理论,就能成为一名有效的管理者
   D. 有效的管理者应该注重管理技术与工具的运用能力,而不必注意管理理论

57. 一个小男孩校服裤子太长了,要求家人给裁短些。这个男孩先是要求妈妈做这件事。由于担心妈妈可能没有时间,他相继又对奶奶和姐姐提出了同样的要求。结果,奶奶、妈妈和姐姐三人都在忙完各自的事情后,分别将这条裤子裁短了一截。第二天早上,男孩拿裤子穿时,发现了一个不可挽回的后果。这一家庭生活中的小事说明了以下要素中的(　　)是人类活动取得良好效果的客观需要。
   A. 协调　　　　B. 计划和组织　　C. 组织和领导　　D. 领导和控制

58. "一个繁忙的管理者往往不是一个好的管理者。"对于这种看法,你如何评价?(　　)
   A. 这种看法有一定的正确性,因为管理者的工作重点应该是让下属的积极性得到发挥,而不是自己繁忙
   B. 这种看法不对,管理者需要承担比下属更大的责任,当然应该很繁忙
   C. 这种看法不对,管理者除了管理下属以外,也要处理千头万绪的事务性的工作,当然会很繁忙
   D. 这种看法正确,最高明的管理者就应该是"无为而治"的管理者

59. 生产部长说:"如果我们不生产,什么也不会发生。"技术开发部部长打断说:"如果我们不进行设计,什么也不会发生。"销售部部长说:"如果不是我们把产品卖出去,那才真是什么都不会发生呢!"上述谈话说明该组织存在什么严重的问题?(　　)
   A. 各部门领导过分强调本部门工作的重要性
   B. 各部门领导对各自角色及其在组织中的作用定位不准
   C. 各部门领导对组织内各职能的分工合作缺乏正确的认识
   D. 各部门领导的话没有什么错误,只是语气不太好

60. 某公司新近从基层选拔了一批管理人员担任中层管理职务。上岗之前,公司委托你对他们进行培训,你认为,这种培训的重点应当放在(　　)。
   A. 总结他们在基层工作的经验教训
   B. 熟悉公司有关中层管理人员的奖罚制度

C. 促进他们重新认识管理职能的重点所在

D. 帮助他们完成管理角色的转变

61. 曾有某高新技术企业的总裁,其个人并无接受过相关高新技术教育及从事过相关领域经营的背景,而只有接受过 MBA 教育并在其他非高新技术企业成功经营的履历。但他上任后,在短短的不到3年的时间里,就迅速扭转了该公司多年亏损的局面,完成了当初董事会提出的盈利目标。这一事例说明( )。

A. 企业高层管理者不需要专业知识和技能,有管理经验就行了

B. 成功的管理经验具有通用性,可以不分行业地加以成功移植

C. 企业核心领导的管理水平会对企业的发展产生不可估量的作用

D. 这只是一种偶然发生的现象,可能是该总裁正好遇见市场机会

62. 某机械制造公司的一位车间主任,上班提前到岗,下班后工人都走了,他还逐一熄灯、关门,起早贪黑,没少干活。但其所在车间的管理工作却不够理想,纪律松散,生产率低下,产品不合格率居高不下,经公司研究决定将他免职。有人提出异议,总经理却说:"这样的人可以当组长、工长甚至劳动模范,却不能当称职的车间主任。"这说明( )。

A. 管理者精力是有限的,一般不应再兼任作业工作

B. 中层管理者的工作应该是通过下属并同下属一道完成组织交给的任务

C. 厂长对领导干部要求过高

D. 这位主任被撤职,可能是缺乏技术技能与人际技能

63. 20世纪30年代中期,年轻的艾森豪威尔只是个少校,马歇尔却有意将他安置在作战计划部工作,以帮助他获得系统的战略知识。这种知识对一位高级军事领导人来讲是不可缺少的。艾森豪威尔的这一经历使他克服了某种严重的局限性,让他在做组织和策划工作时能充分发挥自己的长处。对马歇尔的这一安排,以下说法中最恰当的是( )。

A. 马歇尔不聪明,给自己培养了一个竞争对手

B. 马歇尔是一个有效的管理者,因为他懂得管理任务之一就是培养下属

C. 马歇尔非常明智,他知道如何利用自己的权力培养自己的亲信,树立自己的威信

D. 管理经验非常重要,艾森豪威尔在作战计划部的经历使他成为有效的管理者

64. 有人认为,在知识经济社会,精通专业非常重要。因此作为管理者,不管是企业界的,还是医学界的,或者是政府部门的,他们只需要精通自己的专业。作为一名会计师,不需要知道产品如何制造;作为一名工程师,不需要了解如何促销某种新产品;作为一名外科医生,不需要了解精神病的治疗;作为农业部的官员,不需要研究国际政治和国际法律。以下说法中更恰当的是( )。

A. 这种说法符合当今社会的发展规律,因为技术非常重要,一个人要想有更好的发展,必须精通自己的专业

B. 作为一名管理者,首先应该精通自己专业的知识,其他知识可以忽略

C. 这种说法不利于管理者做好管理工作,因为管理要求管理者应该是复合型人才

D. 这种说法符合管理学中的对管理者素质的要求

三、多项选择题

1. 管理的职能包括(　　　　)。
   A. 计划职能　　　　　　　　B. 组织职能
   C. 领导职能　　　　　　　　D. 控制职能

2. 下列关于管理技能的说法中,正确的是(　　　　)。
   A. 罗伯特·卡茨将管理者所需要的技能分成技术技能、人际技能和概念技能
   B. 对于高层管理人员而言,概念技能最为重要,人际技能次之
   C. 对于基层管理人员来说,概念技能和技术技能最为重要
   D. 各层次的管理人员都需要具备三种管理技能

3. 根据亨利·明茨伯格的管理角色理论,以下属于决策角色的是(　　　　)。
   A. 挂名首脑　　　　　　　　B. 企业家
   C. 监听者　　　　　　　　　D. 资源分配者

4. 企业的基本特征包括(　　　　)。
   A. 企业是依法设立的经济组织
   B. 企业是社会基本经济组织
   C. 企业是从事营利性经济活动的组织
   D. 企业是实行独立核算的经济组织

5. 下列企业类型中,具有"法人"资格的有(　　　　)。
   A. 个人业主制企业　　　　　B. 合伙制企业
   C. 有限责任公司　　　　　　D. 股份有限公司

6. 管理的职能也就是管理工作中所包含的几类基本活动。以下关于职能的论述正确的是(　　　　)。
   A. 彼此独立,分别由不同的部门人员担当
   B. 各不相同,分别由不同层次的人担当
   C. 在空间和时间上彼此交融,每一个主管人员都要承担这些活动
   D. 形式不同而本质相同

7. 某集团公司总经理某天上午参加分公司成立庆典并致辞,并接待主要来宾;下午回公司召开集团班子会议,讨论和拟定明年的经营计划和财务预算。该总经理今天扮演的管理者角色主要为(　　　　)。
   A. 挂名首脑　　B. 联络者　　C. 监听者　　D. 传播者
   E. 决策制定者

四、判断题

1. 管理是"协调",是带领人们去实现目标,绝不是把人管住。(　　)
2. 现实中的管理活动是严格按照计划、组织、领导、控制这样的逻辑顺序进行的。(　　)
3. 管理的普遍性说明管理无处不在。(　　)
4. 组织中直接从事具体的任务和操作的人员不能称为管理者。(　　)
5. 组织中不同层次的管理者由于面对任务的复杂性不同,行使的管理职能也不一

样,例如基层管理者通常不进行计划工作,高层管理者一般不涉足控制工作。(   )

6. 亨利·明茨伯格的管理角色理论与管理职能的框架迥然不同,毫无关联,不过仍然有助于管理者从另一个视角理解管理工作。(   )

五、简答题

1. 简述管理的含义。
2. 效率和效果的含义分别是什么?
3. 什么是管理职能?管理有哪些主要职能?各个层次的管理者在履行管理职能时有何异同?

六、论述题

1. 什么是管理者?管理者可按层次和领域分为哪几种类型?
2. 管理者有哪些技能要求?它们与管理者所处层次有何关系?
3. 简述亨利·明茨伯格所提出的管理角色理论以及与管理职能的关联性。
4. 试述组织的含义与特征。
5. 关于管理的性质,在理论界与实践界争论颇多,有人说管理是一门科学,也有人说管理是一门艺术。请陈述你的观点。

七、案例分析题

案例分析(一)

赵总的一天

赵文清是伊达食品公司华南分公司的总经理。早晨7点,赵文清上班时,他的心情特别好,因为最近的生产率报告表明,华南分公司超过了其他两个分公司,成为人均劳动生产率最高的分公司。昨天,赵文清在与其上司的通话中得知,他本人的半年绩效奖金比去年整整翻了两倍!

赵文清决定今天要把手头的许多工作清理一下。像其他时候一样,他总是尽量做到当日事当日毕。除了下午有一个会议外,今天的其他时间都没有安排,因此,他可以思考许多重要的问题。他打算仔细审阅最近的审计报告并签署他的意见,并仔细检查工厂全面质量管理(TQM)计划的执行情况。他还打算制定下一年度的资本设备预算,离申报截止日期只有不到一周了。赵文清还有许多重要的事项记在他的"待办"日程表上:他要与副总经理赵爽讨论几个员工的投诉;写一份15分钟的演讲稿,准备在后天的会议上致辞;审查他的助理草拟的贯彻食品行业安全健康的情况报告。

赵文清到达工厂的时间是7点15分,还在走廊上,就被公司会计小王给拦住了。小王告诉他负责工资表制作的小张昨天没有将工资表交上来,昨天晚上她等到9点,也没有拿到工资表,今天无法按时向总部上报这个月的工资表了。赵文清作了记录,打算与工厂的总会计师交换一下意见,并将情况报告他的直接上司——公司副总裁李茂新。赵文清总是随时向上司报告任何问题,他从不想让自己的上司对发生的事情感到突然。

赵文清来到办公室,打开计算机,查看了有关信息,他发现只有一项工作需要立即处理。他的助理已经草拟了下一年度公司全部管理人员和专业技术人员的休假时间表,这必须经赵文清审阅和批准。

接下来要办的事是资本设备预算。赵文清在电脑上开始计算公司需要什么设备以及每项的成本是多少。这项工作刚进行了 1/3,赵文清便接到公司副总经理王辉打来的电话。王辉电话中说在夜班期间,三台主要的输送机有一台坏了,维修工要修好它得花费 6 万元,这些钱没有列入支出预算,而要更换这个系统大约要花费 12 万元。赵文清知道,本年度的资本预算已经用完。于是他在 10 点安排了一个会议,与王辉和总会计师李鸣研究这个问题。

赵文清又回到他的工作表程序上,这时公司运输部主任陈威突然闯入他的办公室,他在铁路货车调度计划方面遇到了困难,经过 20 分钟的讨论,两个人找到了解决办法。赵文清把这件事记下来,要找总公司的运输部主任王彦好好谈一次,向他反映一下公司的铁路货运问题,询问什么时候公司的铁路合同到期及重新招标。

之后,他又接到总公司法律事务部主任孟建湖打来的电话,他们需要数据来为公司的一桩诉讼辩护,因为原华南分公司的一位员工由于债务问题向法院起诉公司。赵文清把电话转接给人力资源部。这时,赵文清的秘书又送来一大沓信件要他签署。突然,赵文清发现 10 点到了,总会计师李鸣和副总经理王辉已经在他办公室外面等候。3 个人一起审查了输送机的问题并草拟了几个可供选择方案,准备将它们提交到下午举行的例行会议上讨论。现在是 11 点 5 分,赵文清刚回到他的资本预算编制程序上,就又接到人力资源部部长李文打来的电话,对方花了半小时向他说明公司对即将与工商所举行的谈判策略,并征求他特别是与华南分公司有关问题的意见。挂上电话后,赵文清下楼去人力资源部部长办公室,他们就这次谈判的策略交换了意见。

赵文清的秘书提醒他与地区另一家公司的领导约定共进午餐的时间已经过了,赵文清赶紧开车前往约定地点,好在只迟到了 10 分钟。

下午 1 点 45 分,赵文清返回他的办公室,公司工长已经在等着他。两个人仔细检查了车间布置的调整方案以及周边环境的绿化等工作要求。会议的时间持续得较长,因为中间被三个电话打断。到 3 点 35 分时,赵文清和公司副总经理来到会议厅。例行会议通常只需要 1 个小时,不过讨论工人工资和利益分配以及输送系统问题的时间拖得很长。这次会议持续了 3 个多小时,当赵文清回到办公室时,已经精疲力竭了。12 个小时以前,他还焦急地盼望着一个富有成效的工作日,现在一天过去了,赵文清不明白:"我完成了哪件事?"当然,他知道他干完了一些事,但是本来有更多的事情他想要完成。是不是今天有点特殊?赵文清承认不是的,每天开始时他都有着良好的打算,而回家时却不免感到有些沮丧。他整天就像置身于琐事的洪流中,中间经常被打断。他是不是没有做好每天的计划?他说不准。他有意使每天的日程不要排得过紧,以使他能够与其他人交流,使得人们需要他时,他能抽得出时间来。但是,他不明白是不是所有管理者的工作都经常被打断和忙于救火,他能有时间用于计划和防止意外事件发生吗?

请回答以下问题:
1. 赵文清在该分公司属于(　　)。
　　A. 基层管理人员　　　　　　　B. 中层管理人员
　　C. 高层管理人员　　　　　　　D. 专业管理人员

2. 赵文清应该履行的主要职责是（　　）。
   A. 贯彻执行分公司的重大决策，并监督和协调基层管理者的工作
   B. 负责制定组织的大政方针，沟通组织与外界的交往联系等
   C. 抓部下解决不了或无力解决的重大问题，部门间的协调等
   D. 直接指挥和监督操作者，保证上级下达的各项计划和任务的完成
3. 根据卡特兹的三大技能，在本案例中，对于赵文清来说，（　　）更重要。
   A. 概念技能比技术技能　　　　B. 技术技能比概念技能
   C. 技术技能比人际技能　　　　D. 人际技能比概念技能
4. 根据亨利·明茨伯格的管理者角色理论，赵文清打算计划下一年度的资本设备预算时所扮演的管理者角色是（　　）。
   A. 挂名首脑　　　B. 谈判者　　　C. 领导者　　　D. 资源分配者
5. 赵文清疲于奔命，忙碌了一天，效果却不尽人意，对其工作最恰当的评价是（　　）。
   A. 重效率、轻效果　　　　　　B. 轻效率、重效果
   C. 重效率、重效果　　　　　　D. 轻效率、轻效果
6. 对于案例中赵文清总是随时向上司报告任何问题的做法，你认为最合理的评价是（　　）。
   A. 充分体现了下级对上级高度负责的态度
   B. 公司在组织运行中较好地贯彻了统一指挥原则
   C. 体现了总公司与分公司间的有效沟通
   D. 没有很好地把握权责一致的原则

案例分析（二）

IBM 的"最佳服务"精神

IBM（国际商业机器公司）是西方企业利润最高的公司之一。在 20 世纪 80 年代，多次被评为全美最杰出的企业。与此同时，IBM 的创始人托马斯·沃森也被评为近代美国企业界的十大名人。

沃森在他自己所著的《企业与精神》一书中指出，IBM 之所以不断发展，就在于提倡和发扬了"最佳服务"精神，这正如公司的一则广告所言：IBM 就是最佳服务的体现。

为了真正做到顾客需求第一，他们要求每个职工都要不断思考，以使制造出来的产品能够百分之百地考虑到顾客的需要。设计人员经常了解市场变化，推销人员时刻了解客户的改进意见，并及时反映给开发部门。基于"顾客需求第一"的原则，公司常常是以改装 IBM 设备来适合客户需求，而不是要求客户修改业务以适应 IBM 的机器。同时，公司制定了一整套推销和服务的具体方法，设有咨询服务中心，替顾客当参谋。例如，分析在企业活动中，哪些方面可以采用电子计算机，并推荐具体的机器，派人到现场指导编制程序，并代用户训练使用、维修机器的技术人员，对售出的机器提供检修服务。

为了使用户避免一次投入巨额的设备购置费用，IBM 从用户的立场出发，首创了租赁方法。公司同时很早就向销售人员提供了销售佣金、贷款分配额及保证推销领域等优待。这套灵活的办法使公司招揽了更多的顾客。

1984 年，IBM 服务性收入约达 88 亿美元，租赁收入为 67 亿美元。为了保持优异服

务的信誉,公司制定了售货员的严格标准,平均约25名应征者才能选出一名合格的人选,还规定销售人员上班时,必须着深蓝色上装、白衬衫,系条纹领带,中午不许喝酒。谁一旦违规,将不准其参加下午、晚上的任何谈判,使销售人员在客户面前始终热情周到、彬彬有礼,赢得良好形象。

(资料来源:作者根据公开资料管理。)

请回答以下问题:

1. IBM 的"最佳服务"体现了企业哪个方面的社会责任?
2. IBM 制定了售货员的严格标准是否违背了企业对员工的社会责任原则?为什么?

案例分析(三)

忙碌的生产部长

金星公司是南部一家专门生产住宅建筑上使用的特殊制品的合资企业。王雷是该厂的生产部长,他的直接上级是公司总经理,装配车间的主任张立归王雷领导。

夏季的一天上午,公司总经理打来电话对王雷说:"我们收到好几次客户投诉,说我们的锁装配得不好。"王雷对此事很快做了调查,然后来到总经理办公室汇报:"我可以放心地跟您说,对那些蹩脚的锁的装配,没有我的责任。那是装配车间主任张立的失职,他没有去检查手下的工人是否按正确的装配程序工作。"

王雷同时向总经理汇报了他在这个星期所做的几件重要的工作:① 对工厂的下半年生产进度与人员使用做了初步安排;② 在装卸码头指导搬运工人们使用一台新买的起重机;③ 对一位求职者进行面试,填补厂里质量管理职位的空缺;④ 包装生产线上的一位操作工去看病,他顶班在生产线上干了大半天;⑤ 将生产系统中相关人员之间的关系做了一点调整,让工程师们以后直接向工厂的总监汇报工作;⑥ 与总会计师一起查阅报表,检查厂里上半年的经费开支和生产情况。

王雷还向总经理说明了他个人对企业盈利情况的分析。他认为目前的形势已不容乐观,所以他计划下半年要在监督和激励工人方面再下点功夫,宁可多花点钱,也要确保将废品控制在50万件以内,不过总产量也许会跌到1900万件。他估算了一下,劳动力成本会从6000万元上升到6100万元,但原材料耗费自然会随着报废品的减少而降低,其他开支保持不变。王雷认为,采取这一措施是明智的,因为他认为预期的开支与可能达到的成果之间是均衡的,因此,此举将使企业盈利得到改善。王雷将自己的计划意见交给了总经理,由他定夺是否采取新的方案。

从总经理处汇报回来,王雷抓紧时间办妥了几件事:一是与工会处理了一桩劳资纠纷;二是向厂里的基层管理人员解释了在工伤赔偿政策上打算做哪些改动;三是同销售部经理讨论了产品的更新换代问题;四是打电话给一家供应厂商,告诉他们有一台关键的加工机器坏了,无法修理,请他们速来换一台;五是考虑了如何改进厂里的制造工艺。办完这些事,他一看表才知早已过了下班的时间。

请回答以下问题:

1. 王雷和张立分别是这家企业哪一层次的管理人员?(　　)

　　A. 高层和中层的　　　　　　B. 中层和基层的

C. 高层和基层的　　　　　　　D. 都是中层的
2. 关于锁装配不善的问题,公司总经理应该让谁负最终责任?这依据的是什么原则?(　　)
   A. 装配车间主任,监督明确原则
   B. 装配车间的工人们,执行职责明确原则
   C. 生产部长,责任的不可下授原则
   D. 依据责权对等原则,没人该对此负责
3. 劳资纠纷的处理和工伤赔偿政策的解释都共同需要何种管理技能?(　　)
   A. 人际技能　　　　　　　　　B. 技术技能
   C. 概念技能　　　　　　　　　D. 根本不需要管理方面的技能
4. 产品更新换代和制造工艺改进都对管理工作的职能和技能有些什么要求?(　　)
   A. 它们都是技术方面的问题,与管理工作无关。
   B. 它们都涉及管理中的决策职能,所以只要具备概念技能就可做好该类工作。
   C. 它们是纯粹技术领域内的业务决策,做好该项决策需要有一定的管理技能,但主要限于技术技能方面。
   D. 技术领域的决策是一项富有挑战性的管理工作,要求同时具备概念技能和技术技能,甚至有时还需要人际技能。
5. 打电话请供应厂商来换一台同目前用坏的机器一样的设备,这是设备简单替换问题,需要的管理技能主要是(　　)。
   A. 概念技能和技术技能　　　　B. 人际技能和技术技能
   C. 技术技能　　　　　　　　　D. 人际技能和概念技能

八、综合应用题

复星之道:汇聚成长力量

"企业的发展像一条河,像一条不断流淌的河,我们每一个人正像河中的一滴水,无论是在上游、中游还是下游,都能找到自己汇入的位置。"这是郭广昌对"汇聚成长力量"的形象比喻。

作为复星的灵魂人物,戏言自己"哲学没有读懂,又没有其他专业知识"的郭广昌,却非常清楚哲学带给自己的优势。

"要有一种包容的文化,把多个产业做好的前提是人,能不能把多个产业的人才融合到一起,这是根本之根本,需要文化去凝聚,去团结。"郭广昌表示,"汇聚成长力量",其含义就是把各种人的创造价值的力量汇聚到一起。可以说,找对人,还要很好地团结人,这是郭广昌最大的长处。

在复星内部,这一核心价值观在2006年年末复星集团进行换标后,被郭广昌纳为企业新口号。

"当时邀请了国际著名机构对集团进行换标,在众多大气宏伟的标语中,董事会抉择不下。最终是郭总打开了决策僵局。"复星内部人士告诉记者,大家一听到这个口号就觉得非常贴切,很符合复星文化的实质。

现在,在复星集团上海总部的大厦里,每层都有一句"汇聚成长力量"的标语。复星集团已经明确了这一理念,"就是通过大量引入各种技术人才、资本市场与管理人才,使

投资的各个产业尽量实现专业化"。

把引进人才当作引进"老师"

"汇聚成长力量"——这是复星自创建以来的第一次换标,郭广昌已经在复星提出了一套自己的用人哲学——"拜师"。把引进人才当作引进"老师",复星能够快速发展到今天,也就是老师找得多、找得准。

另一方面,为了防止"拜师"哲学阳奉阴违、流于形式,郭广昌还郑重强调,企业各级领导一定要学会用在某个领域比自己强的人,这些人往往就是专家。

"复星应该是一个专家汇聚的地方。"郭广昌说。

复星并非一个真正意义上的产业投资人,哪怕在医药产业里,亦不足以派遣出经理人支撑其接二连三的收购与扩张。复星自称不推崇派出总裁、副总裁到所投资的企业里。

"以南钢为例,董事长、总经理都是原来的董事长总经理,但我感觉就是自己人。"一般情况下,复星只会从集团派出包括财务总监在内的两三名董事到被投企业,依赖企业原先团队几乎是它唯一具有效率的选择。如此一来,投资的成败与原团队的水平与能力高度相关。

复星方面有一套"企业家精神与素质"的细化标准,每次投资,这一套标准会像放大镜一样从被投企业团队身上扫过,它们是:一定要勇于制定卓越目标,并且历史表明他完成过;经历过行业与企业的低潮,并且走了出来;有复制团队的能力;具备管理变革、捕捉机遇的意识跟能力;要有透明性与合作能力。

在这一套"相人"法则的背后,复星是有切肤之痛的。郭广昌曾做过一个粗略的统计,复星创业以来失败退出的投资可能有六七千万元。而失败原因归结到一点上,就是看错团队。

"你只有20%股份,他有80%,但他还是做假账,怎么办?没办法,认错,退出。所以,人是最重要的。复星能有今天,我特别感谢的是我的团队。"郭广昌说。

复合式股权结构激励经理人

在汇聚人才,形成共同价值观的同时,郭广昌也非常注重激励机制。"要汇聚成长力量,必须要与人分享价值,不然何来汇聚。"

在复星,各个业务的高管也有股份、有期权,但不是"大一统"的标准。复星的期权计划是分层次的,跟所做的工作密切相关。复星集团副董事长梁信军称:"我们是通过合适的激励机制,让那些我们需要的人才的利益与复星整体的利益保持高度一致。"

对于被收购而进入复星集团的管理层,复星的解决方式是在收购一家新的企业时,通过让管理层持有部分股权的方式来达到整合的目的。

"不要交叉持股。在复星集团层面上持股后,就不要在下面子公司再持股。"据公开信息显示,现在,集团层面就郭广昌5个人有股份,而他们在旗下的公司并没有任何股份,这样可以避免"自立山头"的本位主义。而新来的高管都会在他分管的专业公司里面有股份,这样既有激励,也使得他必须把他分管的业务做上去。

"复星医学"的股份就是这样安排的。"复星实业"占95%股份,"广信科技"和自然人朱耀毅分别占2%和3%的股权。这里,自然人朱耀毅目前是"复星实业"的副总经理,同时还是"复星长征"的总经理,朱耀毅因为持有"复星医学"3%的股权,也间接持有"复星长征"的股权。

此外,在"复星朝晖""复星药业"等企业中,我们也发现"复星实业"及其关联公司持有的股份一般都是百分之九十几,而剩下的百分之几,则很可能就是管理层持有的股份。

只规定不许干哪些事

有激励并不一定能保证经理人的忠诚和效率,因此必须辅以监督,有监督自然也就得有明确的授权,否则就会一放就乱、一收就死。

对此,郭广昌认为"最好的监督是信息对称"。复星通过"人事保障,制度保障,信息抄送制度"来实施董事会监管,对董事长、总经理进行授权。

在复星,只规定不许干的那些事,其他的自己把握,只要不越"红线"就可以,取得人才投资的最高收益率,这也是复星一路狂飙的重要因素。

复星始终把人才作为资产来管理,即把好人才资产的保值增值关,在企业资产表中建立"人才报表"。要像保管有形资产一样,"领用""维护""保管"好人力资源。近年来,复星中高层人才的流动率一直都能保持在很低的水平就缘于这种理念。

为了让所属企业领导班子发挥团队的组合作用,并让每个人正确认识自己的缺点和他人的优点,复星采取了一套卓有成效的办法,即复星的"360度评价法":在专业管理水平、拓展能力、领导艺术和战略思考能力四个方面各出3～4题,拿同样的这几道题询问这个人的上级,对其进行署名评价;询问这个人的同僚对其进行不署名评价;还可以询问这个人的直接下属并对其进行不署名评价。

另外,让被评价人自己也做三份问卷:预测他的上级、平级和下级分别是怎样评价他的。"360度评价法"得出的结果是:自估总是比外界评价要好。拿到这些问卷,每季度或每月,上级经理就可向被评价人指出其问题所在。

通过这种方式可引导被评价人正确认识并接受自己的缺点,也能引导其逐步改进工作方法,认识到别人的优点,并多向别人学习。

在复星的人才经营理念中,有一个观念牢牢地树立起来,那就是:人力资源管理部门是企业经营战略的合作伙伴,为其他部门提供战略上的支持和保证,使人力资源部门有更多的时间用于"策划"工作。

"以发展来吸引人,以事业来凝聚人,以工作来培养人,以业绩来考核人",复星是用有情的鼓励和无情的鞭策,让每一个复星人都能以积极的心态工作在最合适的岗位上,实现自我,超越自我。

正是这样一种企业精神和团队创业氛围,让一批年轻的高级经理和总经理型的人才在复星脱颖而出。

(资料来源:复星之道:汇聚成长力量[J].浙商,2007,(16):66—67。有删改。)

请回答以下问题:

1. 作为领导者,主要应该掌握哪些技能?在上述案例中,复星集团创始人郭广昌主要运用了哪几种技能?

2. 结合案例材料,谈谈郭广昌运用管理技能的效果。

第2章 管理理论的形成与发展

一、本章词汇

1. 科学管理原理(the principles of scientific management)
2. 例外管理(exception management)
3. 学习型组织(learning organization)
4. 精益生产(lean production,LP)
5. 全面质量管理(total quality management,TQM)
6. 业务流程再造(business process reengineering,BPR)
7. 建立共同愿景(building shared vision)
8. 团队学习(team learning)
9. 改变心智模式(improve mental models)
10. 自我超越(personal mastery)
11. 系统思考(system thinking)
12. 核心能力(core competence)
13. 准时化生产方式(just in time,JIT)
14. 知识管理(knowledge management)

二、单项选择题

1. 科学管理理论的提出者是( )。
   A. 泰勒　　　B. 法约尔　　　C. 韦伯　　　D. 梅奥
2. 第一个概括和阐述一般管理理论的管理学家是( )。
   A. 泰勒　　　B. 法约尔　　　C. 韦伯　　　D. 梅奥
3. 为了避免等级链所导致的信息传递的延误,法约尔提出了用( )解决问题。
   A. 双向沟通　　　　　　　　B. 激励制度
   C. 流程管理　　　　　　　　D. 法约尔桥
4. 韦伯在管理领域的主要贡献是提出了( )。
   A. 系统管理理论　　　　　　B. 权变管理理论
   C. 理想的行政组织体系　　　D. 学习型组织
5. 经验或案例学派的主要代表人物是( )。
   A. 梅奥　　　B. 韦伯　　　C. 德鲁克　　　D. 钱德勒
6. 决策理论学派的代表人物是( )。
   A. 西蒙　　　B. 韦伯　　　C. 梅奥　　　D. 卢桑斯

7. 以下哪一个管理学家被称为"科学管理之父"？（ ）
   A. 西蒙　　　　　B. 德鲁克　　　　C. 泰勒　　　　D. 法约尔
8. 把管理理论的各个学派称为"管理理论丛林"的学者是以下哪一位？（ ）
   A. 泰勒　　　　　B. 韦伯　　　　　C. 孔茨　　　　D. 马斯洛
9. 管理学形成的标志是（ ）。
   A. 韦伯的理想行政理论　　　　　B. 法约尔的管理过程理论
   C. 梅奥的霍桑实验　　　　　　　D. 泰勒的科学管理理论
10. 通过霍桑实验，人际关系学说认为人是（ ）。
    A. 经济人　　　　B. 社会人　　　　C. 理性人　　　　D. 复杂人
11. 道家思想的主要代表人物是（ ）。
    A. 老子　　　　　B. 孔子　　　　　C. 孟子　　　　　D. 孙子
12. 权变理论强调在管理中要根据组织所处的内外部条件（ ），针对不同的具体条件寻求最合适的管理模式、方案和方法。
    A. 制定规范　　　B. 选拔人才　　　C. 随机应变　　　D. 协调整合
13. 学习型组织就是能迅速地获取、传播并在（ ）中分享信息，从而不断改进自身以适应环境的组织。
    A. 高层管理者　　B. 中层管理者　　C. 所有管理者　　D. 整个组织
14. 梅奥通过霍桑实验得出（ ）。
    A. 非正式组织对组织目标的实现有着阻碍作用
    B. 正式组织对组织目标的实现是有作用的
    C. 正式组织应该采取一切措施来取缔非正式组织
    D. 正式组织中存在着非正式组织
15. 科学管理理论的中心问题是（ ）。
    A. 如何提高工人士气　　　　　B. 如何提高劳动生产效率
    C. 计件工资制　　　　　　　　D. 职能工长制
16. 管理的五种职能和有效管理的十四条原则的最早提出者是（ ）。
    A. 泰勒　　　　　B. 韦伯　　　　　C. 巴纳德　　　　D. 法约尔
17. 行为科学的产生源于著名的（ ）。
    A. 霍桑实验　　　　　　　　　B. 照明实验
    C. 搬运生铁块实验　　　　　　D. 铁锹实验
18. 梅奥的管理思想中对人性的认识是（ ）。
    A. 受雇用人　　　B. 经济人　　　　C. 社会人　　　　D. 复杂
19. 彼得·圣吉的五项修炼中，（ ）是核心。
    A. 自我超越　　　　　　　　　B. 改变心智模式
    C. 建立共同的愿景　　　　　　D. 系统思考
20. 通过霍桑实验，我们可以判断，以下哪一个结论是不正确的？（ ）
    A. 工人是"社会人"而不是单纯追求金钱收入的"经济人"
    B. 企业中除了正式组织之外，还存在着非正式组织
    C. 新型的领导能力在于提高工人的满意度
    D. 工作环境与劳动效率之间有明显的正相关关系

21. 非正式组织是指（　　）。
    A. 未经上级主管机关正式批准的组织
    B. 未在有关部门登记的组织
    C. 由于价值观、性格、爱好等的趋同而自发形成的组织
    D. 由于价值观、性格、爱好等的趋同而被上级机关批准成立的组织

22. 如果你是一家公司的总经理，当你发现公司中除了正式机构之外还存在许多小团体时，你的态度是（　　）。
    A. 立即宣布这些小团体为非法，予以取缔
    B. 正视小团体的客观存在性，允许乃至鼓励其存在，对其行为加以积极引导
    C. 只要小团体的存在不影响公司的正常运行，可以对其不闻不问、听之任之
    D. 深入调查，找出小团体的领导人，向他们提出警告，不要再搞小团体

23. 彼得·德鲁克曾说过："如果你理解管理理论，但不具备管理技术或运用管理工具的能力比较低，你还不是一个有效的管理者；反过来，如果你具备管理技能、能力，而不掌管管理理论，那么，你充其量是一个技术员。"这段话说明（　　）。
    A. 有效的管理者必须掌握管理理论
    B. 有效的管理者必须掌握管理技能
    C. 有效的管理者是从不断的实践中锻炼出来的
    D. 有效的管理者＝管理理论掌握＋管理技巧运用

24. 某公司总经理认为公司中存在宗派不利于组织目标的实现，因为宗派是非正式组织，所以非正式组织对公司是不利的。他的推断是（　　）。
    A. 完全正确　　　　　　　　　　B. 不正确
    C. 不能判断　　　　　　　　　　D. 没有什么正确与不正确

25. 关于非正式组织如下说法中，哪一种是不正确的？（　　）
    A. 非正式组织既可对正式组织目标的实现起到积极的作用，也可产生消极影响
    B. 非正式组织的积极作用在于可以提供员工在正式组织中很难得到的心理需要满足
    C. 非正式组织对正式组织目标的实现有不利的影响，应该取缔
    D. 非正式组织的消极作用的一个方面在于非正式组织的压力有时会造成组织创新的惰性

26. 下列关于正式和非正式组织表述正确的是（　　）。
    A. 既然有非正式组织，管理者就不应让正式组织存在
    B. 非正式组织和正式组织可能存在合作关系，也可能存在竞争关系
    C. 既然有正式组织，就不应该存在非正式组织
    D. 在管理中，管理者可以忽视非正式组织的作用

27. 沁园设计公司由张正宇和王楠合伙注册经营，其主要业务是为客户设计网页。到目前为止，公司一直没有招聘员工，两个人既当经理又当员工。几位学生以这家公司为例，讨论起正式组织和非正式组织问题，你认为下述对于该公司的判断哪一项最合适？（　　）
    A. 目前是一个非正式组织，当扩招员工后，将变成一个正式组织

B. 只是一个正式组织,但公司内部不会有非正式组织

C. 是一个正式组织,同时公司内部也可能存在非正式组织

D. 本身是一个正式组织,同时公司内部也一定存在非正式组织

28. 中联公司的员工中有很多非正式组织,这些非正式组织的内部凝聚力很强,经常利用工余时间活动。对于这些非正式组织,公司总经理周鹏通常采取不闻不问的态度。他认为工人在业余时间的活动不应该受到干预,而且工人有社交的需要,他们之间形成非正式组织是很正常的事情。你如何评价该领导的看法?(　　)

A. 正确,因为人都是社会人

B. 不正确,非正式组织通常是小道消息传播和滋生的土壤,应该抑制这种组织的发展

C. 不正确,非正式组织对于正式组织的影响是多方面的,为了使其在组织中发挥正面的作用,领导者应该策略性地利用非正式组织

D. 正确,因为非正式组织对正式组织的影响是多方面的,为了避免它的负面作用,领导者最好不要干涉

29. 20世纪80年代,日本企业管理模式一度引起各国企业的关注和借鉴。然而,东南亚金融风暴的出现,反映了日本经济脆弱的一面。此时,许多人又下结论,日本企业管理模式已经过时,美国企业管理模式更加有效。对于这种情况,你赞同以下哪种说法?(　　)

A. 对管理模式的评价必须随世界经济的发展而变化

B. 每种管理模式都有其自身的环境适应性与局限性

C. 美国的管理模式长期以来都比日本的更优秀

D. 日本的管理模式不适应知识经济时代的需要

30. 某公司的企业精神是:团结、守纪、高效、创新。严格管理和团队协作是该厂两大特色。该厂规定:迟到一次罚款20元。一天,全市普降历史上少有的大雪,公交车像牛车一样爬行,结果当天全厂有85%的职工迟到。遇到这种情况,你认为下列四种方案中哪一种对企业最有利?(　　)

A. 一律扣罚20元,以维持厂纪的严肃性

B. 一律免罚20元,以体现工厂对职工的关心

C. 一律免罚20元,并宣布当天早下班2小时,以方便职工

D. 考虑情况特殊,每人少扣10元,即迟到者每人扣罚10元

31. 某省的一家卷烟公司连年亏损,原因之一是80%以上的职工有偷拿成品烟的现象,这已成为一种不良风气。新上任的总经理王明开会研究解决偷烟问题的办法,大家提出了以下四种方案,你认为最好的方案是哪一个?(　　)

A. 严格治厂,规定凡偷拿成品烟者,一律下岗

B. 加大罚款力度,规定偷一包烟,罚十包烟的钱,即偷一罚十

C. 先大造舆论,抨击偷烟行为,提倡"敬业爱厂"精神,党员、干部带头"不拿厂里一支烟"。随着偷烟人数的减少,逐步加大对偷烟者的惩罚力度

D. 设立举报箱,对举报者给予重奖,将偷烟者罚款的大部分奖给举报者

32. 江南电器公司专门生产电子消毒碗柜,它通过8个驻外办事处的300名销售人员推销产品。近半年来,发现一个月内的回款率由过去的90%下降到60%。究

其原因,一是有些销售人员为了取得额外回扣,对客户延迟回款睁一只眼闭一只眼;二是竞争激化,销售人员怕得罪客户,不敢催款;三是办事处经理人员怕影响销售人员积极性,不敢在回款上严格要求,没有严格考核。市场部讨论出以下四种解决办法,你认为哪一种见效较快而代价较小?(　　)
   A. 实行先交款后发货制度
   B. 对销售人员进行职业道德教育
   C. 按回款百分比提取一部分奖金给销售人员
   D. 加强考核,只有当回款 90% 以上时,才兑换销售人员的销售额提成工资

33. 有消息披露,美国有一家报社曾慷慨地给某篮球队提供 1000 万美元的资助。与此同时,该报社属下的一个部门却想操控该球队有关比赛的商业广告业务,并欲从此广告中每年获取 700 万美元的收入。该报社之所以给球队巨额"捐款"是因为(　　)。
   A. 该报社是非营利性组织,捐款是其履行社会责任的一种表现
   B. 该报社是一个营利性组织,履行社会责任是一种高姿态表现
   C. 该报社是一个营利性组织,此项捐款不过是其实现经营目标的一种手段
   D. 该报社给球队提供资金,是为了开展多元化经营

三、多项选择题

1. 法约尔提出管理的职能是(　　)。
   A. 计划　　　B. 组织　　　C. 指挥　　　D. 协调
   E. 控制
2. 泰勒认为科学管理最重要和最本质的特征有(　　)。
   A. 劳资双方的精神革命
   B. 强调激发人的积极性
   C. 强调决策在管理中的重要性
   D. 用科学调查和知识代替实验、习惯和个人判断
3. 除了泰勒,科学管理理论的其他代表人物还有(　　)。
   A. 巴斯　　　　　　　　　B. 甘特
   C. 赫茨伯格　　　　　　　D. 吉尔布雷斯夫妇
4. 下列管理原则中,属于法约尔提出的 14 条管理原则中的有(　　)。
   A. 统一指挥　　　　　　　B. 统一领导
   C. 个人利益服从整体利益　D. 适当的集权与分权
5. 韦伯认为组织中权力的类型主要有(　　)。
   A. 传统的权力　　　　　　B. 超凡的权力
   C. 专家的权力　　　　　　D. 基于法律和理性的权力
6. 以下关于法约尔贡献的论述,正确的是(　　)。
   A. 阐述了管理的普遍性与管理教育的重要性
   B. 认为管理活动包括五项职能
   C. 提出了管理的十四项原则
   D. 认为高度结构化、非人格化的组织体系是最有效形式

7. 以下关于人际关系学说的主要观点,正确的是(　　　　)。
   A. 工人是"社会人"而不是单纯追求金钱收入的"经济人"
   B. 企业中除了正式组织之外,还存在着非正式组织
   C. 新的领导能力在于提高工人的满意度
   D. 工作环境与劳动效率之间有明显的正相关关系

8. 组织中存在着非正式组织,你认为以下哪些说法是正确的?(　　　　)
   A. 非正式组织使成员有表达思想的机会,能提高士气,有利于沟通
   B. 非正式组织可能集体抵制上级的政策或目标,强迫组织内部的一致性,从而限制了部分人的自由和限制了产量
   C. 非正式组织形成的原因很多,有地理位置、兴趣爱好、亲戚朋友、工作关系等
   D. 非正式组织当中没有领袖人物,成员之间以感情逻辑为其行为标准
   E. 组织中的员工在非正式组织中可以得到心理的满足

四、判断题

1. 人类的管理活动源远流长,因此管理学是一门历史悠久的学科。(　　)
2. 古典管理理论的主要内容包括泰勒的科学管理理论,法约尔的管理过程理论和韦伯的组织理论。(　　)
3. 法约尔提出管理活动包括计划、组织、领导和控制四大职能。(　　)
4. 韦伯的"理想的行政组织体系"理论的核心是组织活动要通过职务或职位而不是通过个人或世袭地位来管理。(　　)
5. 行为科学研究的前期叫作人际关系学说,第二次世界大战后被正式定名为行为科学。(　　)
6. 霍桑实验印证了古典管理理论的很多观点,是古典管理理论的发展和延续。(　　)
7. 管理理论的丛林现象一方面反映出管理理论百花齐放,另一方面也造成了在管理的概念、原理和方法上众说纷纭,莫衷一是。(　　)
8. "橘生淮南则为橘,橘生淮北而为枳"的古语体现了权变管理理论的基本思想。(　　)
9. 全球经营环境剧烈而深刻的变化,对组织的速度、灵活性和创新提出了更高的要求,因此也促进了学习型组织的成长。(　　)
10. "管理有规律,管理无定式"的说法反映了管理既是一门科学又是一门艺术。(　　)

五、简答题

1. 列举早期的一些典型的管理实践和管理思想。
2. 摩西的岳父叶忒罗对摩西处理政务事必躬亲、东奔西忙的做法提出的批评,这体现了现代管理中的哪些管理思想?
3. 法约尔的主要贡献有哪些?
4. 韦伯的理想的行政组织体系的主要特征是什么?
5. 韦伯指出的组织中三种类型的权力是什么?
6. 简述人际关系学说和行为科学产生的背景。
7. 什么是霍桑实验?

8. 人际关系学说的主要观点是什么?
9. 全面质量管理的基本特征有哪些?
10. 学习型组织具有哪些主要特征?
11. 什么是业务流程再造?
12. 什么是核心能力?核心能力的主要特征是什么?
13. 什么是知识管理?

六、论述题

1. 简述古典管理理论的主要构成及其代表人物。
2. 法约尔提出的五项管理职能是什么?与今天的提法有何异同?
3. 法约尔的十四条管理原则是什么?
4. 什么是精益生产?其核心思想是什么?
5. 泰勒科学管理原理的主要内容是什么?你认为他的思想对今天我国企业的管理工作有什么借鉴意义?

七、案例分析题

管理的理论流派

某大学管理学教授在讲授古典管理理论时,竭力推崇科学管理的创始人泰勒,赞赏泰勒所主张的"有必要用严密的科学管理知识和方法代替老的单凭经验或个人知识行事"的观点,并且宣传法约尔的十四条管理原则。但是讲述经验管理学派的理论时,这位教授又强调管理学要从实际经验出发,不应该从一般原则出发进行管理和研究,因为管理无定式。在介绍权变理论学派时,这位教授又说,在企业管理中要根据企业所处的内外条件,随机应变,没有什么一成不变、普遍适用的"最好的"管理理论和方法。

部分同学感到非常迷惑不解,认为教授的讲课前后矛盾,要求教授予以解释。教授却笑而不答,反倒要求学生自己去思考,得出自己的结论。

请回答以下问题:

1. 你是否认为该教授的上述观点是前后矛盾的?为什么?
2. 在组织管理中,有无可能将管理的基本原理和原则与组织实践结合起来?如何正确结合?

第3章　决　　策

一、本章词汇

1. 决策(decision making)
2. 定性决策(qualitative decision)
3. 德尔菲法(Delphi method)
4. 头脑风暴法(brainstorming)
5. 哥顿法(Gordon method)
6. 名义小组技术(nominal group technique, NGT)
7. 电子会议法(electronic meeting)
8. 波士顿矩阵法(BCG matrix)
9. GE矩阵法(GE matrix)
10. 定量决策方法(quantitative decision method)
11. 确定型决策(decision making under certainty)
12. 风险型决策(decision making under risk)
13. 不确定型决策(decision making under uncertainty)
14. 线性规划法(linear programming)
15. 本量利分析(cost-volume-profit analysis, CVP分析)
16. 盈亏平衡点(breakeven point)
17. 期望值法(expectancy method)
18. 决策树(decision tree)
19. 乐观系数法(optimistic coefficient method)
20. 群体决策(group decision)
21. 个人决策(personal decision)
22. 战略决策(strategic decision)
23. 战术决策(tactical decision)
24. 程序化决策(programmed decision making)
25. 非程序化决策(nonprogrammed decision making)
26. 长期决策(long-term decision)
27. 短期决策(short-term decision)

二、单项选择题

1. 美国著名的管理学家西蒙认为，管理就是(　　　)。
　　A. 协调　　　　B. 决策　　　　C. 领导　　　　D. 激励

2. 决策的第一步是（　　）。
   A. 识别问题   B. 确定决策目标
   C. 拟订备选方案   D. 选择方案
3. 拟订备选方案之后，决策的下一步是（　　）。
   A. 确定决策目标   B. 选择方案
   C. 对方案进行分析、评价   D. 实施方案
4. 决策者的经验、直觉和判断力在很大程度上影响着（　　）决策的效果。
   A. 确定型   B. 不确定型
   C. 风险型   D. 战术性
5. （　　）属于组织的高层决策，是组织高层领导者的一项主要职责。
   A. 战略决策   B. 战术决策
   C. 业务决策   D. 程序化决策
6. 绝大多数战略决策和一部分战术决策属于（　　）。
   A. 个人决策   B. 确定性决策
   C. 程序化决策   D. 非程序化决策
7. （　　）的决策过程通常可通过惯例、已有的规章制度、标准工作流程来加以解决。
   A. 战略决策   B. 战术决策
   C. 程序化决策   D. 非程序化决策
8. 企业管理者可以分成基层、中层、高层三种，高层管理者主要负责制定（　　）。
   A. 日常程序性决策   B. 长远全局性决策
   C. 局部程序性决策   D. 短期操作性决策
9. 通常情况下，与个人决策相比，群体决策的效率相对（　　），质量（　　）。
   A. 较高，较高   B. 较高，较低
   C. 较低，较高   D. 较低，较低
10. 以下关于决策的论述不正确的是哪一个？（　　）
    A. 决策的主体是管理者
    B. 决策应该遵循的唯一原则是最优
    C. 决策的目的是解决问题或利用机会
    D. 决策的本质是一个过程
11. 邀请专家、内行针对组织内某一个问题或某一个议题，让大家开动脑筋，畅所欲言地发表个人意见，充分发挥个人和集体的创造性，经过互相启发，产生连锁反应，集思广益，而后进行决策的方法是（　　）。
    A. 德尔菲法   B. 头脑风暴法
    C. 个人决策法   D. 集体决策法
12. 非程序化决策的决策者主要是（　　）。
    A. 基层管理者   B. 中层管理者
    C. 高层管理者   D. 技术专家
13. 受决策者个性影响最大的是（　　）。
    A. 不确定型决策   B. 确定型决策
    C. 程序化决策   D. 多目标决策

14. 承担风险最大的决策方法是（   ）。
    A. 大中取大法   B. 小中取大法
    C. 大中取小法   D. 极大极小损益值法

15. 在决策中,管理者需要对各种可能进行估计,这种决策称为（   ）。
    A. 风险型决策   B. 确定型决策
    C. 程序化决策   D. 非程序化决策

16. 对未来持悲观态度、比较谨慎的决策者在进行不确定型决策时,一般采用（   ）。
    A. 小中取小法   B. 小中取大法
    C. 大中取小法   D. 大中取大法

17. 决策树是（   ）方法的一种。
    A. 边际分析   B. 主观决策   C. 期望值   D. 博弈论

18. 在波士顿矩阵法中,市场增长率和相对市场占有率都较高的业务属于哪一类？（   ）
    A. 金牛类   B. 问题类   C. 明星类   D. 瘦狗类

19. （   ）的实质是利用专家的主观判断,通过信息沟通或循环反馈,使预测意见趋于一致,逼近实际值。
    A. 头脑风暴法   B. 德尔菲法
    C. 哥顿法   D. 名义小组法

20. 在集体决策中,如果对问题性质不完全了解且意见分歧严重,可采用（   ）。
    A. 头脑风暴法   B. 德尔菲法
    C. 哥顿法   D. 名义小组法

21. （   ）的优点是将问题抽象化,有利于减少束缚,产生创造性想法,难点在于主持者如何引导。
    A. 电子会议法   B. 德尔菲法
    C. 哥顿法   D. 名义小组法

22. 以下哪一种决策属于组织的高层决策,是组织高层领导者的一项主要职责？（   ）
    A. 战略决策   B. 战术决策
    C. 业务决策   D. 程序化决策

23. 在管理中,决策是（   ）。
    A. 高层管理人员所承当的任务
    B. 高层和中层管理人员所承当的任务
    C. 高层主管和参谋人员所承当的任务
    D. 每一个管理人员都可能要从事的活动

24. 群体决策的效果取决于（   ）。
    A. 参与者的水平与能力   B. 所需决策的问题的性质
    C. 管理者的领导水平   D. 参与者的责任心

25. 非确定型决策的问题的主要特点在于（   ）。
    A. 各方案所面临的自然状态未知
    B. 各自然状态发生的概率未知
    C. 各方案在各自然状态下的损益未知

D. 各自然状态发生的概率已知

26. 乐观决策原则的理论基础是（　　）。
    A. 假定未来状态中的最有利情况必然发生
    B. 假定未来状态中的最不利情况必然发生
    C. 假定未来状态中的最有利情况肯定不发生
    D. 假定未来状态中的各种情况以同等可能发生

27. 根据波士顿矩阵法，下列哪一项说法是不正确的？（　　）
    A. 问题类业务和瘦狗类业务都可能被放弃
    B. 金牛类业务能给企业带来最大的现金流
    C. 对问题类业务和明星类业务都应该投入巨资以扩大其市场占有率
    D. 应用该方法决策要以"企业的目标是追求增长和利润"为前提

28. 某公司高层决策者对人力资源部提出目标，要求经过努力必须在一定时间内为公司各关键岗位提供合格的人才。对于这一要求，以下评价中最有道理的是（　　）。
    A. 时间不明确，在实际中难以操作
    B. 关键岗位提法欠具体，范围确认困难
    C. 合格人才的标准不清楚，需详加说明
    D. 需综合考虑以上说法所反映的问题

29. 在管理决策中，许多管理人员认为只要选取满意的方案即可，而无须刻意追求最优的方案。对于这种观点，你认为以下哪种解释最有说服力？（　　）
    A. 现实中不存在所谓的最优方案，所以选中的都只是满意方案
    B. 现实管理决策中常常由于时间太紧而来不及寻找最优方案
    C. 由于管理者对什么是最优决策无法达成共识，只有退而求其次
    D. 刻意追求最优方案，常常会由于代价太高而最终得不偿失

30. 有一种说法认为"管理就是决策"，这实际上意味着（　　）。
    A. 对于管理者来说只要善于决策就一定能获得成功
    B. 管理的负责性和挑战性都是由于管理的复杂性导致的
    C. 决策能力对于管理的成功具有特别重要的作用
    D. 管理首先需要的就是面对复杂的环境做出决策

31. 决策是企业的核心内容，企业中的各层管理者都要承担决策的职责，下列关于决策的解释哪个最正确？（　　）
    A. 越是企业的高层管理者，所做出的决策就越倾向于战略性、风险性决策
    B. 越是企业的高层管理者，所做出的决策就越倾向于常规的、科学的决策
    C. 越是企业的基层管理者，所做出的决策就越倾向于战术性、风险性决策
    D. 越是企业的基层管理者，所做出的决策就越倾向于非常规的、确定型决策

32. 下列不属于头脑风暴法实施的原则的是（　　）。
    A. 评价他人的建议
    B. 建议越多越好，想到什么就说什么
    C. 喜欢每个人独立思考
    D. 可以补充和完善已有的建议使其更具有说服力

33. 现在社会上销售彩票的很多,一家三口在抽奖时,常常喜欢让孩子来抽,请问这是遵循了什么决策原则?(　　)
    A. 乐观原则　　　　　　　　B. 悲观原则
    C. 折中原则　　　　　　　　D. 最小最大后悔值原则

34. 在一些重大决策中,基于谨慎原则,常常需要在利用专家个人判断的基础上,通过信息沟通与循环反馈,使得不同意见趋于一致,减少分歧,减少决策的误差。在这种情况下,以下哪种决策方法最合适?(　　)
    A. 头脑风暴法　　　　　　　B. 哥顿法
    C. 名义小组技术　　　　　　D. 德尔菲法

35. 对未来可能呈现的多种状态,决策者虽无法事先确定究竟呈现何种状态,但可判断各种状态出现的概率的决策是(　　)。
    A. 确定型决策　　　　　　　B. 风险型决策
    C. 不确定型决策　　　　　　D. 追踪型决策

36. 你正面临是否购买某种奖券的决策。你知道每张奖券的售价以及该期共发行奖券的总数、奖项和相应的奖金额。在这样的情况下,该决策的类型是(　　)。
    A. 确定型决策　　　　　　　B. 风险型决策
    C. 不确定型决策　　　　　　D. 追踪型决策

37. 最近,江南公司出台了"带薪休假时间一律不得超过一星期"的规定。规定一经出台,即遭到多数员工的集体反对,他们向公司提出一份全体署名的抗议书,要求废止这一规定。你认为应该如何处理这一事件?(　　)
    A. 这是大多数人的意见,应该接受员工们的请求,立即废止这一规定
    B. 声明如果考勤情况理想,则取消这一规定
    C. 为了避免将来的麻烦,设法调查这次事件的发起人
    D. 坚决执行规定,对继续反对者予以开除

38. 风险型决策与非确定型决策的区别主要在于(　　)。
    A. 风险决策面临的是无法预知的自然状态,不确定型决策面临的是可以预知的自然状态
    B. 风险型决策所承担的风险相对于不确定型决策来说要大
    C. 风险型决策可以预测未来自然状态出现的概率,而非确定型决策不能
    D. 二者的区别不明显

39. 某公司长期生产高档白酒,效益不错。随着白酒市场竞争的日趋激烈,该企业打算向中低端市场扩张,则该企业将面临的重大决策属于(　　)。
    A. 程序化决策　　　　　　　B. 非程序化决策
    C. 确定型决策　　　　　　　D. 不确定型决策

40. 假设你准备存一笔钱,这现在有三家银行可供选择。三家银行的利息率都是已知的。你面临的决策就是选择哪家银行。这种决策属于什么类型?如果这三家银行都有倒闭的可能,但不知道倒闭的概率,这时的决策属于何种类型?(　　)
    A. 确定型决策,不确定型决策　　B. 不确定型决策,风险型决策

C. 确定型决策,风险型决策　　　D. 风险型决策,不确定型决策

41. 熊熊集团原以生产、销售彩电、洗衣机等大家电而闻名,2017年后开始进入小家电领域。由于集团在市场上已有了一定的知名度,因此所生产的小家电也颇受欢迎,2017年相对2016年的销售增长率为14%,2018年相对2017年的销售增长率预计为16%;但市场占有率与竞争对手相比较低。该集团的小家电业务应当属于(　　)。
   A. 金牛类业务　　　　　　　　B. 明星类业务
   C. 问题类业务　　　　　　　　D. 瘦狗类业务

42. 通用汽车公司前总裁斯隆有一个习惯:任何人事任命第一次报上来时,他都不做裁决,而只做一次初步的判断,即使这样也往往要花上几个小时的时间。在几天或者几个星期后,他会重新考虑这个问题,而且不受第一次判断的影响。只有当他好几次见到这个名字之后,他才会对此人的任用加以考虑。以下说法中比较恰当的是(　　)。
   A. 斯隆的决策太慢,有可能错过良好时机,在当今社会不能采用
   B. 斯隆的方法比较好,因为只有对人进行反复的考察才能使决策完全正确
   C. 斯隆的方法有道理,人事任命事关重大,审慎考虑有助于做出好的决策
   D. 斯隆的方法比较好,因为他深深懂得领导生命周期理论

43. 福特汽车公司曾经花费10亿美元推出了埃泽尔轿车。在推出该型号轿车之前,公司收集了一切能够得到的数据资料。这些数据资料证明当时正是将此车推向市场的最佳时机。对于美国消费者在购买轿车时,他们的想法是否已经出现变化,统计数字没有提供证据。结果是,埃泽尔轿车投放市场以后,在销售中失败了。以下说法中,较为恰当的是(　　)。
   A. 埃泽尔轿车失败的原因是决策的失败,应当收集到所有的信息才能做决策
   B. 福特汽车公司应该采取多做广告等措施,努力改变消费者的爱好,说服消费者购买该轿车,因为管理就是要努力改变外部市场环境
   C. 消费者的爱好变化太快,根本无法预测,这说明福特汽车公司的运气不好,有时候管理就是靠运气的
   D. 决策往往存在着风险

44. 杰克·韦尔奇在接任通用电气公司CEO时认为,通用电气公司要做的事情,并非大规模海外扩张,而是放弃那些在行业中不能数一数二的业务,不管这些业务带来的利润有多么巨大。以下说法,哪一个更恰当?(　　)
   A. 杰克·韦尔奇的做法比较武断
   B. 企业发展的过程面临着多种选择,CEO的战略性决策常常有很大的随意性,因此难以企求高层管理者会成为理性的决策者
   C. 有效的管理者需要对企业要做的正确的事做出决策,尤其是高层管理者更需要有这种决断力
   D. 在面临着不确定性的决策时,高层管理者往往会舍弃对盈利性目标的关注,转而追求低风险。

45. 刘向东是某大型机械制造公司的市场部经理。人们发现他每月最后一周的大部分时间是在客户的安装现场度过的。他视察设备的安装情况,找客户交谈、回答

客户的问题、收集客户的意见。他认为,通过这些活动,他可以掌握有关客户需求和竞争对手动向的第一手资料。对于刘向东的行为,你认为从管理的角度来看应该做何种评价?( )

A. 他作为部门负责人,事必躬亲,不懂得管理是通过他人把事情办成的道理
B. 他领导的部门可能处于危急时刻,需要他身先士卒,亲临现场指导和鼓动员工
C. 他认识到在安装现场度过每月的最后一周,能使他与员工的关系密切,从而树立自己的威望
D. 他对所领导的部门拥有充分的决策自主权,他需要通过现场巡视活动来提高决策的质量

46. 某汽车制造公司正面临着是否要生产 A 型车的一项决策。该型号车生产所需的设备等固定成本为 3 亿元,变动成本为 40 万元/辆,售价为 60 万元,产品的需求量主要因人们的收入而变化。公司采用本量利分析法进行分析,认定只要销量达到 1500 万辆就可以保本。但是,公司的主要领导成员经过反复斟酌和研究,意见发生了分歧,有人同意生产这一种产品,而有人则反对。讨论之后,最终还是决定不生产这种轿车。你认为这是一种什么类型的决策?企业决定不生产这种轿车的最主要原因是什么?( )

A. 这是一种确定型决策,主要原因是市场需求量小不能确定
B. 这是一种风险型决策,主要原因是市场需求量不能确定
C. 这是一种非确定型决策,主要原因是市场需求量不能确定
D. 无法判断,主要原因是因为决策者的水平太低

47. 某公司准备开发一种新产品,有两个方案可供选择:一个方案是为了降低风险,建议使用临时性设备;另一个方案是一步到位,进行长期性投资。决策者知道如下信息:两个方案的初期投资额;产品销售有畅销、不畅销和销不出去三种可能;在每种可能的情况下,这两个方案的获利情况。根据以上信息,你认为这个决策是什么类型的?加入何种信息后,该决策将变成一个风险型决策?( )

A. 确定型决策;投产后生产新产品的数量
B. 本身就是风险型决策,不需要加其他信息
C. 不确定型决策;三种市场前景出现的预期概率
D. 战略决策;企业预期的市场份额

48. 某公司为了寻找改进管理的途径,召开头脑风暴法的会议。在会议上大家各抒己见,但是有的人提出的方法荒诞不经,甚至有时让人感觉离题太远。如果你是公司领导,对于这种情况应该如何处理?( )

A. 委婉地打断他,让别人发言
B. 及时地打断他,这样才可以防止其他人也犯同样的错误
C. 会议应该让大家畅所欲言,不应该干预
D. 只有在他谈论和主题无关的话题时才打断他

49. 对于公司一些重要项目的决策一定要进行可行性分析,这是基本的要求。在对可行性分析的工作思路上,总经理张辉认为可行性分析要从项目的不可行性分析入手;副总经理王利方则认为可行性分析的大部分工作就是分析其可行性,在

可行性分析的开始阶段千万不能引导人家思考项目的不可行性。你认为以下四种判断中哪一种判断是正确的？（　　）
   A. 应该让张辉主持分析论证的项目，这样在实施过程中风险一定会更小些
   B. 张辉和王利方的工作思路存在差异，但不存在本质的差异
   C. 对重大决策应采取张辉的思路，对一般性决策则应采取王利方的思路
   D. 张辉的思路不符合科学的决策过程的要求

50. 相传英国有个名叫霍布森的商人，他在卖马的时候一直说，允许顾客任意挑选马匹。但需要符合一个条件，即只能挑选最靠近门边的那一匹。在此例中，顾客拥有的决策（　　）。
   A. 很大，因为他可以任意挑选马匹
   B. 很小，因为他的决策前提受到了严格控制
   C. 无大小之别，因为这里顾客只是在买马，而不是在作决策
   D. 无法判断，因为决策权限大小取决于所作决策的类型与重要程度

51. 西北实业集团拟投资开发新产品，现有两个产品方案可供选择（假定其开发费用完全相同）。甲产品：估计投产后，市场竞争不激烈时每年可获利150万元，市场竞争激烈时每年亏损50万元。乙产品：估计投产后，无论市场竞争激烈与否，每年均可获利70万元。根据预测，产品投产后，出现市场竞争不激烈情况的概率为60%，激烈情况的概率为40%。根据以上信息，你的评价是什么？（　　）
   A. 开发甲产品比开发乙产品好
   B. 开发乙产品比开发甲产品风险低
   C. 开发甲产品与开发乙产品没有什么差别
   D. 根据以上资料尚无法下结论

52. 以下关于集体决策的论述，不正确的是（　　）。
   A. 头脑风暴法要求决策人员各自独立发表自己的意见，并对别人的建议不做评论
   B. 名义小组技术要求小组成员事先互不通气，独立思考，尽可能写成文字材料
   C. 头脑风暴法要求建议要经过深思熟虑，而名义小组技术和德尔菲法则鼓励奇思妙想
   D. 德尔菲法往往需要专家反复修改、提出意见，最后形成方案。

三、判断题

1. 决策最终选择的一般只是最满意或最适当的方案，而不是最优方案。（　　）
2. 西蒙认为，管理就是决策。也就是说，决策是管理工作的全部。（　　）
3. 管理者进行决策的原因是现实状态与期望状态之间存在着差异。（　　）
4. 传统的决策模式认为管理者在决策时总是从组织的最佳利益出发。（　　）
5. 战略性决策往往需要按程序来进行。（　　）
6. 群体决策有利于所做出的决策得到接受。（　　）

四、简答题

1. 什么是决策？

2. 程序化决策和非程序化决策有何不同?
3. 不确定型决策与风险型决策有何不同?
4. 群体决策有哪些优点和缺点?
5. 什么是决策树法?

五、论述题

1. 如何认识"管理就是决策"的观点?
2. 决策有哪些主要步骤?

六、案例分析题

 案例分析(一)

让班组去做主

不久前,前进通用机器厂金属加工车间主任张涛被厂里派到某基层管理短训班去学习了几个星期,听到了不少专家、学者所做的关于现代化管理理论与方法的报告,觉得很受启发。给他印象最深的是一位姓许的老教授关于群体决策的讲演。许教授强调说,根据大量国内外研究结果及实践表明,只要给广大职工以机会,他们就会想出许多高明的主意,领导也是会乐于采纳的。即是说,应当充分发扬民主,让各班组去做主,制定有关他们工作的决策。

张涛觉得这很有道理。短训班结束回到车间后,张涛决定要在实践中试一试他所学来的这些原理。于是他把本车间第二工段的 25 名职工全都召集来,对他们说,因为他们工段新添置了高效率的、自动化程度相当高的设备,几年前制定的老生产定额显然已不适应新情况。现在想让他们自己来讨论一下,集体决定他们的生产定额该是多少才最合理。布置完了讨论,张涛就回车间办公室去了。他觉得自己不该去参加讨论,领导在场,大家不易畅所欲言,而且显得对大家不够信任。但他坚信,职工们准会定出连他本人都不敢提出的先进标准来。

一个小时之后,张涛又回到车间。职工们说,他们都觉得原来的生产定额不够合理,定得过高;现在既然授权他们自己来设置生产定额,经集体讨论决定,新的生产定额应比原来的降低一半。

这使张涛大吃一惊,跟他预想的结果正好截然相反,完全出乎他的意料,使他一时不知所措。

该怎么办呢?接受大家的决定吧,又实在太低,肯定要赔钱,对厂里怎么交代得过去?拒绝吧,下回谁还听你的?

张涛实在进退两难,只好去登门拜访许教授。

请回答以下问题:

1. 张涛让某车间第二工段的 25 名职工集体决定他们的生产定额,张涛做的这个决定属于( )。
   A. 确定型决策 B. 风险型决策
   C. 不确定型决策 D. 战略决策

2. 按照决策的基本程序,张涛在做出上述决定之前应该做的第一件事应该是(   )。
   A. 确定目标   B. 拟订方案   C. 评估方案   D. 收集信息
3. 为某车间的各个工段设置生产定额,这属于(   )。
   A. 业务决策   B. 战术决策   C. 集体决策   D. 个人决策
4. 集体决策的效果受到集体大小的影响,在一定程度上最有效的群体为(   )。
   A. 3-9   B. 5-7   C. 7-11   D. 9-15
5. 张涛的决策实践不成功,请分析其主要原因。

案例分析(二)

如何对待骡子

一位农民和他年轻的儿子及一头骡子到几里地外的城镇去赶集。开始时,农民骑骡子,儿子走路,没走多远,碰到一位年轻的母亲,她指着农民认为他虐待儿子,于是儿子骑骡子,农民走路。走了一里路,碰到一个和尚,他骂年轻人不孝顺,于是二人都不骑,牵着骡子走了四里路。他们又遇见了一个学者,学者笑他们放着骡子不骑,累得气喘吁吁,自讨苦吃,于是二人一起骑骡子又走了三里路。此时,又碰到一个外国人,见他们二人骑一头骡子,就指责他们虐待牲口。

请回答以下问题:

1. 农民和他的儿子屡遭指责,是过路人的观点有误,还是这父子俩的行为不对?为什么?
2. 如果你是那位农民,你会如何做?为什么?
3. 谈谈你从这个故事中领悟到了什么?

七、计算题

(一)

设某企业固定成本3万元,单位可变成本140元/件,单位销售价为200元/件,问:
(1) 应按什么规模生产销售才能盈利?
(2) 如若实现15万元的利润,应该实现多大的销售量?
(3) 如销售量达到1000件,企业能盈利多少?

(二)

某企业为了扩大某产品的生产,拟建设新厂,据市场预测,产品销路好的概率为0.7,销路差的概率为0.3。有以下三种方案可供企业选择:

方案1:新建大厂,需投资300万元。据初步估计,销路好时,每年可获利100万元;销路差时,每年亏损20万元。服务期为10年。

方案2:新建小厂,需投资140万元。据初步估计,销路好时,每年可获利40万元;销路差时,每年仍可获利30万元,服务期为10年。

方案3:先建小厂,3年后销路好时再扩建,需追加投资200万元,服务期为7年,估计每年获利95万元。

请问以上哪种方案最好?画出该问题的决策树,做出决策。

(三)

某企业生产一种产品,市场预测结果表明有三种可能:销路好,销路一般,销路差。

备选方案有三个：一是扩建，二是技术改造，三是维持现状。扩建需投资 25 万元，技术改造需投资 15 万元。各方案在不同自然状态下的损益值见表 3-1。

表 3-1　　　　　　　　　　　　　　　　　　　　　　　　单位：万元

方案	损益值		
	销路好	销路一般	销路差
A：扩建	210	100	—60
B：技术改造	160	80	—40
C：维持现状	90	40	—20

（1）试用乐观决策法、悲观决策法、最大最小后悔值法进行决策。

（2）若知销路好的概率为 0.5，销路一般的概率为 0.3，销路差的概率为 0.2，试用决策树法进行决策。

八、综合应用题

综合应用（一）

阿斯旺水坝的灾难

埃及的阿斯旺水坝于 20 世纪 70 年代初竣工。表面上看，这座水坝给埃及人带来了廉价的电力，控制了水旱灾害，灌溉了农田。但实际上却破坏了尼罗河流域的生态平衡，造成了一系列灾难：由于尼罗河的泥沙和有机质沉积到水库底部，使尼罗河两岸的绿洲失去肥源，土壤日益盐渍化；由于尼罗河河口供沙不足，河口三角洲平原向内陆收缩，使工厂、港口、国际工事有跌入地中海的危险；由于缺乏来自陆地的盐分和有机物，致使沙丁鱼的年捕获量减少了 1.8 万吨；由于大坝阻隔，使尼罗河下游的活水变成相对静止的"湖泊"，导致血吸虫和疟蚊肆虐，使水库区一带的居民区中血吸虫病流行。埃及造此大坝所带来的灾难性后果，使人们深深的感叹：一失足成千古恨！

请回答以下问题：

1. 阿斯旺水坝的决策属于何种类型？（　　）
    A. 简单的确定型决策　　　　　　B. 复杂的确定型决策
    C. 风险型决策　　　　　　　　　D. 不确定型决策

2. 在判断该项决策的类型时，以下哪个要素起了最重要的作用？（　　）
    A. 决策依据的准则　　　　　　　B. 决策后果
    C. 决策方案　　　　　　　　　　D. 决策方案的自然状态

3. 关于埃及建造阿斯旺水坝的这项决策，以下哪种说法是最不可能成立的？（　　）
    A. 人们在做出决策时，对于决策结果空间要达到什么样的预定目标，这种认识往往与价值判断有关
    B. 尽管人们能对决策要实现什么样的预定目标做出事实判断，但决策方案在实施中总难免要付出一定的代价
    C. 现实中的决策往往是多目标决策
    D. 任何决策方案在带来实现预定目标所希望的正面效果的同时，往往也可能引起各种负面效果

4. 埃及建造阿斯旺水坝的决策,给我们提供了什么启示?

综合应用(二)

绍兴自行车总厂的一个决策

一、背景介绍

绍兴自行车总厂 1980 年开始生产"金龙"牌自行车,后改为"飞花"牌。经过不断努力,到 1983 年其生产量已达到 31 万辆。"飞花"的质量也逐年提高,为消费者所喜爱,销路不错。根据该厂现有生产能力,参考市场形势,利用一元回归分析法测算出今后 5 年的年产量(见表 3-2 和表 3-3)。

表 3-2　　　　　　　　　　　　单位:辆

N	Y_i	X	X^2	$Y_i \cdot X$
1980	1308	-2	4	-2616
1981	60056	-1	1	-60056
1982	200227	0	0	0
1983	313510	1	1	313510
1984	400000	2	4	800000
$n=5$	$\sum y_i = 975101$	0	$\sum x^2 = 10$	$\sum y_i x = 1050836$

求得:$y_i = a + bx = 195020.2 + 105083.6x$

则,1985—1989 年的销售量预测如下:

表 3-3　　　　　　　　　　　　单位:辆

年份	X	Y
1985	3	510271
1986	4	615354.6
1987	5	720438.2
1988	6	825521.8
1989	7	930605.4

从预测结果看,基本上是按每年 10 万辆的速度递增。但问题是:

1. 根据当时国家要求轻工业有个较大发展的政策,各地自行车厂也都纷纷上马,自行车行业将来的竞争必将十分激烈;

2. 如果按每年 10 万辆速度递增产量,当"飞花"的产量达到一定量时,是否能保证全部售出?若销售不出,企业该怎么办?

3. 国内三大名牌自行车("凤凰""永久""飞鸽")声誉好、销路好,"飞花"与之比较,竞争能力是有限的。

企业管理者面临上述问题该怎么办?

二、决策者的管理办法

根据前述问题,考虑企业前景,绍兴自行车厂不得不对企业发展战略做出科学决策,思路有以下两个:

思路之一：走联营之路。即利用现有设备、技术、生产能力，寻找一家生产名牌自行车的厂家（如"凤凰"）进行联营，既生产名牌自行车，又生产"飞花"牌自行车。同时，通过联营，既可用大厂的新技术和先进管理方法武装自己，又能使产品保有销路。

思路之二：继续自家生产"飞花"牌自行车，眼前销路不成问题，但若干年后无法预估。

为此，进行选优决策，如图3-1所示：

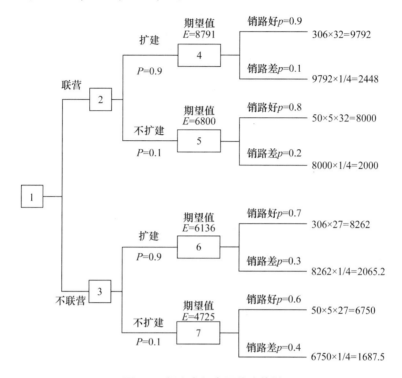

图3-1　绍兴自行车厂的决策树

联营初步考虑为5年。根据一元回归测算，5年产量为306万辆，若销路差则按产量的四分之一计算，盈利方面，"飞花"为27元（单价－成本），"凤凰"为32元。该厂年生产能力只有50万辆，若扩建成年产100万辆的生产能力，则需投资800万元，使用期为15年。

三、分析评价

1. 计算各节点的期望值E：

节点4：$9792 \times 0.9 + 2445 \times 0.1 - (800 \div 15) \times 5 \approx 8791$

节点5：$8000 \times 0.8 + 2000 \times 0.2 = 6800$

节点6：$8262 \times 0.7 + 2085.5 \times 0.3 - (800 \div 15) \times 5 \approx 6142$

节点7：$6750 \times 0.6 + 1687.5 \times 0.4 = 4725$

节点2：$8791 \times 0.9 + 6800 \times 0.1 \approx 8592$

节点8：$6136 \times 0.9 + 4725 \times 0.1 \approx 5995$

2. 联与不联的决策

根据上述计算出的期望值，比较节点2、节点3，便可知联营方案优于不联营方案。

3. 扩建与否的决策

从联与不联的决策中知,联营决策取胜。那么,划去节点6和节点7,比较节点4和节点5,节点4的期望值($E=8791$)为最大值,故应扩建。

4. 同哪家厂联营的决策

据了解,市场上有3种商标的自行车质量好、声誉高、销路畅,若要联营就得找理想的龙头厂进行。为此,有必要从9个方面对3家联营厂进行定性定量分析(见表3-4)。

表 3-4

方案	联营厂	产量品质等级	市场声誉	本厂优势利用程度	出口创汇能力	市场前景预测	协作紧密程度	交通地理条件	协作时间
A	凤凰	国家银奖	很好	约80%	有	很好	比较紧密	方便	5年
B	永久	国家银奖	好	约65%	有	好	松散	方便	洽谈
C	飞鸽	国家银奖	非常好	约40%	有	较好	松散	不便	洽谈

通过对方案A、B、C的分析评价,最后确定同生产"凤凰"牌自行车的上海自行车三厂进行联营。

四、处理结果

根据以上三步决策,最后达成共识,于1984年同上海自行车三厂联营生产"凤凰"QE65型自行车,产品在市场上一直供不应求。在联营的基础上,该厂又进一步扩建,使年生产能力达到100万辆。经过5年来的实践证明,经济效益和社会效益十分明显(见表3-5)。

表 3-5

年份	1984	1985	1986	1987	1988
产量(万辆)	41.37	51.5	62.81	77.06	92.22
税利(万元)	1260	1793	2303	3925	4748

(资料来源:纪建国.一个决策成功的案例[J].北京商学院学报,1991,(01):72—75。略有改动。)

请回答以下问题:

1. 根据案例材料,绍兴自行车总厂决策的背景是什么?
2. 结合案例材料,谈谈决策树法的主要步骤和优点?
3. 如何评价绍兴自行车总厂的本次决策?

 **综合应用(三)**

两个"失意之王"的最后一搏

2011年2月11日,诺基亚和微软在伦敦共同宣布将结成战略合作,诺基亚将放弃

Symbian、MeeGo 操作系统，携应用商店、数字地图等优势资源投入 Windows Phone 阵营。

恰逢 2011 年世界移动通信大会前夜，消息一经发布，诺基亚即刻被来自全世界人民的口水淹没。其中，最为尖刻和广为流传的评论是：两只火鸡生不出一只鹰来。

诺基亚的 CEO 斯蒂芬·艾洛普针锋相对回应道：或许还有另一种情况——两个来自俄亥俄州造自行车的人，有天决定要飞。

但在批评声音铺天盖地的时候，这个回答实在太微弱。

在刚刚过去的 2010 年度，作为目前全球最大的手机制造商、最大的数码相机生产商，诺基亚在《财富》杂志"全世界最受尊敬企业"中排名第 41 位，"世界 500 强公司"中排名第 120 位，《商业周刊》评选的"全球最有价值品牌"排名第 8 位，光是"Nokia"这个品牌就价值 295 亿美元。

转眼之间，手机老大诺基亚怎么就沦落为人人哀其不幸、怒其不争的对象了？

破坏者的创新

诺基亚的历史可以追溯到 1865 年。它原本是一家造木桨的小工厂，直到 1982 年，才以一款蜂窝式移动电话进入手机制造业。

1992 年 11 月 10 日，诺基亚推出了全球首款商用和首款量产的 GSM 手机 1011，迎来了发展的春天。作为第二代通信技术 GMS 的主要开发商，凭借对产品外观、性能的重视和物流体系，诺基亚从芬兰起家，最后成为全球最大通信设备供应商。

真正推倒诺基亚的是智能手机时代的快速降临。其实，作为行业老大，诺基亚早就发现了这一趋势，只是他们的动作太过迟缓。

1986 年诺基亚就成立了研究中心，致力于改进和提升诺基亚手机的功能，在同行中走在前列。1998 年 6 月，诺基亚、摩托罗拉、爱立信、三菱和 Psion 在伦敦共同投资成立 Symbian 公司，研发手机智能操作系统，迎接 3G 时代的到来。结果却被 Android 抢去风头，因为它免费又开源。2004 年诺基亚就发布了第一款触摸屏手机，没想到却被半路出家的苹果携大触屏、应用商城一骑绝尘而去。见情况不妙，诺基亚也赶紧上马了手机应用商店，买下 Symbian 公司后也实施了开源，奈何都只是作为追随者的角色。

2006 年年底，诺基亚首席执行官兼总裁康培凯预言互联网与手机的未来将融合在一起，诺基亚要成为"站在这一新时代的前沿，成为真正融合互联网和移动性的公司"。还没等诺基亚站到前面去，隔壁队伍里的苹果和谷歌在 2005 年就有了行动计划。2007 年，苹果推出了智能手机 iPhone，谷歌则拿出了智能手机操作系统 Android。

按照市场调研公司甘特纳（Gartner）的数据，2010 年诺基亚手机销量为 4.61 亿部，虽继续保持了第一的位置，但市场占有率下滑 7.5%。iPhone 年销量达 4660 万部，同比增长 87.2%，已经排到了第五名。智能手机操作系统方面，Android 系统在 2010 年激增 888.8%，晋升为全球第二，而 Symbian 系统的占有率滑落至 37.6%（最高时 60%）。

而这两位主要"搅局者"，原本都不是做手机的——苹果造电脑起家，谷歌则是搜索引擎出身。就像当年诺基亚成为 GMS 先锋一样，他们成为智能手机新技术和新市场的"领头羊"。苹果和谷歌的破坏性创新，加快了 3G 时代的到来，拖着庞大身躯的诺基亚被甩在了后面。

怎么翻身

2010 年间，传闻谷歌、微软、思科，甚至英特尔都和诺基亚洽谈过收购事宜，但最后都不了了之。摆在诺基亚面前有三条路：一是继续做 Symbian、MeeGo，二是选择谷歌 Android，三是选择微软 Windows Phone。

当年 Symbian 系统是为了对抗微软而生，可是相比眼下风生水起的苹果 iOS 系统和谷歌 Android 系统显得后继乏力，盟友纷纷逃离；MeeGo，则是诺基亚和英特尔在一年前才宣布联合开发的开源操作系统，至今还未有成型产品。显然，诺基亚已经无力完成自救，必须寻找帮助。问题是，到底是选谷歌还是微软？

谷歌的 Android 系统专为智能手机设计，且免费开放，是诺基亚拽住智能手机尾巴最保险的办法。但诺基亚并不想成为 Android 阵营中的又一张面孔，既难以和其他厂商区分，同时还可能促使 Android 一枝独大。

尽管要向微软支付一笔授权费，诺基亚董事会最终还是选择了微软。这不仅因为 2009 年微软就曾与诺基亚达成合作，在 Symbian 系统中引入 Windows 移动办公软件，还因为它给了诺基亚一丝希望——成为苹果、谷歌阵营之外的智能手机第三股力量。

然而资本市场对此并不认同。宣布与微软的合作当天，诺基亚股价下跌了 14%。联盟带来的裁员和削减研发费用，也让诺基亚芬兰总部的员工们走上街头。

在最近十年里，微软越来越像是一个脚步沉重的巨人，主要产品和营利方式都没有太大的改变——其主打的 Office 办公软件，几乎都可以在谷歌那里找到相应的免费版本；IE 浏览器的市场份额在逐年下降，眼睁睁看着 Firefox、Chrome、Safari 一点点赶上来；Windows Phone 目前的市场份额少得可怜；2010 年推出智能手机 KIN 不幸夭折……这对同病相怜的失败者，是否能搀扶着走出困境？

尽管这一联盟不被多数人看好，但它至少让 Android 阵营的手机厂商们舒了一口气。谷歌每年花 10 亿美元支持这套系统，是因为手机将成为其广告业务、未来谷歌服务的新平台。但谷歌随时可能对它收费，或者强行植入广告。这类不确定性，或许会因为第三股力量的牵制而收敛。

索尼爱立信 CEO 伯特·诺德伯格公开表达了高兴之情。因为如果诺基亚和大多数手机厂商进入同样的领域，那么将会带来更加激烈的竞争和价格压力。

同样支持他们的还有各地的运营商。苹果与谷歌的应用商店，直接绕开了电信运营商来收费。与之相比，微软和诺基亚的应用商店，则是通过运营商入口、直接从话费中埋单，这是运营商们所乐见的。

用户关于 iPhone 和 Android 的抱怨也不是没有，如果诺基亚能够联手微软造出让消费者接受的新手机，还是有翻身机会。没准诺基亚还能借着 Windows Phone，赢得它在智能手机领域一直没能进入的美国市场。

而双方能否成功磨合，又是一个极大的考验，因为届时出来的产品不可能是两者的简单相加。艾洛普应该清楚，让那两名俄亥俄人(也就是莱特兄弟)起飞的，不是他们过去造的自行车，而是他们新发明的飞机。

(资料来源：黄金萍.两个"失意之王"的最后一搏[N/OL].南方周末,2011-2-18. http：//www.infzm.com/content/55370.有删改。)

请回答以下问题：

1. 你如何评价双方的合作方案？

2. 诺基亚决定实施这一方案，却遭到众多中小股东的反对。你认为这样的决策方案，更适合集体决策还是个人决策，为什么？

第4章 计 划

一、本章词汇

1. 计划(planning)
2. 演绎法(deductive reasoning),又称演绎推理
3. 归纳法(inductive reasoning),又称归纳推理
4. 目标管理(management by objectives,MBO)
5. 战略计划(strategic plan)
6. 战术计划(tactical plan)
7. 作业计划(operation plan)
8. 滚动计划法(rolling plan method)
9. 关键路线法(critical path method)
10. 甘特图(Gantt chart)
11. 计划评审技术(program evaluation and review technique,PERT)

二、单项选择题

1. 目标管理理论的提出者是(　　)。
   A. 法约尔　　　B. 德鲁克　　　C. 甘特　　　D. 韦伯
2. (　　)规定根据一定的情况,是否采取某一特定的行动。
   A. 战略　　　B. 政策　　　C. 规则　　　D. 程序
3. 在管理的基本职能中,属于首位的是(　　)。
   A. 计划　　　B. 组织　　　C. 领导　　　D. 控制
4. 根据计划的明确程度,可以把计划分为(　　)。
   A. 短期计划和长期计划　　　B. 战略性计划和战术性计划
   C. 具体性计划和指导性计划　　　D. 程序性计划和非程序性计划
5. 按计划范围的广度,可将计划分为(　　)。
   A. 短期计划和长期计划　　　B. 战略计划、战术计划和作业计划
   C. 具体性计划和指导性计划　　　D. 程序性计划和非程序性计划
6. 计划活动将人们的行动聚焦于组织的(　　)上。
   A. 目的　　　B. 愿景　　　C. 目标　　　D. 利益
7. 计划职能的主要作用是(　　)。
   A. 确定目标　　　B. 指挥
   C. 确定实现目标的手段　　　D. A 和 C

8. (　　)只规定一些重大方针,指出重点但并不把管理者限定在具体的目标或特定的行动方案上。
   A. 战术计划　　　B. 作业计划　　　C. 指导性计划　　D. 具体性计划

9. (　　)明确规定了目标,并提供了一整套明确的行动步骤和方案。
   A. 长期计划　　　B. 战略计划　　　C. 指导性计划　　D. 具体性计划

10. 计划由于具有确认组织目标的独特作用,而成为其他各项职能执行的基础。这是指计划具有(　　)。
    A. 目的性　　　　B. 首位性　　　　C. 普遍性　　　　D. 效率性

11. 谋求实现目标的途径是通过履行管理的(　　)职能完成的。
    A. 计划　　　　　B. 组织　　　　　C. 领导　　　　　D. 控制

12. (　　)是计划职能的作用之一。
    A. 计划能够自动提升灵活性　　　　B. 计划有助于应对不确定性
    C. 计划能够提升活动的经济价值　　D. 计划有助于协调目标

13. 在(　　)的基础上计划活动的第一步就是要为组织确立目标。
    A. 确定备选方案　　　　　　　　　B. 估量机会
    C. 明确计划的前提条件　　　　　　D. 制定财务预算

14. (　　)是组织对于"我要到哪去"的思考。
    A. 使命　　　　　B. 愿景　　　　　C. 宗旨　　　　　D. 目标

15. 目标管理最突出的特点是强调(　　)和自我控制。
    A. 上下协调　　　B. 成果管理　　　C. 过程管理　　　D. 统一目标

16. 以下选项中(　　)不是目标管理的局限性。
    A. 目标难以确定　　　　　　　　　B. 缺乏灵活性
    C. 注重长期目标的协调　　　　　　D. 关注短期目标

17. (　　)的优点是直观地标明了各活动的计划进度和当前进度,能动态地反应项目的进展情况;缺点是难以反应多项活动之间存在的复杂的逻辑关系。
    A. 滚动计划法　　　　　　　　　　B. 线性规划方法
    C. 网络计划技术　　　　　　　　　D. 甘特图

18. 下述关于计划工作的认识中,哪种观点是不正确的?(　　)
    A. 计划是预测与构想,即预先进行的行动安排
    B. 计划的实质是对要达到的目标及途径进行预先规定
    C. 计划职能是参谋部门的特有使命
    D. 计划职能是各级、各部门管理人员的一个共同职能

19. 企业计划从上到下可分成多个层次,通常越高层次目标就越具有(　　)的特点。
    A. 定性和定量结合　　　　　　　　B. 趋向于定性
    C. 模糊而不可控　　　　　　　　　D. 具体而可控

20. 以下对组织目标作用的说法不恰当的是(　　)。
    A. 制定了组织目标,不利于管理者进行决策
    B. 组织目标是组织内部分工和协调的准则
    C. 目标达成度是业绩考核的基本依据
    D. 组织目标是激发员工内在工作热情的重要激励手段

21. "明确而不含糊,能使员工明确组织期望他做什么、什么时候做以及做到何种程度。"描述的是有效目标应该是( )。
    A. 具体的   B. 可衡量的   C. 能实现的   D. 相关联的
22. 目标管理理论认为,组织目标应该由( )。
    A. 高层管理者制定   B. 基层管理者制定
    C. 上下级共同参与制定   D. 以上说法都不对
23. "打造百年老店"描述的是( )。
    A. 战略目标   B. 战术目标   C. 作业目标   D. 以上说法都不对
24. "实现员工成长与发展"描述的是( )。
    A. 战略目标   B. 战术目标   C. 作业目标   D. 以上说法都不对
25. "人力资源部提出在本年度要开设英语培训班,为员工提供英语培训"属于( )。
    A. 战略目标   B. 战术目标   C. 作业目标   D. 以上说法都不对
26. "本月费用控制在1000元以内"属于( )。
    A. 战略目标   B. 战术目标   C. 作业目标   D. 以上说法都不对
27. 应用于中层管理的是( )。
    A. 战略目标   B. 战术目标   C. 作业目标   D. 以上说法都不对
28. 计划工作的核心是( )。
    A. 确定计划目标   B. 确定计划的前提条件
    C. 确定可供选择的方案   D. 做决策
29. 管理的计划职能的主要任务是要确定( )。
    A. 组织结构的蓝图   B. 组织的领导方式
    C. 组织目标以及实现目标的途径 D. 组织中的工作设计
30. 企业计划从上到下可分成多个层次,通常越低层次目标就越具有以下什么特点?( )
    A. 定性和定量结合   B. 趋向与定性
    C. 模糊而不可控   D. 具体而可控
31. 企业计划从上到下可分成多个等级层次,并且( )。
    A. 各层次的目标都是具体而可控的
    B. 上层的目标与下层的目标相比,比较模糊和不可控
    C. 各层次的目标都是模糊而不可控的
    D. 上层的目标与下层的目标相比,比较具体而可控
32. 滚动计划法最突出的优点是( )。
    A. 使计划编制和实施工作的任务减轻
    B. 计划更加切合实际,并使战略计划的实施更加切合实际
    C. 缩短了计划时期,加大了计划的准确性和可操作性
    D. 大大加大了计划的弹性,提高了组织的应变能力
33. 实施目标管理的主要难点是( )。
    A. 不利于有效地实施管理   B. 不利于调动积极性
    C. 难以有效地控制   D. 设置目标及量化存在困难

34. 某企业在推行目标管理中,提出了目标:质量上台阶,管理上水平,效益创一流,人人争上游。你对此目标做何评价?(   )
    A. 目标很好,有挑战性   B. 目标表述不够清楚
    C. 目标设定得太高   D. 目标无法考核

35. 一家生产照相机的企业的总经理说:"我们生产的是照相机,销售的是人们美好的回忆和永久的纪念。"总经理的话体现了(   )。
    A. 企业对利润的追求   B. 企业的社会责任
    C. 企业的使命   D. 企业的经营手段

36. 很多情况下,由于组织内外部环境变化快,我们在制订计划的时候,应该体现计划的动态适应性,先制订一定时期内的计划,然后按照计划的执行情况和环境变化,及时调整和修正未来计划,并相应地将计划顺延一个时期,依次逐期向前推进,这样也可以把短期计划与中、长期计划结合起来。这种制订计划的方法是以下哪一种?(   )
    A. 网络计划技术   B. 甘特图
    C. 滚动计划法   D. 目标管理

37. 企业经营环境变化速度的加快,使得企业中长期计划制订的难度不断加大,并且需要不断调整。鉴于此,有人提出以下几种建议,以应付不确定且经常出现重大突发事件的经营环境。你最赞同其中哪条建议?(   )
    A. 计划一旦制订就应保持其严肃性,可采取以不变应万变的做法
    B. 一旦环境发生变化,就应该主动放弃原计划而制订新计划
    C. 通过动态调整计划来适应环境变化,以保持中长期计划的灵活性
    D. 在保持原计划不变的同时,根据突变情况另外制订应急计划

38. 大华公司运用原有技术优势,开发了一种固定资产投资极大的新产品,投产后非常畅销。几家竞争对手看到该产品的巨大潜力,也纷纷跃跃欲试。此时,有资料证实,该产品可以通过其他途径加以合成,而投资额只是原来的三分之一,大华公司顿时陷入一片恐慌之中。从计划过程来看,大华公司最有可能在哪个环节上出了问题?(   )
    A. 估量机会、确立目标
    B. 明确计划的前提条件
    C. 提出备择方案,经过比较分析,确定最佳方案
    D. 拟订派生计划,并通过预算使计划数字化

39. 星光公司为了在竞争中处于有利地位,开发了一种投资很大的新产品,投产后非常畅销,公司领导也倍感欢欣。但不久便得知,由于该产品对环境有害,国家正在立法,准备逐步取缔该产品,企业顿时陷入一片阴影之中。从计划过程来看,星光公司最有可能在哪个环节上做得不够到位?(   )
    A. 估量机会、确立目标
    B. 明确计划的前提条件
    C. 提出备选方案,经过比较分析,确定最佳方案
    D. 拟订派生计划,并通过预算使计划数字化

40. 银星百货公司规定:
    ——"我们只售高贵、时髦的衣服和各种高级用具。"
    ——"货物售出超过30天,不再退还购货款。"
    ——"在退还顾客购货款前,营业员需注意检查退回的货物,然后取得楼层经理的批准。"
    请问这三条规定在常用计划中应归为什么?(　　)
    A. 都是规则　　　　　　　　　B. 都是政策
    C. 分别是政策、程序、规则　　D. 分别是政策、规则、程序

41. 大成房地产公司准备投资一个大型房地产项目。总经理责成规划部小王做一个投资计划。一个月后,小王提交了一份长达30页的项目计划书。在计划书中详细介绍了该项目的情况,包括该项目的目标是什么、项目准备什么时候开始和结束、由哪些部门负责、项目在哪里进行,以及项目具体的营运思路。在你看来,小王的项目计划书还存在哪些欠缺?(　　)
    A. 没有明确高层管理者的责任　　B. 没有对项目的可行性进行论证
    C. 没有划分各部门的责任　　　　D. 没有考虑和政府机构的协调问题

42. 新年伊始,时代公司制定了一系列目标:产品质量要比去年提高,成本要比去年降低,人员素质要有较大改善,市场占有率要达到第一,要努力开发出比竞争手更好的新产品等。由此可以看出(　　)。
    A. 该公司的目标制定得非常明确
    B. 该公司的目标太模糊,不容易执行
    C. 该公司的做法符合目标管理的基本思想
    D. 以上说法都不正确

43. 中国有句古话说"望山跑死马",这是形容在马儿知道人们在"马放南山"时,一看到"南山"马就会拼命地向大山跑去,尽管有些时候由于山高路远,马儿需要跑很长时间,甚至可能没有跑到大山就累死了,但是它还是会使劲跑。在我们的现实生活中也有许多这样的事例。根据管理学理论,我们能够从这当中得到的重要启示是(　　)。
    A. 组织的计划管理应该符合组织的实际情况
    B. 组织和个人都要量力而行
    C. 目标具有很强的激励力量
    D. 组织和个人都不应该过于强求

44. 某公司领导在研究和预测公司产品未来市场状况的时候通过各种渠道收集了大量的信息,包括宏观的经济、政治、法律、技术和社会环境的信息,以及微观的行业竞争者、替代产品、顾客、供应商和潜在的竞争者等信息。在此基础上他们制订了非常精确的市场拓展和开发计划,但是在实施该计划的过程中由于各种原因使得计划未能实现。你认为在该计划的制订过程中所出现的问题主要是(　　)。
    A. 公司所收集的信息是完备的,但是计划的目标过高
    B. 公司所收集的信息是完备的,但是计划的实施不力
    C. 公司所收集的信息是不完备的,并且没有考虑市场的不确定性
    D. 公司所收集的信息是不完备的,并且没有考虑市场和内部的不确定性

45. 北海公司的总经理李冰在一次职业培训中学习到了很多目标管理的内容,他准备在公司中实施这种管理方法,第一步就是要和各个部门的主要的负责人协商确定如何为各部门制定目标。在讨论的过程中,大家主要有以下几种见解,你认为哪种是正确的?(　　)
   A. 各部门的目标决定了整个公司的业绩,应该确立较高的标准
   B. 考虑到企业全体员工的积极性,各部门的目标应该设立最低的标准
   C. 目标的确定应该略高于各部门的现有能力,但要使各部门经过努力能够达到
   D. 各部门情况不一样,有的部门宜采用高标准,有的部门则宜采用低标准

三、多项选择题

1. 目标管理的特点有(　　)。
   A. 重视人的因素　B. 自我控制　　C. 强调员工参与　D. 群众监督
   E. 注重成果
2. 目标管理的优点有(　　)。
   A. 关注长期目标　B. 形成激励　　C. 有助于改进结构和明确任务
   D. 目标设置容易　E. 自我管理
3. 目标管理的缺点有(　　)。
   A. 偏重短期目标　B. 不能形成激励　C. 无助于改进职责分工
   D. 目标设置困难　E. 缺少灵活性
4. 下列关于计划作用的阐述中,正确的是(　　)。
   A. 计划有助于管理者应对变化和不确定性
   B. 周密的计划能够使组织的长、短期目标得以协调
   C. 计划使得组织活动经济合理
   D. 计划为控制奠定基础
5. 计划活动的特征包括(　　)。
   A. 普遍性　　　B. 首位性　　　C. 全局性　　　D. 有效性
6. 使命、愿景、价值观的作用包括(　　)。
   A. 是管理活动的逻辑起点
   B. 是组织前进的方向与追求
   C. 促进组织成员的主动、自律和责任
   D. 具有强烈的激励作用
7. 组织的使命或宗旨是通过达成一定的目标而得以实现的,目标本身则具有(　　)的性质。
   A. 层次性　　　B. 网络体系　　C. 多样性　　　D. 可考核性

四、判断题

1. 一般而言,高层管理者主要致力于组织的战略计划,这体现了计划活动的首位性。(　　)
2. 任何一个组织只有搞清楚自己的目标,其行动才能位于正确的轨道上。(　　)
3. 预算是用以对特定的活动分配资源的数字计划。(　　)

4. 管理者层次越高,其计划工作越具有操作性。(　　)
5. 使命是组织对于"我要到哪里去"这一问题的思考。(　　)
6. 利润是企业存在的理由,使命则是企业存在的必要条件。(　　)
7. 为了保证资源的有效使用,一个组织不可能同时追求多种目标。(　　)
8. 目标管理有助于协调集权与分权的矛盾。(　　)
9. 预测是对未来行动的描述。(　　)
10. 定性预测方法一般用于长期预测。(　　)

五、简答题

1. 什么是计划？计划与决策的联系与区别是什么？
2. 计划工作的特点有哪些？
3. 计划工作的作用有哪些？
4. 计划的主要形式有哪些？
5. 计划的主要类型有哪些？
6. 简述目标管理的实施过程。

六、论述题

1. 目标管理是由哪一位管理学家提出来的？其主要思想是什么？目标管理有哪些优点和缺点？
2. 计划的编制过程是什么？
3. 计划的主要内容是什么？

七、案例分析题

案例分析(一)

赵总经理的目标设置构想

向阳集团公司是一家拥有 20 家子公司和分公司的大型集团企业,业务涉及六个行业。集团公司对分公司的管理方式是独立经营、集中核算。

集团分公司的赵一鸣总经理最近听了关于目标管理的讲座,激发了很大热情,他认为由彼得·德鲁克率先倡导的目标管理,其实践价值很高。赵一鸣召开分公司会议,在会上他详细介绍了目标管理的起源和发展以及诸多成功实例,并列举了在分公司推行目标管理的好处,要求下属考虑他的建议。

在下一次会议上,部门经理们就赵一鸣的提议提出了好几个问题。财务主管问:"您是否有集团总公司分配给分公司的明年的工作目标？"赵一鸣回答说:"我没有,但我一直在等待总裁办公室告诉我,他们期望我们做什么,可他们好像与此事无关一样,真郁闷。""那么分公司到底要做什么呢？"生产主管问道。"我打算列出我对分公司的期望。关于目标没有什么神秘的,明年的销售额达到 5000 万元,销售利润达到 8%,投资收益率达到 15%,正在进行的技术改革项目 6 月 30 日能投产。我以后还会列出一些明确的指标,如选拔一定数量分公司未来的主管人员,今年年底前完成我们的新产品开发工作,以及保持员工流动率在15%以下,等等。"赵一鸣越说越兴奋。

部门经理们对赵一鸣提出的这些目标,以及如此明确和自信地陈述出来感到惊讶,一时不知说什么好。

"下个月,我要求你们每个人把这些目标转换成你们自己部门可考核的目标!这些目标对于财务、营销、生产、工程和人事部门是不同的。但是,我希望你们都能用数字来表达,把你们的数字加起来就实现了分公司的目标。"

请回答以下问题:

1. 根据目标管理理论,目标设置的第一步是(　　)。
   A. 初步在最高层设置目标　　　B. 设置部门目标
   C. 设置员工目标　　　　　　　D. 企业经营环境调查

2. 实施目标管理时,设置目标的方式为(　　)。
   A. 自上而下
   B. 自下而上
   C. 自上而下与自下而上相结合,反复循环,最终趋于一致
   D. 以上都不对

3. 设置部门和员工的预定目标时,必须采取的做法是(　　)。
   A. 由上下级共同商量确定　　　B. 由上级提出,再同下级讨论
   C. 由下级提出,由上级批准　　D. 由下级自己确定

4. 赵一鸣总经理列举了好几个目标,这些目标都属于(　　)。
   A. 不恰当的目标　　　　　　　B. 恰当的目标
   C. 可以评估的目标　　　　　　D. 不可评估的目标

5. 对于分公司来说,要制定可行的目标,需要集团公司提供什么信息和帮助?

案例分析(二)

北斗公司的目标管理

北斗公司刘总经理在一次职业培训中学习到很多目标管理的内容。他对目标管理简单清晰的理论逻辑及其预期的收益印象非常深刻。因此,他决定在公司内部实施这种管理方法。首先他需要为公司的各部门制定工作目标。刘总经理认为:由于各部门的目标决定了整个公司的业绩,因此应该由他本人为他们确定较高的目标。确定了目标之后,他就把目标下发给各个部门的负责人,要求他们如期完成,并口头说明在计划完成后要按照目标的要求进行考核和奖惩。但是他没有想到的是中层经理在收到任务书的第二天,就集体上书表示无法接受这些目标,致使目标管理方案无法顺利实施。刘总经理为此感到很困惑。

请回答以下问题:

根据目标管理的基本思想和目标管理实施的过程,分析刘总经理的做法存在哪些问题?他应该如何实施目标管理?

案例分析(三)

业务扩展中的化妆品公司

格拉斯娜曾在一家大型公司里当过地区经理,她以一流的工作能力,管理着250多名推销员。当她离开这家大公司之后,便开始经营自己的化妆品公司。她从意大利一家小型的香水厂获得一套化妆品配制流水线,租用了一座旧仓库,并且安装了一套小型的化妆品灌瓶与包装生产线。三年快过去了,格氏化妆品公司经营初见成效,格拉斯娜打算拓展她的产品,增添生产线,建立分销网络。

格拉斯娜这样向外界介绍她公司的业务:"格氏化妆品公司准备生产一套高质量的化妆品系列,在美国东北部通过百货商店和专业商店销售给高收入的顾客,并成为意大利××品牌香水在美国市场上的仅有的四位代理人之一。"格拉斯娜对公司员工提出的要求为:在下一年度使公司的销售额达到300万美元。

格拉斯娜为拓展公司的业务去银行贷款,银行工作人员询问她的经营有何独到之处,她回答说:第一,她的货物只批发给独家经销她的产品的那些百货公司和专业商店;第二,如果在圣诞节的前三个月来采购的话,她给那些商店在价格上打对折,甚至更优惠;第三,格拉斯娜在公司建立了一套制度,要求对所有来购货的订单都先核实信用,然后在装货起运之前才在价格上标出适当的折扣。公司的货运室管理人员被要求做到"绝对不可以在信用部门认可之前运走任何东西"。

请回答以下问题:
1. 格氏化妆品公司的经营战略是( )。
   A. 无差异战略　　B. 差异性战略　　C. 密集性战略　　D. 无明确战略
2. 香水的配制生产属于何种类型?( )
   A. 单件小批生产　B. 成批生产　　　C. 大批量生产　　D. 连续生产
3. 拉格斯娜向外界对其公司业务的描述阐明了该公司的( )。
   A. 使命　　　　　B. 目标　　　　　C. 战略计划　　　D. 战术计划
4. 格拉斯娜对公司员工提出的"在下一年度使公司的销售额达到300万美元"是针对哪一部分员工而规定的目标?( )
   A. 销售部门　　　　　　　　　　　B. 财务和信用部门
   C. 律师和销售部门　　　　　　　　D. 全公司员工
5. 格拉斯娜在回答银行人士的提问时所说的前两点内容属于公司的何种计划?( )
   A. 战略　　　　　B. 政策　　　　　C. 规划方案　　　D. 预算
6. 要求货运室管理人员不可以在信用部门认可前运走任何东西,这条是( )。
   A. 政策　　　　　B. 程序　　　　　C. 规则　　　　　D. 规划方案

八、综合应用题

25岁娃哈哈的成长计划

2012年11月30日,娃哈哈集团在杭州举行了成立25周年庆典,3000多名来自全国各地的经销商汇聚一堂。在庆典上,娃哈哈集团掌门人宗庆后宣布,娃哈哈25年累计营业收入3693亿元,利税762亿元,年营业收入、利税占据"中国饮料20强企业"的半壁江山。25年来,娃哈哈集团年产饮料从2万吨增长到现在的1266万吨,累计生产各类饮料产品7821万吨。

接下来,娃哈哈集团第二代掌门人宗馥莉发布了娃哈哈的新口号——"health",希望用新的文化内涵和企业形象开启新的成长计划。

回眸:娃哈哈成长史

从一个只有3个人、14万元借款的"小不点",到如今拥有3万多名员工、总资产达320亿元的中国饮料行业"巨无霸",娃哈哈用了25年的时间。如今,娃哈哈拥有150余种健康营养产品,170家子公司,400多条世界一流生产线,8000多家经销商,上百万家零售商,280亿元品牌价值。漂亮数字的背后,有着怎样的成长经历?

1987年,娃哈哈靠代销棒冰、汽水白手起家,后看到市场空白点,开发出娃哈哈儿童营养液,在市场站住了脚,掘得了第一桶金,完成了原始积累。

1994年起,娃哈哈制定出了"销地产"战略,首先在涪陵兴建了第一家外地分公司,之后又先后在全国29个地区建起了66个生产基地、170家子公司。"销地产"战略一方面吸收了当地人口就业,另一方面节约了运费和人力资源成本,使企业获得了美誉并加快了全国拓展市场的步伐。

2002年起,娃哈哈的营养快线、爽歪歪、启力等产品开始成为市场上的"热产品",为了应对竞争和盲目抄袭,娃哈哈在这一时期比较注重调整产品结构、引进吸收再创新,实现了自己生产模具,自制部分成套设备,降低了成本,提高了效益。

2007年,娃哈哈通过对内实施亲情文化,对外推行"义利兼顾"的联销体制度,打造出一支"拉得出,打得响,过得硬"的干部员工和经销商队伍。

解密:娃哈哈增长内驱力分析

娃哈哈这样一家"巨型战舰"企业,利润增长率大大高于营业收入的增长,企业一直没有贷款且在银行有上百亿的存款,能够做到今天的成绩,原因是多方面的。抛开常见的企业成功要素,以下几个方面是娃哈哈独创且做得比较成功的。

第一,瓶子、盖子、标签、模具甚至部分成套生产设备自己生产。不像市面上大多数企业的瓶子、盖子都要从外部购买,娃哈哈集团这样一方面节省了成本,另一方面,企业自主生产,对品质和质量的把控性增强,有利于食品的安全保障。

第二,实行高度集中的管理模式,尽量杜绝可能出现的漏洞。娃哈哈实行产、供、销一体的模式,全国66个生产基地、170家子公司均实行统一采购、统一销售、统一调度生产、统一进行管理。这样不仅杜绝了管理漏洞,避免了浪费,而且应对灵活,出现问题能够迅速反应。

第三,靠近消费市场就地设厂减少了运费开支。娃哈哈在全国范围内平均半径300~500千米就会设一家生产厂,目前全国有66个生产基地,而且还在不断增加,极大地节省了物流成本,大幅提高产品的市场占有率。

出炉:2013年冲击新高度

但娃哈哈并不总是"笑哈哈"。2012年掌门人宗庆后表示:"尽管我们在增长,但是增长幅度并不高,企业增速放缓,某些地区甚至没有完成销售指标。"总结起来,娃哈哈正在面临着老产品销量下滑、新产品未及时跟上、经销商过度压库、价差体系不稳等问题,那么针对这些问题企业出台了哪些应对措施?

第一,规范渠道层级管理。2012年部分地区出现了价格体系紊乱的问题。一位经销商透露,他所在的市场库存压力较大,为了实现快速回款和完成销售指标,部分经销商低价处理产品打乱了市场价格体系,造成同种商品不同地区价差较大,而娃哈哈并没有按照联销体的协议规定,对这种情况进行处罚或者取消其联销体资格,监管不力和职能的缺失令一些市场增长乏力,甚至销量锐减。

第二,完善渠道网络,加强终端掌控力。以今年夏季推广的"启力"为例,由于层层推广不利,在一些地区"启力"根本没有铺下去,货都被堆在库房里。然而开发得好的一些区域,比如深圳市一个批发部的经销商,娃哈哈全线产品年销售额超过5亿元。因此,做好对区域渠道网点的服务,加强对终端的掌控力,成为娃哈哈2013年的重要任务。

第三,实现对策略产品的重点推广。遵循"小步快跑"原则,将2012年推出后反响强烈的"爽歪歪"和功能型饮料"启力"继续进行大规模的推广,争取最大效益。

第四,全面加强策划团队建设和外脑支援。宗庆后透露,娃哈哈已经与6家策略机构达成合作意向,2013年这些策略机构将为娃哈哈提供包括品牌管理、形象策划、产品组合、媒体投放、渠道推广等全方位的智力支持。

第五,继续牵手强势媒体,打造话题性节目。尝到了话题、活动引爆产品的甜头之后,2013年娃哈哈将携手湖南卫视《女人如歌》等栏目,希望借助强势媒体的"热栏目"再次引爆话题,复制今年联手《中国好声音》带来的关注度和话题性。

第六,稳定主业,涉水"副项"。2012年11月29日,娃哈哈首家欧洲精品商场在杭州开业,销售意大利、德国、西班牙等国家的知名服饰、手表、箱包品牌,而这些品牌也指定娃哈哈成为其在中国的总代理,号称要"与欧洲同步,与欧洲同价"。值得一提的是,在商场开业的当天,娃哈哈邀请了50余个来自西班牙、意大利、德国、英国的橄榄油、葡萄酒、罐头、休闲食品等厂商布展,组织自己的经销商参观和洽谈,吹响了进军酒水行业和零售行业的第一声号角。

据了解,娃哈哈预计从2013年开始,3~5年内开出100家商场。商场开设将在一、二、三、四线城市齐头并进,自建与租用商场相结合,以国际精品商场、儿童专用商品商场及吃喝玩乐为一体的城市综合体的形式,快速推进娃哈哈零售业的发展。

第七,延续"产品长蛇阵"战略,通过做长产品线,扩大市场竞争的空间,取得竞争优势。20多年来,娃哈哈几乎每年都有新产品推出,几乎每类产品都有,目前共有100多个产品。通过"产品长蛇阵"的战略,有效避免了单一产品在竞争中容易遭到对手"围剿"的情况,娃哈哈以"弹钢琴"的策略牢牢把握着竞争主动权。

娃哈哈,这个如今刚满25岁的青年,就以王者之风呈现在中国饮料品类的舞台上。对于今后的发展,宗庆后说:"首先我们公司要做好,产品品质要好,市场概念要好,包装要好,广告力度要够,让消费者先认识你的产品。2013年对我们来说是个机会,企业将会再投放新品、加大广告投放、加强内部整顿,让经销商赚到钱,向公众展示一个形象更加健康的娃哈哈。"

(资料来源:作者根据公开资料整理。)

请回答以下问题:

1. 在娃哈哈25年的逐渐发展、壮大历程中,成功的关键是什么?
2. 结合本案例,谈谈制定发展战略的关键是什么?
3. 对于娃哈哈的多元化战略,你如何评价?

第 5 章　战略管理

一、本章词汇

1. 战略(strategy)
2. 企业战略管理(strategic management)
3. 企业使命(enterprise mission)
4. 愿景(vision)
5. 政治环境(political factors)
6. 经济环境(economic factors)
7. 社会环境(social factors)
8. 技术环境(technological factors)
9. 价值链(value chain)
10. 蓝海战略(blue ocean strategy)
11. 公司层战略(corporate strategy)
12. 事业层战略(business-level strategy)
13. 职能层战略(functional strategy)
14. 稳定型战略(stability strategy)
15. 增长型战略(growth strategy)
16. 紧缩型战略(retrenchment strategy)
17. 一体化战略(integration strategy)
18. 多元化战略(diversification strategy)
19. 成本领先战略(overall cost leadership strategy)
20. 集中化战略(focus strategy)
21. 差异化战略(differentiation strategy)
22. 基本竞争战略(generic competitive strategy)
23. 战略事业单位(strategic business unit, SBU)
24. 价值创新(value innovation)
25. 战略行动(strategic move)
26. 竞争优势(strengths)
27. 竞争劣势(weaknesses)
28. 机会(opportunities)
29. 威胁(threats)

二、单项选择题

1. 战略计划的起点是( )。
   A. 外部环境分析　　　　　　B. 内部环境分析
   C. 明确组织的使命与愿景　　D. 明确组织的目标
2. 战略被视为一种具体计划类型,属于( )。
   A. 长期计划　　B. 中期计划　　C. 短期计划　　D. 程序性计划
3. 对产业环境进行分析的方法是( )。
   A. SWOT 分析　　B. 五力模型　　C. PEST 分析　　D. BCC 分析
4. 迈克尔·波特提出有五种力量左右着企业的战略选择,这五种力量不包括( )。
   A. 现有企业之间的竞争　　B. 潜在进入者的竞争
   C. 企业自身的优势与劣势　　D. 供应商的议价能力
5. "公司的事业(业务)是什么？公司拥有什么样的事业(业务)组合？"这是哪个层次的战略所关心的问题？( )
   A. 公司层战略　　B. 事业层战略　　C. 职能层战略　　D. 战略管理
6. 同行业企业之间的兼并或合并是指( )。
   A. 前向一体化战略　　B. 后向一体化战略
   C. 横向一体化战略　　D. 市场渗透战略
7. 进入一个与原有业务在技术、市场上都相关的新业务领域,属于哪一种战略？( )
   A. 水平多元化　　B. 混合多元化
   C. 市场渗透战略　　D. 同心多元化
8. 以下各项中,哪一项不是核心能力的特征？( )
   A. 异质性　　B. 价值性　　C. 不可持续性　　D. 难以模仿性
9. 一个企业及其产品是否具有优势,往往是站在哪个角度来衡量？( )
   A. 企业　　B. 顾客　　C. 价值链　　D. 社会
10. 三项主要的公司层战略分别是增长型战略、稳定型战略和( )。
    A. 多元化战略　　B. 紧缩型战略
    C. 差异化战略　　D. 市场领先战略
11. 战略实施的首要问题是( )。
    A. 资源保证　　B. 技能保证　　C. 组织保证　　D. 文化保证
12. 企业进入一个市场相关但技术不相关的业务领域,即向现有客户提供新的不相关的产品,属于哪一种战略？( )
    A. 水平多元化　　B. 横向一体化　　C. 集中多元化　　D. 混合多元化
13. 甲公司既提供海上供油服务,又提供海上供水服务,这属于哪一种战略？( )
    A. 水平多元化　　B. 后向一体化
    C. 集中多元化　　D. 混合多元化
14. 进入一个与现有业务完全不相关的领域,面对完全不同的顾客,属于哪一种战略？( )
    A. 水平多元化　　B. 横向一体化　　C. 同心多元化　　D. 混合多元化

15. 迈克尔·波特的理论中,基本的竞争战略不包括以下哪一种?(   )
    A. 技术领先   B. 差异化   C. 集中化   D. 总成本领先

16. 在分析外部宏观环境的时候,我们常常使用PEST分析法。P、E、S、T分别指的是(   )。
    A. 物理环境、生物环境、社会环境、贸易环境
    B. 政治环境、经济环境、社会环境、技术环境
    C. 政治环境、生物环境、社会环境、技术环境
    D. 政治环境、经济环境、社会环境、贸易环境

17. 在迈克尔·波特的驱动行业竞争的五力模型中,五种力量分别是指(   )。
    A. 供应商、购买方、行业内现有企业、潜在进入者、替代品生产商
    B. 政府、行业协会、科研机构、消费者、投资者
    C. 政府、国际组织、同行业竞争者、消费者、投资者
    D. 政府、行业协会、供应商、购买方、行业内现有企业

18. 通过减少某项业务的资产和成本,从目前的战略经营领域撤退,属于哪种战略?(   )
    A. 剥离战略   B. 紧缩型战略
    C. 合资经营战略   D. 清算战略

19. "物美价廉"是对以下哪种战略通俗的诠释?(   )
    A. 总成本领先战略   B. 最优供应商战略
    C. 集中化战略   D. 差异化战略

20. 下列关于战略的表述,不正确的是(   )。
    A. 战略是为实现组织总目标而对某一个部门或某一项任务的重点部署
    B. 战略是对组织发展方向以及如何发展的一个总体规划
    C. 战略总是针对竞争对手制定的
    D. 战略是最重要的计划形式之一

21. 一个国家或地区的居民教育程度和文化水平、宗教信仰、风俗习惯、审美观念、价值观念等,属于企业外部环境中的(   )。
    A. 政治环境   B. 社会环境   C. 技术环境   D. 经济环境

22. 称霸酒业多年的H酒公司已先后进入服装、电子、制药等行业,目前正准备择机踏入汽车制造业,这说明它正在实施哪一种战略?(   )
    A. 水平多元化   B. 合资经营   C. 集中多元化   D. 混合多元化

23. 随着洗衣机市场从卖方市场转向买方市场,各洗衣机生产厂家在改进产品设计、增加产品功能、改善售后服务等方面绞尽脑汁,不断推陈出新。这种竞争战略是(   )。
    A. 集中化战略   B. 差异化战略
    C. 分散化战略   D. 成本领先战略

24. 国内某知名家用电器制造商以前从未向国外大型百货公司提供过产品,但最近却与美国西尔斯百货公司签订了一份5年期的供货合同。这一行动使该制造商的经营环境发生的变化是(   )。
    A. 环境复杂性降低   B. 环境复杂性升高

C. 环境动态性降低 　　　　　D. 环境动态性升高

25. 小象公司是一家专营某品牌汽车的销售公司,接触的对象主要是汽车品牌制造商和顾客。但近几年,各汽车制造公司不断推出新款汽车并采取新的销售策略,汽车销售市场竞争越来越激烈。小象公司面临的组织环境属于以下哪一种?(　　)
   A. 稳定而简单的环境　　　　B. 动态而简单的环境
   C. 稳定而复杂的环境　　　　D. 动态而复杂的环境

26. 从1991年起,海尔集团先后兼并了原青岛空调器厂、冰柜厂、红星电器公司等十多家大中型企业,集团资产从几千万元迅速增长至三十多亿元,成为中国第一家特大型家电企业。这种增长战略属于以下哪一种?(　　)
   A. 混合多元化　　　　　　　B. 水平多元化
   C. 纵向一体化　　　　　　　D. 横向一体化

三、多项选择题

1. 以下关于战略的表述,正确的是(　　)。
   A. 战略是最重要的计划形式之一
   B. 战略是组织的一种整体行动方案
   C. 战略的制定可以忽略竞争对手
   D. 战略是对组织发展方向以及如何发展的一个总体规划

2. 以下各项中,(　　)属于战略管理的步骤。
   A. 明确组织的使命和愿景　　B. 外部环境分析
   C. 战略的制定和实施　　　　D. 评价战略方案

3. 在迈克尔·波特的理论中,基本的竞争战略都有哪些?(　　)
   A. 技术领先战略　　　　　　B. 差异化战略
   C. 集中化战略　　　　　　　D. 成本领先战略

4. 以下各项中,迈克尔·波特提出的左右企业战略选择的五种力量包括(　　)。
   A. 现有企业间的竞争　　　　B. 企业自身的技术水平
   C. 替代品的威胁　　　　　　D. 供应商的议价能力

5. 以下关于核心能力的表述,正确的是(　　)。
   A. 核心能力是企业长期生产经营过程中的知识积累和特殊的技能
   B. 核心能力是企业保持竞争优势的源泉
   C. 核心能力能给消费者带来独特的价值
   D. 核心能力具有难以模仿性

6. 以下关于价值链模型的表述,正确的是(　　)。
   A. 价值链模型是由美国著名管理学家德鲁克提出的
   B. 基本活动和支持性活动构成了企业的价值链
   C. 在价值链模型中,那些真正创造价值的活动就是价值链上的战略环节
   D. 支持性活动包括企业基础设施、人力资源管理和采购、技术、开发等

7. 公司层的总战略可选择的类型有(　　)。
   A. 增长型战略　　B. 紧缩型战略　　C. 稳定型战略　　D. 差异化战略

四、判断题

1. 战略管理的第一步是明确组织的使命与愿景。（   ）
2. 战略管理意味着要选择与组织结构相适应的战略类型。（   ）
3. 迈克尔·波特提出的五力模型是用于分析组织所处外部环境的机会与威胁的。（   ）
4. 组织的核心能力具有难以模仿性。（   ）
5. 根据价值链模型，只有企业的基本活动才能真正创造价值。（   ）
6. 企业可以通过多元化实施增长战略。（   ）
7. 不同的战略要求不同的企业文化与之相适应。（   ）

五、简答题

1. 企业战略的含义是什么？
2. 什么是企业战略管理？
3. 简述企业战略管理的过程。
4. 简述 SWOT 分析。
5. 简述战略的三个层次。
6. 什么是 PEST 分析？
7. 什么是蓝海战略？
8. 蓝海战略的六项原则是什么？

六、论述题

1. 论述迈克尔·波特提出的五力模型。
2. 论述迈克尔·波特的价值链分析法。
3. 论述总体战略的三种基本类型。
4. 论述波特提出的三种典型的竞争战略。
5. 蓝海战略与红海战略有何不同？

七、案例分析题

极光公司振兴之路

极光公司是我国一家以电光源产品的生产经营为主业的大型工业企业，具有30多年的生产历史，公司目前有职工近2000人。在计划经济时代，极光公司作为国内为数不多的定点生产企业之一，生产任务一直比较饱满。企业的设备虽然基本上是国产的，但在保证产品质量和生产效率方面基本能满足当时的需要。

改革开放以后，极光公司和其他许多大型工业企业一样，在面临发展机遇的同时也遇到了许多困难，其中最为突出的表现在以下几个方面。首先，企业产品严重老化。改革开放以来，新的消费模式的示范作用和居民收入水平的提高，拉动了新型电光源产品的需求，如节能灯、磨泡灯等，需求差异度显著增大，新兴市场的重要性日益突出。而极光公司的产品恰恰不能适应这部分市场。产品严重老化不仅使企业的市场份额迅速降低，其品牌形象也受到很大影响。其次，综合经济效益大幅降低。由于产品竞争能力的下降,销售持续下滑,单位产品成本随之上升。同时由于产品技术相对简单,企业产品市场面临众多竞争对手。由于极光公司主要靠价格手段在促销,更导致企业利润大大下降。最后,比产品老化更为严重的问题是企业人才老化。现代营销、企业策划等方面的人才基本空白,由于极光公司的效益不断下滑,很难提供吸引人才的优越条件。

针对以上情况,极光公司的领导调整思路,采取了一系列的措施。他们认为,极光公司要摆脱困境重振雄风,必须调整经营观念,摆正企业的位置。因此,极光公司的领导请来了专家帮助企业进行全方位的诊断和环境分析。专家的意见给了企业领导很大的启发:第一,尽管我国电光源市场结构变化很大,但普通灯泡的总需求量一直稳中有升,只是构成这一总需求量的用户结构发生了变化,即城市用户需求比例下降而农村用户需求大为增加,此外出口需求量也在增加。第二,普通灯泡的最佳销售场所与特种灯泡的最佳销售场所实际上可以而且也应当有所区别。普通灯泡作为日用品,买方主要考虑购买的便利性,其销售应安排在超市或普通百货商店;特种灯泡则是选购品,应主要在专卖店或专业市场销售。第三,极光公司目前在生产组织体系上存在很大的改进空间,主要表现在生产资源与生产能力严重不均衡,通过一定的工艺技术革新和管理改进可以大幅提高产量。

综合以上几个方面的意见后,极光公司决策层做出决定:

首先,坚持以普通灯泡为主产品,在主业经营上明确坚持低成本领先的方针,通过扩大经营规模来寻求成本方面的优势。

其次,尽快调整极光公司的销售网络体系,争取形成独具特色的强有力销售渠道和零售网点,以避免在自己不具备优势的销售市场上与其他企业发生正面竞争冲突。

最后,除了直接投资以形成关键生产能力以外,加大与其他企业联合的力度,通过生产组织方面的创新来形成新的竞争力。

请回答以下问题:

1. 在极光公司未做出新的战略调整以前,它的产品面向的市场最可能是以下哪一种?( )
   A. 主要是城市市场
   B. 主要是农村市场
   C. 主要是国外市场
   D. 城市、农村、国外市场都有,而且都做得不错
2. 极光公司遇到的困难主要是什么原因导致的?( )
   A. 企业受传统观念束缚   B. 市场需求结构变化
   C. 企业产品丧失市场   D. 产品技术水平下降
3. 极光公司坚持以普通灯泡为主产品,并尽快调整极光公司的销售网络体系,这属于哪种战略?( )
   A. 加强型战略   B. 一体化战略
   C. 多元化战略   D. 防御型战略
4. 如果极光公司与其他企业合资,共同组成一个新的企业,这属于哪种战略?( )
   A. 加强型战略   B. 一体化战略
   C. 多元化战略   D. 防御型战略
5. 根据极光公司领导层所做的决定,你认为极光公司哪些方面的能力在未来的发展中将遇到挑战?

八、综合应用题

富士康的"苹果"阵痛

深圳富士康厂区门口,失望挂在每个前来找工作的人的脸上。他们被告知,这家以代工苹果公司产品而著称的企业在春节后将暂时冻结所有招工计划。

但就在半年前,富士康在中国大陆的各家工厂还为招不够工人而发愁。彼时,苹果公司刚刚推出 iPhone 5,一日之内被预订了 200 万部,前景很好。而领到 iPhone 5 生产订单的富士康为确保产能跟得上,当时曾大量招聘工人,仅河南郑州一地就需招收 20 万工人,为此地方政府还花费了上亿元的财政补贴助其完成。

不过,iPhone 5 在经历了上市初的风光后,销售量迅速下滑。据报道称,在三星手机强有力的竞争下,苹果公司 2013 年第一季度的手机销量仅为 4779 万台,低于预期;由于销售情况欠佳,苹果已经大幅削减了 iPhone 5 零部件的采购量,随之而来的是对富士康的 iPhone 5 生产订单的减少。

深圳富士康观澜厂区以及郑州富士康 iPhone 5 生产线的员工向记者表示,很多 iPhone 5 生产线被关掉,原来生产线上的员工已被分流。

尽管富士康否认这次暂停招工与 iPhone 5 订单减少有关,并称做出这项决定只是因为今年春节后工人的返工率较高所致,但有关富士康因苹果手机订单下滑导致其代工业务急剧萎缩的报道还是铺天盖地而来。

事实上,让富士康感到"有点痛"还不止代工业务的萎缩。今年以来,富士康在零售方面的多个布局项目相继被爆出无法经营或是面临生存危机,如公司合资设立的万得城电器因亏损严重不得不宣布关店停业。这标志着富士康试图通过控制零售渠道,进而向经营自主品牌转型的步伐不得不暂缓。

代工之痛:"退烧"的 iPhone 5

作为深圳富士康观澜厂区 iPhone 5 生产线上的一名员工,陈扬对记者表示,今年 3 月份刚上班,第一周生产线就安排双休,第二周更是安排三天休息,不用加班,这在往年绝对是难以想象的事。面对突如其来的长假期,他反而不知道该如何去安排。

同样的情形还出现在千里之外的郑州富士康,当地 iPhone 5 生产线员工周文(化名)也被告知将一周休息三天。周文表示,年后他们厂区的很多生产线都停工了,原本吵吵闹闹的车间一时安静了不少。

据陈扬透露,相比去年刚刚上市时,iPhone 5 的产量今年以来一直在萎缩,此前一条生产线 10 小时生产满量为 3350 台,而目前只有 2450 台。"公司已经关掉了部分 iPhone 5 生产线,一部分员工分流去支持别的部门,另一部分就硬塞进剩余的生产线上,原本只需 115 人的生产线弄进了 160 人左右,大家都没事干了。"陈扬说道。

周文也证实,郑州富士康厂区在高峰期时有 90 多条 iPhone 5 生产线,但目前还在正常生产的已不足三分之一。虽然他所在的生产线仍在运转,不过也没有加班了。

有意思的是,针对外界认为富士康春节后暂停招工是因为 iPhone 5 订单减少的说法,富士康一直给予否定,并表示暂停招工是因为春节后工人返工率很高,与产品无关。

但有业内人士指出,富士康的这番解释难以服众,实际上暂停招工就是因为 iPhone 5 迅速"退烧"导致产能利用率不足,而之前大量招的工人劳动力出现富余所致。

该人士表示,由于富士康和苹果公司绑定得很深,苹果的产品已成为其代工业务中比重最大的一块,所以苹果产品的走向直接影响着富士康代工的兴衰。按照目前的情形,唯一能让富士康期待的就只有传闻中的 iPhone 5S。

据 3 月初日本媒体报道,富士康目前已接到来自苹果的订单,开始生产 iPhone 5S,预计会在今年 6—8 月份推出。据悉,iPhone 5S 外形与 iPhone 5 一样,因此会使用原有生产线。

不过,鉴于消费者对 iPhone 5 已有一定程度的审美疲劳,同时综合以往的"S 级"手机产品来看,iPhone 5S 也许难以给苹果的支持者带来惊喜。

而更让市场担忧的是,作为苹果最强劲的对手,三星公司推出的最新旗舰手机 Galaxy S4 预计将于 4 月底在全球 155 个国家上市。据悉该手机采用三星双四核处理器,同时搭载了诸多实用新功能,被业内人士认为性能超越 iPhone 5。

在此背景下,iPhone 5S 要想重新夺回市场,压力并不小。实际上,这种压力已经在苹果的股价上体现出来。数据表明,自去年 9 月份推出 iPhone 5 以来,苹果的股价便走下了神坛,从 705.07 美元的历史高点一路狂跌不止,短短五个多月中的累计跌幅高达近 40%,市值蒸发近 2500 亿美元。

而对富士康而言,如果 iPhone 5S 无法像前几代苹果手机那样畅销,无疑将再一次给公司的代工业务带来巨大打击。

转型之痛:零售扩张"步履蹒跚"

对于富士康代工业务的困境,老板郭台铭早已了然于心,他不仅提出加快机器人应用推广工厂自动化,还推出自主品牌电器以及对终端渠道布局以求转型。

资料显示,在刚过去的 2012 年,富士康先是通过母公司鸿海夺得奇美电子的经营权,后又拟斥巨资参股夏普,目的是控制夏普液晶面板十代线的一半产能。随后富士康更是直接推出首个自主品牌 60 英寸液晶电视——睿侠电视,实现了拥有自主电视机品牌的战略。

同时,富士康还推行了规模庞大的终端渠道建设计划,包括重金打造大型电器连锁卖场万得城电器、电子商务网站"飞虎乐购"以及 3 年内开设上万家"万马奔腾"小型电器连锁店等。

但是,在当前 3C 行业竞争空前惨烈的大背景下,富士康的转型步伐频频受阻。

2013 年 2 月底,富士康联合麦德龙等合资建立的万得城电器宣布,因严重亏损将关闭其仅有的上海 7 家门店,彻底退出中国市场。有消息称,万得城电器去年预计亏损近 4 个亿,但该说法未获得公司证实。

除此之外,富士康其他的零售渠道建设也不尽如人意。据媒体报道,被富士康定位于二、三线城市的万马奔腾电器超市,不仅未能如期完成 3 年 10000 家门店的预期,甚至因为经营困难,不断有门店关闭的消息传出。

"兵马未动粮草先行,对于富士康的自主品牌战略而言,终端渠道就是粮草。但万得城等项目的失败,导致富士康陷入大军开拔却无粮可用的尴尬境地,可以说其品牌战略遭遇重大挫折。"深圳某证券从业人士表示。

实际上,富士康转型自主品牌的动作并不受到业内人士的看好。上述深圳某证券从业人士指出,转型自主品牌对于富士康是把双刃剑,一旦影响到代工客户的利益,就会被客户视为竞争对手从而结束合作,波及代工收益。比如富士康推出的自主品牌液晶电视,肯定会与索尼等电视品牌形成竞争,而索尼又恰好是富士康代工的大客户。因此如何平衡自主品牌和代工客户之间的利益关系,将是转型中的最大考验。

(资料来源:富士康的"苹果"阵痛[EB/OL].腾讯财经,2013-3-19. http://finance.qq.com/a/20130319/001729.htm。有删改。)

请回答以下问题:

1. 在苹果推出 iPhone 5 之后,富士康的宏观环境和行业环境发生了哪些变化?
2. 针对宏观环境、行业环境的变化,你认为富士康应该采取哪些应对措施?
3. 运用迈克尔·波特的五力模型,对富士康转型自主品牌进行分析。

第6章　组织职能概述

一、本章词汇

1. 组织（organization）
2. 管理幅度（span of management）
3. 管理层次（management levels）
4. 扁平型结构（flat structure）
5. 高耸型结构（tall structure）
6. 职位（job）
7. 职位设计（job design）
8. 职位扩大化（job enlargement）
9. 职位轮换（job rotating）
10. 职位丰富化（job enrichment）
11. 工作团队（work team）
12. 技能多样性（skill variety）
13. 任务一致性（task identity）
14. 任务重要性（task significance）
15. 自主性（autonomy）
16. 反馈性（feedback）
17. 职位特征模型（job characteristics model，JCM）
18. 职权（authority）

二、单项选择题

1. 在组织规模一定的情况下，管理幅度和管理层次的关系是（　　）。
   A. 成正比　　　B. 负相关　　　C. 正相关　　　D. 不相关
2. 被称为法定权力的权力类型是（　　）。
   A. 职位权力　　B. 专家权力　　C. 强制权力　　D. 奖赏权力
3. 授权是指上级委托和授予下级一定的权利，使下属在一定的监督下，有相当的（　　）和行动权。
   A. 指挥权　　　B. 监督权　　　C. 控制权　　　D. 自主权
4. 部门化的目的在于确定组织中各项任务的分配和责任的归属，以求（　　），从而有效地达到组织的目标。
   A. 机构合理　　　　　　　　B. 沟通渠道畅通

C. 分工合理，职责明确　　　　D. 提高组织的灵活性

5. 基层决策的数目越多，决策问题的重要程度越高，说明分权程度越（　　）。
   A. 少　　　B. 多　　　C. 低　　　D. 高

6. 授权可以减少上下级之间接触的次数和密度，节省上级管理人员的时间和精力，这样上级管理者可拥有较大的（　　）。
   A. 控制权　　B. 管理幅度　　C. 管理权　　D. 监督权

7. 反映组织专业化程度的结构特征是（　　）。
   A. 正规化　　B. 专门化　　C. 专业化　　D. 标准化

8. 在其他因素不变的情况下，组织所处的环境变化越快，管理者的管理宽度会（　　）。
   A. 越大　　B. 越小　　C. 不变　　D. 变大或变小

9. 在授权过程中，责任是不可下授的。这称为授权的（　　）。
   A. 整体性原则　　B. 灵活性原则　　C. 优先性原则　　D. 绝对性原则

10. 当解决一个问题或做出一项决策需要汇总两个或更多管理者的职权才能实现时，这种情形称为（　　）。
    A. 集权　　B. 活性化　　C. 职位设计　　D. 职权分裂

11. 管理层次的存在是由于（　　）。
    A. 管理幅度的存在　　　　B. 美学上的原因
    C. 可使组织更加灵活　　　D. 有利于有效沟通

12. 当领导的管理能力和下属的工作能力都较强时，则（　　）。
    A. 管理幅度可以大些　　　B. 管理幅度必须缩小
    C. 管理层次应该多些　　　D. 无法判断

13. 以下关于组织的说法中不准确的是（　　）。
    A. 组织必须由两个或两个以上的人组成
    B. 组织必须有一定的行为准则
    C. 组织必须有既定的目标
    D. 任意一个群体都可称为组织

14. 在以下情况中，管理的幅度可以加宽的是（　　）。
    A. 组织各项工作的过程普遍达到标准
    B. 工作的相互依赖程度高，经常需要跨部门协调
    C. 组织环境很不稳定，时常出现新情况
    D. 下属的工作单位在地理位置上相当分散

15. 若较低管理层次做出决策的数量越来越多，下级做出的决策越来越重要、影响面也越来越大，则这样的组织是（　　）。
    A. 职权集中化程度越高　　　B. 职权分散化程度越高
    C. 授权越明确　　　　　　　D. 授权越具有弹性

16. 天雨公司总经理周瑾常被人批评"做得太多，而管理得太少"。周瑾在工作中存在的主要问题可能是（　　）。
    A. 未对人的因素给予足够的关心
    B. 未对任务的完成给予应有的重视

C. 把太多的时间花在亲自处理各种事情上,没有做好对下级的授权工作

D. 很可能同时存在 A 和 C 的问题

17. 下列说法中不正确的是(   )。

    A. 管理幅度越大,管理层次就越少

    B. 管理者能力强、素质高,管理幅度就可以比较大;反之,管理幅度就应该较小

    C. 管理者需要处理的例外事务较多,管理幅度设计就需要相对加大;反之,就可以相应缩小

    D. 下属工作内容和性质的相似性程度高,管理幅度的设计就可以大;反之,则管理幅度的设计就应该相应缩小

18. 英国将军汉密尔顿爵士曾经说过:"我们越是接近整个组织的最高司令,就越是应当按三人一组进行工作;我们越是接近整个组织的基层(战列步兵),就越是应当按六人一组进行工作。"这句话反映了(   )。

    A. 管理幅度的大小实际上应当而且可以用一个数字来给予绝对规定

    B. 处在组织高层的管理人员与基层的管理人员相比,用于指挥和领导工作的时间要多一些

    C. 军事组织与其他类型的组织极不相同,其管理幅度是随着管理层次的升高而缩小的

    D. 高层管理者的有效管理幅度要小于基层管理者

19. 有一位管理人员说:"我应该做好三个方面的工作:一是给公司制定一个合适的战略;二是努力吸引有才干的人,并把他们配置到合适的位置上;三是像培训自己一样培训他们,努力带好队伍。"以下说法中最恰当的是(   )。

    A. 这是任何一位管理者都应该做好的工作,三个方面的工作对所有的管理者都非常重要

    B. 这个管理者的职位应该是中层管理者,因为他知道如何吸引人才和培训人才

    C. 这个管理者不适合当企业的总经理,因为总经理不应该负责人员培训的工作

    D. 这应该是一位公司高层管理者

20. 某企业总经理近来发现信息从基层传递到自己这里所花的时间很长,而且信息出现了很大程度的失真,导致整个企业计划的控制工作变得复杂了,许多中层管理人员抱怨自己在企业中的地位渺小。由此可推断,该企业出现这种情况,在组织管理方面的问题最可能是(   )。

    A. 管理幅度较小,管理层次较多

    B. 总经理的管理幅度太宽,以至于无法对企业进行有效管理

    C. 总经理对企业的管理花费的精力太少

    D. 企业员工不听从领导命令,工作不努力

21. 日本松下公司的创始人松下幸之助曾有一段名言:当你仅有 100 人时,你必须站在第一线,即使你叫喊甚至打他们。但如果发展到 1000 人,你就不可能留在第一线,而是身居其中。当企业增至 10000 名职工时,你就必须退居到后面,并对职工们表示敬意和谢意。这段话说明(   )。

    A. 企业规模扩大之后,管理者的地位逐渐上升,高层管理者无须事必躬亲

    B. 企业规模的扩大是全体员工共同努力的结果,对此老板应心存感激

C. 企业规模扩大之后,管理的复杂性随之增大,管理者也应有所分工
D. 管理规模越大,管理者越需注意自己对下属的态度

22. 某企业总经理把产品责任委派给一位负责市场营销的副总经理,由其负责所有地区的办事处,但同时总经理又要求各地区办事处的经理们直接向总会计师汇报每天的销售数字,而总会计师也可以直接向各地区办事处的经理们下达指令。这位总经理的这种做法违反了什么原则?(　　)
   A. 权责对等原则　　　　　　　　B. 命令统一原则
   C. 集权化原则　　　　　　　　　D. 职务提高、职能分散原则

23. 某公司有员工64人,假设管理幅度为8人,该公司的管理人员应为多少人?管理层次应有多少层?(　　)
   A. 10人,4层　　B. 9人,3层　　C. 9人,4层　　D. 8人,3层

24. 某天,海天公司总经理王国发现会议室的窗户很脏,好像很久没有擦过,便打电话将这件事告诉了行政后勤部的负责人。该负责人立刻打电话给事务科科长,事务科科长又打电话给公务班班长,公务班班长便派了两名员工,很快就将会议室的窗户擦干净了。过了一段时间,同样的情况再次出现。这表明该公司在管理方面存在(　　)的问题。
   A. 组织层次太多　　　　　　　　B. 总经理越级指挥
   C. 职责规定不清　　　　　　　　D. 员工缺乏工作主动性

25. 某公司随着经营规模不断地扩大,由最初的8个人增加到80个人。在公司成立之初,公司员工由经理直接指挥,大小事务由经理直接说了算。现在人数增多,经理发现自己经常忙得不可开交,顾了这头,忘了那头;而且公司员工的工作作风比较松散,对经理的一些做法也常常感到不满。从管理的角度分析,出现这种情况的主要原因在于(　　)。
   A. 公司增员过多,产生了鱼龙混杂的情况
   B. 公司经理的管理幅度太大,以至于无法对员工实行有效的管理
   C. 经理管理能力有限,致使员工对其不服
   D. 公司的管理层次太多,致使经理无法与员工进行有效的沟通

26. 某家公司的董事长的工作时间是这样安排的:绝大部分的时间都花在了解他所认识的一些客户的订货情况,还常常为他们的订单给工厂打电话。关于此,以下说法中最恰当的是(　　)。
   A. 该董事长的行为符合现代企业的走动式管理和现场管理原理,董事长应该对企业订货的情况进行监控
   B. 该董事长的行为不恰当,因为董事长应该主要关注企业重大的、战略性的问题,不应该如此仔细过问企业的具体业务工作及其完成情况
   C. 在当今社会,客户是最重要的,不但一般员工应该努力为客户服务,董事长也应该时刻为客户服务,因此该董事长的做法是正确的
   D. 董事长了解客户订货的完成情况是其职责所在,但他只了解他认识的那些客户的订货情况是不全面的

27. 某记者采访一位刚刚从战场上归来的将军:"在战场那种混乱的局面下,您是如何行使职权的?"该名将军说:"在我们那里,我只是个负责人。我的职责就是让

我的下属在丛林里遭遇敌人时知道该怎么行动,但具体采取什么行动取决于当时的实际情况,只能由他们自己来判断。虽然责任在于我,但是决定怎么做取决于当时在场的个人。"以下说法中最恰当的是( )。

 A. 这位将军的说法不对,他应该时刻与下属在一起,并由他来指挥下属的行动

 B. 这位将军非常聪明,知道管理就是让下属自主地做决策,这有助于激励下属

 C. 这支部队管理混乱,这位将军非常笨,不知道如何有效地管理下属

 D. 这位将军的说法有道理,在某些时候,适当授权,可以发挥下属的主动性、创造性,有助于更好地解决问题

28. 在《圣经》中有这样一段话,摩西的岳父耶罗斯对他讲:"你这种做事的方式不对头,你会累垮的。你承担的事情太繁重,光靠你个人是完不成的。现在你听我说,我要给你一个建议……你应当从百姓中挑选出能干的人,封他们为千夫长、百夫长、五十夫长和十夫长,让他们审理百姓的各种案件。凡是大事呈报到你这里,所有的小事由他们去裁决,这样他们会替你分担许多容易处理的琐事,这是上帝的旨意,那么你就能在位长久,所有的百姓将安居乐业。"耶罗斯的这段话,体现的管理思想有以下哪几项?( )

 ① 划分管理层次 ② 设置职位 ③ 分权 ④ 授权 ⑤ 集权

 A. ①②③④⑤ B. ①②③④ C. ③④ D. ①③④

29. 美国南北战争期间,南方的罗伯特·李将军手下一位英勇善战的将领由于不服从命令而打乱了他的整个作战计划,而且那位将领已经不是第一次这样做。一贯比较善于控制自己脾气的罗伯特·李将军,这次不禁大发雷霆。等他稍微平静下来以后,一位助手恭敬地问他:"你为什么不撤他的职?"罗伯特·李吃惊地看着他的助手说:"多么荒唐的问题!把他撤了,叫谁去打仗?"对罗伯特·李将军的做法,以下哪种说法解释更恰当?( )

 A. 罗伯特·李将军知道如何用人,如何发挥人的长处,因为有效用人的原则是用人之长

 B. 罗伯特·李将军这样做很不恰当,因为这会破坏军队严明的纪律,造成不良的影响

 C. 罗伯特·李将军因为和这个将领的关系非同一般,所以不愿撤他的职

 D. 因为李将军知道成功而有效的管理方法之一就是授权,应该尽力让下属拥有决策的自主权,领导者则要自己对最终结果承担起责任

30. 菁华医院的行政副院长李岷多年来一直为应付医生的电话而苦恼。医生打电话给他,常常是要他为需要马上住院的病人找个病房的床位。而且这些医生还总是抱怨医院的床位太紧张。通常情况是,当医生从住院部得知没有空床的情况而不得已打电话向李岷求助时,他几乎每次都能找到几张空床。经过调查发现,医院的大多数病人都是在上午医生查房完毕后出院的。病人出院的情况,病房的护士和办理出院结账手续的出纳台均能掌握。然而,住院部得等到次日的清晨5点才了解有多少病人出院。根据这一调查的情况,请问应该怎样帮助李岷减轻工作负担?( )

 A. 为他配备一个能干的助手,帮助他接听电话,并在需要时进行病房床位情况的了解与调配

B. 请申请住院的病人在次日等候通知
C. 在病人办理出院手续的流程中增加一个环节,即在行政主管办公室留下其已办理出院结账手续的底联
D. 让病房的护士把病人结完账的出院通知单底联留下并转给住院部

三、多项选择题

1. 组织变革的影响因素主要包括(　　　)。
   A. 环境　　　　B. 技术　　　　C. 规模与发展所处的阶段
   D. 战略　　　　E. 企业原有管理模式
2. 以下关于管理幅度与管理层次关系的论述,正确的是(　　　)。
   A. 管理幅度越大,组织层次越多　　B. 管理幅度越大,组织层次越少
   C. 管理幅度越小,组织层次越少　　D. 管理幅度越小,组织层次越多
3. 影响有效管理幅度的因素主要有(　　　)。
   A. 管理者和被管理者的工作内容
   B. 管理者和被管理者的工作能力
   C. 管理者和被管理者的工作环境
   D. 管理者和被管理者的工作报酬
   E. 管理者和被管理者的工作条件

四、判断题

1. 正规化是结构性特征的一个方面,它反映了一个组织中的规章、制度、程序等正式的书面文件的多寡程度。(　　　)
2. 在组织规模一定时,管理幅度越大,管理层次越多。(　　　)
3. 组织中的管理者所拥有的权力主要是职权,也可以不同程度地同时拥有其他几种权力。(　　　)
4. 上级管理者授权下属完成某项任务的同时,也将完成该项任务的责任下授给了下属。(　　　)

五、简答题

1. 组织职能的含义是什么?
2. 组织职能的目的是什么?
3. 管理幅度是什么?
4. 什么是管理层次?
5. 分权和集权的含义是什么?
6. 什么是职位设计?
7. 什么是职位扩大化?
8. 什么是职位轮换?
9. 什么是职位丰富化?
10. 什么是职位特征模型?

六、论述题

1. 管理层次和管理幅度之间存在何种关系？
2. 扁平型结构和高耸型结构各有什么特点？
3. 影响管理幅度的因素主要有哪些？
4. 如何检验管理幅度的合理性？

七、案例分析题

美国通用电气公司(GE)是世界知名的电气和电子设备制造公司,公司业务从飞机发动机、发电设备、水处理和安全技术,到医疗成像、商务和消费者金融、媒体内容和工业产品,客户遍及全球100多个国家和地区。

通用电气公司现行的组织结构是建立在杰克·韦尔奇大规模组织结构改革的基础上,并在之后不断进行调整完善形成的。

在韦尔奇接任CEO(首席执行官)之前,当时的通用电气公司已经处于较为严重的官僚化状态,组织结构庞大而臃肿、管理层级繁多、官僚机制低效。最为典型的特征就是,通用电气公司有着层层签字的审批程序和根深蒂固的等级制度。其层次自上而下主要包括:董事会和董事长—公司总部—执行部—企业集团—事业部—战略集团—业务部门—职能部门—基层主管—基层员工。由董事长和两名副董事长组成最高执行局;公司总部有8个参谋部门,其中4个由董事长直接管理,另外4个由两名副董事长分别负责。公司总部下面设6个执行部,分别由6位副董事长负责,用以统辖和协调各集团和事业部。执行部下设9个集团、50个事业部和49个战略经营单位。这个庞大的组织结构曾给通用电气公司带来了丰厚的利润,但到20世纪80年代初,却严重拖延了通用电气公司前进的步伐。

1981年,年仅45岁的杰克·韦尔奇成为通用电气公司历史上最年轻的董事长和CEO,由此开始了近10年的组织结构变革。这场以组织的扁平化为重心的变革把通用电气公司带入了所谓的"零层管理"时代。在扁平化的过程中,大量中间管理层次被取消。通用电气公司将执行部整个去掉,减少了近一半的管理层,同时对部门进行削减整合、裁减雇员、减少职位,从原来的24～26个管理层减少到5～6个,而一些基层企业则直接变为零管理层。同时,扩大管理跨度,经理的直接报告人数由原来的6～7个上升为10～15个,充分利用人力资源,提高效率。

在韦尔奇的推动下,通用电气公司还实施了"数一数二"战略和"群策群力"战略,优化了组织文化,积极开展业务重组计划。这一系列的变革使得通用电气公司再次充满了活力,焕发了生机。

(资料来源:作者根据公开资料整理。)

请回答以下问题:

1. 20世纪80年代初之前,通用电气公司组织结构的主要问题是什么？
2. 韦尔奇变革的主要方式是什么？

第7章 ■ 组织结构设计

一、本章词汇

1. 组织结构(organizational structure)
2. 部门化(departmentalization)
3. 职能部门化(functional departmentalization)
4. 产品部门化(product departmentalization)
5. 地区部门化(geographic departmentalization)
6. 顾客部门化(customer departmentalization)
7. 过程部门化(process departmentalization)
8. 工作专门化(work specialization)
9. 指挥链(chain of command)
10. 集权化(centralization)
11. 机械式组织(mechanistic organization)
12. 有机式组织(organic organization)
13. 事业部制结构(divisional structure)
14. 矩阵制结构(matrix structure)
15. 权力(power)
16. 强制权力(coercive power)
17. 奖赏权力(reward power)
18. 专家权力(expert power)
19. 感召权力(referent power)
20. 直线职权(line authority)
21. 参谋职权(staff authority)
22. 职能职权(functional authority)
23. 授权(delegation)
24. 分权化(decentralization)

二、单项选择题

1. 按地域划分部门的缺点是（　　）。
    A. 运输成本高　　　　　　　　B. 交货时间长
    C. 不利于地区活动的协调　　　D. 总部对地方控制难度较大

2. 下列组织结构中,更适合大型组织的是( )。
   A. 直线制   B. 职能制   C. 矩阵制   D. 事业部制
3. 明显违反统一指挥原则的组织结构是( )。
   A. 直线制   B. 直线职能制   C. 矩阵制   D. 事业部制
4. 在一个企业里,财务部门所拥有的职权属于( )。
   A. 直线职权   B. 参谋职权   C. 职能职权   D. 决策职权
5. 将部分管理权限授予下级,使其在一定程度上自主决定工作的内容、方法和进度,这是( )。
   A. 分权管理   B. 授权管理   C. 职位扩大化   D. 职位丰富化
6. 划分部门时,应随着业务的需要而增减部门,这体现的组织原则是( )。
   A. 精简原则   B. 弹性原则
   C. 目标实现原则   D. 任务平衡原则
7. 下列划分部门的方法中,明显不利于培养管理者全面能力的方法是( )。
   A. 按职能划分   B. 按产品划分   C. 按地域划分   D. 按顾客划分
8. 一般来说,直线职能制组织形式较适用于( )。
   A. 中小企业   B. 大企业   C. 所有企业   D. 不能判断
9. 某组织设有生产部、销售部、财务部等部门,此种部门的划分方式为( )。
   A. 按产品划分   B. 按职能划分   C. 按地区划分   D. 按流程划分
10. 过度集权的弊端是( )。
    A. 降低组织的适应能力   B. 降低决策质量和员工的工作热情
    C. A 和 B   D. 降低生产能力
11. 职能式组织结构的特点在于( )。
    A. 管理集中,指挥统一
    B. 能适应多变的经营环境
    C. 有助于管理工作的分工与专业化
    D. 常表现为独立企业的联合体
12. 职能职权的运用最可能造成( )。
    A. 加强直线职权   B. 弱化直线职权
    C. 多头领导   D. 无人负责
13. 在使用过程中,应当适当控制其使用范围和级别的职权是( )。
    A. 直线职权   B. 参谋职权
    C. 职能职权   D. 最高管理者职权
14. 职能职权通常多由( )行使。
    A. 直线人员   B. 专业人员   C. 最高层人员   D. 中低层人员
15. 把相似的作业任务编在一起形成一个单位,是按照( )划分部门。
    A. 时间   B. 人数   C. 职能   D. 过程
16. 组织设计的影响因素较多,但以下哪一条不能作为组织设计的依据?( )
    A. 组织战略   B. 组织政策
    C. 组织环境   D. 组织所处的发展阶段
17. 关于扁平式组织结构,下列说法中正确的是( )。
    A. 它是指管理层次多而管理幅度小的一种组织结构形态

B. 它有利于缩短上下级距离、密切上下级关系、降低管理费用
C. 它更有可能使信息在传递过程中失真
D. 它不适合于现代企业组织

18. 随着计算机等信息技术和手段在组织中的广泛运用,组织结构将有可能变得(　　)。
    A. 扁平　　　　B. 高耸　　　　C. 高度集权化　　D. 不能定论

19. 事业部制的主要不足在于(　　)。
    A. 不利于调动下层的积极性　　　　B. 不利于灵活调整经营策略
    C. 各事业部之间互相竞争　　　　　D. 不利于企业发展壮大

20. 矩阵结构这种组织形式适用于(　　)。
    A. 工作内容变动频繁的组织
    B. 工作内容比较稳定的组织
    C. 每项工作的完成需要技术知识比较单一的组织
    D. 每项工作的完成需要人手较多的情况

21. (　　)是组织中上级直接指挥下级工作的权力,表现为上下级之间的命令权力关系。
    A. 直线职权　　　　　　　　　　B. 参谋职权
    C. 职能职权　　　　　　　　　　D. 直线职权或参谋职权

22. 考察一个组织分权程度的关键在于(　　)。
    A. 按地域设立部门　　　　　　　B. 按职能设立部门
    C. 按顾客设立部门　　　　　　　D. 决策权或命令权是保留还是下放

23. 一家产品单一的跨国公司在世界许多地区拥有客户和分支机构,该公司的组织结构应考虑按什么因素来划分部门?(　　)
    A. 职能　　　　B. 产品　　　　C. 地区　　　　D. 矩阵结构

24. 职能制的组织结构优点不包括(　　)。
    A. 每个管理者只负责一方面的工作
    B. 有利于统一领导
    C. 有利于充分发挥专业人才的作用
    D. 专业管理工作可以做到细致、深入,对下级工作指导比较具体

25. 当员工人数较少,或者组织是新建的、环境简单的时候,(　　)结构效果较好。
    A. 直线职能制　　B. 直线制　　　C. 事业部制　　　D. 矩阵制

26. 下列哪类企业最适合采用矩阵式组织结构?(　　)
    A. 纺织厂　　　　　　　　　　B. 医院
    C. 电视剧制作中心　　　　　　D. 学校

27. 某车间主任抱怨自己的工作不能顺利进行,总是受到各方面的牵制。据此可以推测,该企业的组织结构最有可能是(　　)。
    A. 直线制　　　B. 职能制　　　C. 矩阵制　　　D. 事业部制

28. 以下组织结构中最直接体现了管理劳动专业化分工的思想的是(　　)。
    A. 直线制　　　B. 直线职能制　　C. 事业部制　　D. 矩阵制

29. 解决直线人员与参谋人员间冲突的一个主要方法是(　　)。
    A. 赋予直线人员职能职权

B. 让直线人员更多地依靠参谋人员的知识

C. 允许直线人员压制参谋人员

D. 把直线人员与参谋人员的活动结合起来

30. 以下关于三种职权的论述,不正确的是( )。
   A. 直线职权,是指直线管理人员直接指挥下属工作的职权
   B. 参谋职权是辅助性权力,是指某种特定的建议权或咨询权
   C. 职能职权原属于直线部门或管理人员,往往要通过授权才能获得
   D. 从各个职权的关系来看,直线职权最重要,另外两种职权可有可无

31. 一个企业中处于较低层次的管理人员所做的决策数量很多且很重要,在决策时受到的限制很少,则可能认为该企业( )。
   A. 管理人员的素质较高   B. 高层主管比较开明
   C. 组织集权程度较高   D. 组织分权程度较高

32. 对于科研院所等研究项目较多、创新功能较强的组织或企业,以下哪一种组织形式最合适?( )
   A. 直线制   B. 事业部制   C. 矩阵制   D. 职能制

33. 某服装公司对于儿童服装、男装和女装分别由不同的部门负责生产和销售。请问该公司是按什么来划分组织部门的?( )
   A. 产品   B. 企业职能   C. 顾客特点   D. 地区

34. 以下四种做法,哪一种最能说明该组织所采取的是较为分权的做法?( )
   A. 采取了多种有利于提高员工个人能力的做法
   B. 努力使上级领导的精力集中于高层管理
   C. 更多较为重要的决定可由较低层次的管理人员做出
   D. 采取积极措施减轻上级领导的工作负担

35. 以下机构中,更多行使参谋职能的是( )。
   A. 国务院发展研究中心   B. 证监会
   C. 中共山东省委   D. 全国人大委员会

36. 企业的生产部门无论生产效率多么高,如果营销部门没有预测到顾客需求的变化,以及没有与产品开发部门合作研制出顾客需要的产品,组织的整体绩效就会受到损害。这说明了( )。
   A. 职能分工对企业有弊无利
   B. 分工与协作是组织设计和运作中必须同时考虑的两个问题
   C. 效率的取得必须带来效果的提高,反之必然使效果受到影响
   D. 职能分工可以促进组织效率的提高,但毫无疑问会损害组织的创新性

37. 在军队组织中,士兵的直接上级是班长,班长的上层组织是排长、连长、营长、团长、师长、军长。这种组织设计的依据是( )。
   A. 按职能划分部门   B. 按地区划分部门
   C. 按人数划分部门   D. 按顾客划分部门

38. 有位总经理这样说:"走得正,行得端,领导才有威信,说话才有影响,群众才能信服,才能对我行使权力颁发'通行证'。"这位总经理在这里强调了领导的力量来源于( )。
   A. 法定权力   B. 奖赏权力   C. 专家权力   D. 感召权力

39. 许多从小到大发展起来的企业,在其发展的初期通常采用的是直线制形式的组织结构,这种结构所具有最大优点是(   )。
    A. 能够充分发挥专家的作用,提高企业的经营效益
    B. 加强了横向联系,能够提高专业人才与专用设备的利用率
    C. 每个下级能够得到多个上级的工作指导,管理工作深入细致
    D. 命令统一,指挥灵活,决策迅速,管理效率较高

40. 某公司的员工在工作中经常接到来自上级的两个部门有时甚至是相互冲突的命令。以下哪种说法更恰当地指出了导致这种现象的本质原因?(   )
    A. 该公司在组织设计上采取了职能结构
    B. 该公司在组织运作中出现了越权指挥的问题
    C. 该公司的组织层次设计过多
    D. 该公司的组织运行中有意或无意地违背了统一指挥的原则

41. 某大型集团公司在其各子公司的高层中设有参谋一职。在高层的一次关于参谋问题的会议上,收集到了以下建议,你认为哪个更科学?(   )
    A. 设参谋之职违反了命令统一的原则,应取消此职
    B. 为了不使参谋成为有职无权的摆设,应授予参谋决策和行动的权力
    C. 参谋应当只起服务和协调的作用,不应越权或篡权
    D. 参谋应当只起服务和协调的作用,没有权力提出决策建议

42. 某公司总经理把一项物资采购工作授权给采购部经理完成,结果采购出现差错,给公司造成巨大损失。以下哪个说法是正确的?(   )
    A. 总经理和采购经理都对损失负有责任
    B. 总经理对损失负有责任
    C. 采购经理对损失没有责任
    D. 只有采购经理对损失负有责任

43. 有些从某一职位退下来的干部常常抱怨"人走茶凉",这反映了他们过去曾经拥有的影响力来自于(   )。
    A. 惩罚权力   B. 合法的权力(职位权力)
    C. 感召权力   D. 专家权力

44. 中国古代名相管仲治理齐国时,指令三十户为一邑,每一邑设一司官;十邑为一卒,每卒设一卒师;十卒为一乡,每乡设一乡师;十乡为一县,每县设一县师;十县为一属,每属设一大夫;全国共五属,设五大夫,直接归中央指挥。这种组织设计为(   )形式,其管理层次为(   )层。
    A. 直线制,7   B. 直线制,8
    C. 直线职能制,7   D. 直线职能制,8

45. 安居公司是一家合资企业,以物业经营为主要业务,目前有写字楼租户272家、公寓租户426家、商场租户106家。公司在总经理下设有物业部、市场部、财务部、人事部、公关部、业务发展部等部门。物业部下设置了写字楼管理部、公寓管理部、商场管理部以及其他配套部门。试问:安居公司和其物业部内部的组织结构设计分别采取了何种部门化或部门划分形式?(   )
    A. 均为职能部门化   B. 顾客部门化和职能部门化

C. 职能部门化和顾客部门化　　　D. 均为顾客部门化

46. 在一次日常的工作例会中,某公司的中层管理人员发生了激烈的争执。生产经理说:"听着,如果我们不进行生产,什么也不会发生。"研发部门的经理反驳道:"如果我们不进行设计,什么事也不会发生。"营销经理说道:"如果不是我们把产品卖出去,那才是什么事都不会发生呢!"最后,一位会计师气愤地说:"你们生产、设计或推销什么都无关紧要,如果不是我们对结果作了记录,谁会知道发生了什么!"这段对话最可能在(　　)的组织中出现。
    A. 职能制结构　　　　　　　　B. 简单结构
    C. 事业部制结构　　　　　　　D. 矩阵制结构

47. 在某战役中,某炮兵团长亲自充当狙击炮手,发挥了他以前在炮兵生涯中超群的炮击本领,战胜了敌人。在庆功会上,这位一心等待着褒奖的炮兵团长不曾想竟得到了撤职的处分。对这件事的最合理解释是(　　)。
    A. 该军领导因不了解炮兵团长的表现而错误地处分了他
    B. 炮兵团长过分邀功自傲,激怒了上级领导
    C. 炮兵团长的英勇战斗行动不符合军事指挥官的职责要求
    D. 炮兵团长没有成功地培养出杰出的炮手

48. 由于工作繁忙,时代公司总经理王萌临时授权其助手去洽谈一个重要合同。结果,由于助手工作能力欠佳,谈判失败。董事会在讨论其中失误的责任时,存在以下几种说法,你认为哪一种说法比较合理?(　　)
    A. 授权不意味着授责,王萌至少应该承担用人不当与督查不力的责任
    B. 王萌没有责任,他已经授权给该助手承担此业务了,助手就该承担全部责任
    C. 王萌已授权了,不用担责;他的助手只是临时承担任务,也不用担责
    D. 若他的助手又进一步将任务委托给其下属,则助手也不用承担责任

49. 摩西带领以色列人走出埃及时,所有人都直接受他领导,因此他非常忙,以至于睡觉的时间都不多。他的岳父建议他把十个人分为一组,十个组组成一小队,十个小队为一个大队,只有大队长才直接被他领导。后来摩西既能工作好,又有休息时间。这主要应用了管理的(　　)原则。
    A. 统一指挥原则　　　　　　　B. 分权原则
    C. 控制幅度原则　　　　　　　D. 分工原则

50. 刘健到一家多年亏损、人心涣散的国企担任总经理。到任之初,他待人和蔼、热情,早上很早就站在公司门口迎候员工,如果有的员工迟到,他并不是一味地批评与指责,而是询问原因,主动帮助员工解决实际困难。一个月下来,员工看到刘总每天提前上班,工作兢兢业业,而且待人热情,以前上班经常迟到早退的员工都按时上下班了。从这件事来看,是什么权力使得刘总产生了如此大的影响力?(　　)
    A. 合法的权力(职位权力)　　　B. 奖赏权力
    C. 专家权力　　　　　　　　　D. 感召权力

51. 某企业在成立之时根据业务活动的相似性设立了生产、营销、财力等各个管理部门。近年来,随着企业的发展壮大,产品由原来的单一品种发展出三个大的品种,它们的制造工艺和用户特点有很大不同,因此各个部门的主管都感觉到管理

上有诸多不便。在这种情况下，企业应当进行以下哪种组织结构调整？（　　）
   A. 按职能标准划分部门　　　　　B. 按产品划分部门
   C. 按地区划分部门　　　　　　　D. 设立矩阵组织

52. IBM 公司前总裁沃森先生有一次看见一位女操作工正无所事事地坐在机器旁，便问她为什么不工作。那位女工回答道："我必须等安装工调换工具，设定新的运作程序。"沃森问："难道你自己不能做？"女工回答："当然能做，但那不是我该做的事情。"沃森发现每个工人每周都要花几个小时等待安装。你认为，以下说法哪一项最恰当？（　　）
   A. 这是由于该公司的计划工作没有做好，因此应提高计划工作的工作效率
   B. 这是由于该公司沟通渠道不畅通，应该加强操作工和维修安装工之间的沟通联络
   C. 这是由于该公司组织设计不合理造成的，应该进行组织调整
   D. 该公司操作工工作意愿不高，应该实施激励机制，同时施以严格的控制

53. 泰勒曾经推行一种职能制组织机构，即各职能部门都可以给生产车间下达命令。然而最后这种组织失败了，主要原因是这种组织机构违背了（　　）。
   A. 统一指挥原则　　　　　　　B. 有效性原则
   C. 权责对等原则　　　　　　　D. 例外原则

54. 俗话说："一山难容二虎""一条船不能有两个船长"。从管理的角度看，对这些话的解释，以下哪一种最恰当？（　　）
   A. 在领导班子中如果有多个固执己见的人物最终会降低管理效率
   B. 对于需要高度集权管理的组织不能允许有多个直线领导核心
   C. 一个组织中的能人太多必然会造成内耗增加从而导致效率下降
   D. 组织中不能允许存在两种以上的观点，否则易造成管理混乱

55. 下面四种情形中，最能体现集权的组织形式是（　　）。
   A. 公司总经理电话通知销售部经理：把这批产品尽快发到深圳可龙公司，我刚刚与他们联系好
   B. 面对激烈的竞争市场，总经理在高层管理会议上讲到：截至昨天，我审查了各部门上个月的工作情况，发现生产部和销售部都没能完成当月指标，其他部门也出现了各种问题。现在，我命令每个部门必须严格按照公司规定的各项指标开展工作。凡是上个月没完成指标的部门，这周五必须拿出整改方案
   C. 陈经理是一个严肃认真的人，员工很难看到他露出笑容，一旦出现差错总会受到他的严厉批评。因此，员工都感觉公司的气氛非常紧张，有些员工甚至因此辞职
   D. 总经理每天在上班开始之前，都微笑地在公司大门迎接员工的到来；每逢员工过生日，他总要亲自向员工本人道一声"生日快乐"

56. 沸光广告公司是一家大型广告公司，业务包括广告策划、制作和发行。考虑到一个电视广告设计至少要经过创意、文案、导演、美工、音乐合成、后期制作等环节才能完成，下列何种组织结构能最好地支撑沸光广告公司的业务要求？（　　）
   A. 直线制　　　B. 职能制　　　C. 矩阵制　　　D. 事业部制

57. 销售部经理说："我们的销售队伍实力十分强大，要不是我们的产品缺乏多样

性、不能及时满足消费者需要,我们的销售业绩也不会这么差。"生产部经理说: "一流的熟练技术工人完全被缺乏想象力的产品设计局限了。"研发部经理打断说: "创新思维凝结出的高科技含量的产品葬送在单调乏味而又机械的低产出生产线上。"上述谈话揭示该企业在组织上存在什么问题?（　　）

A. 各部门经理的论述都有道理,只是态度过于强硬

B. 各部门经理对各自角色及其在组织中的作用定位不清晰

C. 各部门经理过于强调本部门工作的重要性

D. 各部门经理对组织内各项职能的分工合作缺乏客观而准确的认识

58. 老李原为公司的总工程师,曾参与过公司许多产品的研发工作,现已退休。现公司研发部王经理在许多产品的研发工作上仍然经常向老李请教,老李的这种权力属于（　　）。

A. 合法的权力（职位权力）　　B. 强制权力

C. 奖赏权力　　D. 专家权力

59. 一天,某公司总经理对其一个下属说: "我非常信任你,也相信你的才能,我把这项对公司非常重要的任务交给你,由你全权负责,包括资金、人员等也由你调配。你不用向我汇报,我只要最后结果。但是,如果没有完成任务,责任完全由你承担。"据此推断,你认为以下哪种说法最恰当?（　　）

A. 该总经理相信奉行"用人不疑,疑人不用"的管理理念

B. 该总经理非常聪明,知道应该如何调动下属的工作积极性和创造性

C. 该总经理的授权行为并不恰当

D. 该总经理相信其下属的工作能力非常强,一定能完成任务

60. 都说人们不能用设计一个汽车公司的组织结构的办法来设计一个小杂货店,不能用激励一个没有受过教育的搬运工的方法来激励一个大学教授,可是有一个军事指挥家却奇迹般地领导美国科学家完成了轰动世界的"曼哈顿计划",成功地将人类送上了月球。对此,以下结论中正确的是（　　）。

A. 现实中确实存在某种普遍适用的、放之四海而皆准的最好的管理原理与方法

B. 现实中并不存在适用于多种管理实践的一般管理原理和方法,军事指挥家领导"曼哈顿计划"取得成功只是一个特例

C. 现实中存在某种共通性的管理原理和方法,只是这些原理和方法需要在具体实践中加以灵活运用,而这种运用能力的高低就反映了组织领导者素质的差别

D. 组织领导者需要培养自己灵活处理各种问题的能力,这点的重要性远超过掌握一般性的管理理论

61. 朝阳公司总经理李进平易近人,对员工有求必应,结果他发现找自己的人越来越多,从车间主任到普通工人,从技术科长到销售业务员,不断找他请示工作、讨论问题。但苦恼却纷至沓来:第一,他每天花大部分时间接待来访,没有时间过问公司的经营大事;第二,他有求必应,来者虽高兴,但来访者的上级意见很大;第三,有时他因为不太了解具体情况,往往做出错误指导,造成损失。你认为李进的问题主要是（　　）。

A. 分权不足,一个人说了算,眉毛胡子一把抓

B. 越级指挥,违背了统一指挥原则
C. 混淆了民主作风与管理职能的界限
D. 不善于调动各级管理者的积极性

62. 作为企业的总裁,王晶在近几个月里一直都在寻找时间来思考一下公司的长远发展问题。上个星期他加班加点把手里的一些琐事处理完毕,从今天开始他准备不受干扰地集中考虑重大问题。一大早他就坐在办公室开始思考,但好景不长,大约每隔20分钟左右就有人进来找他签字或者请示工作,王晶非常恼火。你认为这种情况的原因最可能是( )。
   A. 今天企业中出现了紧急情况
   B. 王晶可能比较集权
   C. 企业中的其他管理者都不能负起责任来
   D. 企业中没有良好的计划

63. 美国演说家、教育家博恩·崔西提出了"崔西定律"。该定律指出,任何工作的困难度与其执行步骤的数目平方成正比。例如,如果一项工作的完成需要3个执行步骤,则此工作的困难度是9;另一项工作的完成若需要5个执行步骤,则此工作的困难度是25。根据这一定律,管理者应该最先考虑采取什么样的举措?( )
   A. 选配优秀的员工,或者对现有的任职者进行程序规范化的培训,使其能驾轻就熟地处理难度高的工作
   B. 尽量简化各部门的工作流程,能省就省,去掉多余的环节
   C. 将一系列的流程步骤编写为规范的程序,并引入计算机技术,实现流程制度化运作过程的自动化
   D. 不需要采取任何的管理举措

64. 某商业银行统计处的几个年轻人在完成一次艰苦的企业调研工作后一起聊天。甲叹气说:"要是我们早知道这几个企业给行里打了补充报告,也用不着忙这么多天。"乙说:"是呀,咱们出来之前,我还和企业信息部的人一起到北京出差,怎么就没人说一下这事?"丙说:"想想真是没劲,别人的事咱们不知道也就算了,说不定咱们这次忙出来的报告除了咱们几个和部里的领导知道,其他人也不知道呢。"这个情况说明了该银行存在什么问题?( )
   A. 人际关系紧张   B. 领导工作作风有问题
   C. 整体计划安排不合理   D. 组织结构设计存在问题

65. 大全公司是A市的知名企业。该公司在市场竞争中取得优势的一个重要原因是对顾客偏好准确而快速的响应,而这又要在很大程度上归功于王东。他负责观察市场动态以及国内外相关厂商的动态,然后向总经理报告,总经理再据此下达各种指令。尽管王东并没有职务及头衔,但他的工作的重要性得到了充分认可,为此公司给他配备了专门的办公室和若干下属,以便其更深入、广泛地开展工作,而王东同样也干得十分成功。对于王东目前的状况最全面的评价是什么?( )
   A. 他为公司领导提供了重要的决策信息,是一个优秀的参谋人员
   B. 他是一个精通顾客心理的营销人员,具有很强的营销才能
   C. 他不仅拥有参谋职权,也拥有直线职权,职责履行得都不错

D. 由于没有正式职务,王东实际上只是一个普通员工

66. 李建在改革开放初期创办了一家小型私营调料企业。由于产品口味好、价格面向一般大众,很快就成为消费者认可的品牌,销路非常好。在此情况下,李建企业的员工人数也由原来的 8 名家族成员增加到现有的 100 名,工厂规模也扩大了很多。在感受成功喜悦的同时,李建也意识到前所未有的困扰——他越来越感觉到工作力不从心,每天忙着处理各种各样的琐事。尽管如此,工厂的管理还是给人以很混乱的感觉。为此,李建请教了许多人,具有代表性的建议有以下四种,你认为哪个最有效?( )
    A. 李建应抽出时间去某著名商学院接受管理方面的培训
    B. 应聘请一位顾问,帮他出谋划策
    C. 对于企业的组织结构进行改组,在李建和一线工人之间增加一个管理层
    D. 应招聘一位能干的经理,帮助他处理各种琐事

67. 有一则故事:有七个人曾经住在一起,每天分一大桶粥吃。一开始,他们抓阄决定谁来分粥,每天轮一个。于是每周,他们只有一天是饱的,就是自己分粥的那一天。后来他们开始推选出一个道德高尚的人出来分粥。但强权就会产生腐败,大家开始挖空心思去讨好那个分粥的人,搞得整个团体乌烟瘴气。然后大家开始组成三人的分粥委员会和四人的评选委员会,但他们常常互相攻击,扯皮完后,粥都凉了。最后,他们想出来一个方法:轮流分粥,但分粥的人要拿最后一碗。为了不让自己拿到最少的那碗粥,每人都尽量分得平均。从此以后,大家快快乐乐、和和气气,日子越过越好。对该故事最恰当的结论是( )。
    A. 即使道德高尚的人也很难不受到风气的影响
    B. 权势必使人丧失伦理道德
    C. 权力的行使应该有合理的制度保证
    D. 人可能都有自私的心理,但只要有了良好的组织文化,自私的人也变得公平公正

68. 管理大师彼得·德鲁克指出:"如果一位知识工作者能够凭借其职位和知识,对该组织负有做出贡献的责任,而且这些贡献对组织的经营和成果有重大影响,那么他就是一位管理者。"他还说,在现代组织里,知识的权威与职位的权威一样具有合法性。试问以下哪种说法符合德鲁克的上述思想?( )
    A. 基于知识的权威所做的决策,与高级管理层所做的决策具有相同的性质
    B. 拥有源自知识的权威的人,在现代组织里,一定会被提升到重要的管理职位上,因为这样专家权力就会与传统依附于职位的合理合法权力合为一体
    C. 不具备专家权力的管理者在现代组织里会消失,胜任的领导者必须首先是一位知识工作者
    D. 在管理者与知识工作者合二为一的现代组织里,合理合法的制度权力已经被专家权力所取代

三、多项选择题

1. 按照产品划分部门的方法的缺点是( )。
    A. 部门间协调困难

B. 组织适应环境变化的能力较差
C. 要求部门主管具备全面的管理能力
D. 各产品部门的独立性较强而整体性较弱

2. 组织结构中的职权类型一般有（　　　）。
   A. 分级职权　　B. 直线职权　　C. 参谋职权　　D. 职能职权
   E. 部门职权

3. 职能型组织结构的缺点是（　　　）。
   A. 多头领导　　B. 横向联系差　　C. 适应性差
   D. 不利于培养上层管理者　　E. 统一指挥

4. 矩阵制组织结构的优点包括（　　　）。
   A. 灵活应变的能力较强
   B. 有利于部门间的横向关系
   C. 有利于发挥职能专业化的优势
   D. 成员有更多的机会学习新知识和新技能

5. 下列组织结构中,属于有机式结构的有（　　　）。
   A. 直线制　　B. 职能制　　C. 矩阵制　　D. 事业部制

6. 以下关于三种职权的论述,正确的是（　　　）。
   A. 直线职权,是指直线管理人员直接指挥下属工作的职权
   B. 参谋职权是辅助性权力,是指某种特定的建议权或咨询权
   C. 职能职权原属于直线部门或管理人员,往往要通过授权才能获得
   D. 从各个职权的关系来看,直线职权最重要,参谋职权和职能职权可有可无

四、简答题

1. 划分部门时应遵循哪些具体原则?
2. 机械式组织与有机式组织有何不同?
3. 部门划分的方式有哪些?
4. 什么是权力?权力一般分为哪几种类型?
5. 什么是职权?职权有哪些类型?它们之间存在什么相互关系?
6. 什么是授权?授权的原则主要有哪些?
7. 简述矩阵组织结构的特征。
8. 怎样判断一个组织分权的程度?影响集权和分权的因素有哪些?
9. 管理者为什么要进行授权?
10. 典型的组织结构类型有哪些?各有什么优点和缺点?适合于哪些情况?
11. 组织变革的类型有哪些?

五、论述题

1. 组织结构设计的影响因素有哪些?它们是如何影响组织结构设计的?
2. 分析按职能、产品、地区、顾客、设备、人数和时间划分部门的优点和缺点。
3. 分析直线制、直线职能制、事业部制、矩阵制结构的优点和缺点。

六、案例分析题

案例分析(一)

天天日化公司

天天日化公司是一家成立于1995年的生产经营日化用品的公司,在公司总裁孟欣的带领下发展迅速。然而,随着公司的发展,孟欣逐渐发现,一向运行良好的组织结构,已经不能适应现在公司内外环境变化的需要。

公司原先是根据职能来设计组织结构的,财务、营销、生产、人事、采购、研究与开发等构成了公司的各个职能部门。随着公司的发展壮大,产品已从洗发水扩展到护发素、沐浴露、乳液、防晒霜、护手霜、洗手液等日化用品。产品的多样性对公司的组织结构提出了新的要求。旧的组织结构严重阻碍了公司的发展,职能部门之间矛盾重重。

在2000年,孟欣做出决定,根据产品种类将公司分成8个独立经营的分公司,每一个分公司对各自经营的产品负有全部责任,在盈利的前提下,分公司的具体运作自行决定,总公司不再干涉。没过多久,重组后的公司内又出现许多新的问题。各分公司经理常常不执行总公司的方针、政策,各自为政,并且分公司在采购、人事等职能方面也出现了大量重复。孟欣逐渐意识到,公司正在瓦解成一些独立部门。在此情况下,孟欣意识到自己在分权的道路上走得太远了。于是,孟欣又下令收回分公司经理的一些职权,强调以后总裁拥有下列决策权:超过10万元的资本支出,新产品的研发,发展战略的制定,关键人员的任命等。然而,职权被收回后,分公司经理纷纷抱怨公司的方针摇摆不定,甚至有人提出辞职。孟欣意识到这一举措大大地挫伤了分公司经理的积极性和工作热情,但她感到十分无奈,因为她实在想不出更好的办法。

请回答以下问题:

1. 天天日化公司调整前的组织结构是(　　)。
   A. 直线制　　　B. 职能制　　　C. 矩阵制　　　D. 事业部制
2. 天天日化公司由于产品多样性需求重组后的组织结构是(　　)。
   A. 直线制　　　B. 事业部制　　C. 职能制　　　D. 直线职能制
3. 事业部制的特点为(　　)。
   A. 统一决策、分散经营
   B. 事业部制适合于超大型企业
   C. 各事业部通常是独立核算的利润中心
   D. 以上三者都是
4. 对于公司总裁孟欣从分权到集权的做法,你认为最合理的评价是(　　)。
   A. 她在一开始分权是对的,公司发展到一定程度后,通常都会要求组织结构进行调整
   B. 她在一开始就不应该分权,分权通常都会导致失控
   C. 她的分权和组织结构调整的思路是正确的,但是在具体操作上有些急躁
   D. 她后来撤回分公司经理的某些职权的做法是对的,避免了一场重大危机

5. 根据公司的发展,你认为该公司最可能采用的部门化方式是(　　)。
   A. 产品部门化　　B. 地区部门化　　C. 顾客部门化　　D. 业务部门化
6. 总裁在设立8个独立的分公司时,你认为其最大的失误是(　　)。
   A. 没有考虑矩阵结构等组织结构
   B. 没有周密地考虑总公司和分公司的职权职责划分问题
   C. 根本就不应该设立独立的分公司
   D. 既没有找顾问咨询,也没有和分公司经理进行广泛的沟通
7. 当孟欣意识到自己在分权的道路上走得太远时,她撤回了分公司经理的某些职权,这是行使了(　　)。
   A. 直线职权　　B. 参谋职权　　C. 职能职权　　D. 个人职权
8. 你认为本案例最能说明的管理原则是(　　)。
   A. 管理幅度原则　　　　　　B. 指挥链原则
   C. 集权与分权相结合的原则　　D. 权责对等原则
9. 孟欣决定收回分公司经理的一些职权,强调以后总裁拥有下列决策权:超过10万元的资本支出,新产品的研发,发展战略的制定,关键人员的任命等。这些事项的决策最可能属于(　　)。
   A. 程序性决策　　　　　　B. 非程序性决策
   C. 战术决策　　　　　　　D. 业务决策
10. 如果你是总裁的助理,请就如何处理好集权与分权的关系向总裁提出你的建议。

 案例分析(二)

金果子公司的组织结构

美国南部有一片土地肥沃、阳光明媚的地区。50年前,老格雷夫在这里开办了一家家庭式农场企业——金果子公司。公司的经营范围包括黄橙和桃子两大类水果,具体业务主要有三个方面:种植和收获黄橙和桃子、新品种开发与提高产量的研究和在全国各地的水果销售。

经过长期的发展,公司已初具规模。此时,老格雷夫感到自己开始力不从心,将公司的管理大权交给了儿子约翰逊。两年后,孙子卡尔从农学院毕业,回到农场担任了父亲的助手。但是约翰逊和卡尔对金果子公司的管理一直没有制定出正式的政策和规则,对工作程序和职务说明的规定也很有限。目前,金果子公司的规模已经发展得相当大,约翰逊和卡尔都感到有必要为公司建立起一种正规的组织结构。约翰逊咨询了管理学家布莱顿。根据约翰逊提供的资料,布莱顿向他提供了两种可供参考的组织结构形式:直线职能制和事业部制。面对这两种组织结构形式,约翰逊不知道该选择哪一种了。

请回答以下问题:

1. 根据以上内容,分别画出金果子公司的两种组织结构图(根据公司的具体部门名称来画),并说明每一种组织结构的优点和缺点。
2. 若该公司选择了直线职能制,你认为将来会不会改为事业部制?如果会,是在什么情况下?

七、综合应用题

综合应用(一)

华为组织变迁：由高度集权到分权制衡

华为一直奉行的是中央集权，但是在此基础上进行层层有序的分权。20年来，华为不断因环境的变化进行自身的改变，虽然"谨慎"，但一步步一直向前，探索出了一条适合自己的分权之道和授权之术。

建立矩阵结构，实施有序分权

在华为成立初期，采用的是在中小型企业应用比较普遍的直线式管理结构。

由任正非直接领导公司综合办公室，下设五个大的系统（见下图）：中研总部、市场总部、制造系统、财经系统和行政管理系统。主管人员在其管辖的范围内，有绝对的职权；各系统中任何一个部门的管理人员只对其直接下属有直接的管理权；同理，每个部门的员工的所有工作事宜也只能向自己的直接上级报告。这种简明、迅捷的直线式组织结构，使得华为在创业初期迅速完成了其原始积累的任务，作为公司最高领导者的任正非对公司内部下达的命令和有关战略部署也更加容易贯彻。

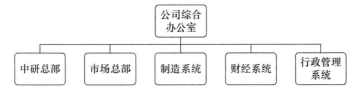

伴随着华为高端路由器的研制成功及在农村市场上的成功销售，企业逐渐踏上了高速发展的道路，不但在产品领域开始从单一的交换机向其他数据通信产品及移动通信产品扩张，市场范围遍及全国各地，而且公司的员工数也呈几何倍数递增。在这种情况下，单纯的直线式管理结构日益暴露出其缺点：在组织规模扩大的情况下，业务比较复杂，所有的管理职能都集中由一个人来承担，当该"全能"管理者离职时，难以在短时间内找到替代者，进而导致部门间协调差。

1998年，华为废除了这种权力主要集中在少数几个高层手中的管理模式，在大量学习和理解西方先进管理经验的情况下，结合自己的实际情况，引进事业部机制，提高管理效率，创造更多新的增长点，"调动起每一个华为人的工作热情"。即按照企业所经营的事业，包括产品、地区、顾客（市场）等来划分部门，设立若干事业部。

从此，华为事实上开始转向了矩阵结构（二维组织结构），既拥有按战略性事业划分的事业部，又拥有按地区的战略划分的地区公司。

在1998年定稿的相关规定中明确提出：公司的基本组织结构将是一种二维结构，即按战略性事业划分的事业部和按地区划分的地区公司。事业部在公司规定的经营范围内承担开发、生产、销售和用户服务的职责；地区公司在公司规定的区域市场内有效利用公司的资源开展经营。事业部和地区公司均为利润中心，承担实际利润责任。

为了最大限度地抓住各地的市场，做好产品的销售和服务工作，华为还非常重视地区公司的建立。

地区公司在规定的区域市场和事业领域内，充分利用公司分派的资源，尽力调动公司的公共资源寻求发展,对利润承担全部责任。在地区公司负责的区域市场中,总公司及各事业部不与之进行相同事业的竞争。各事业部如有拓展业务的需要,可采取会同或支持地区公司的方式进行。

权力新主角,一线铁三角

2009年,在极端困难的外部条件下,华为成功经受住了考验,业绩逆市飘红,全年销售额超过300亿美元,客户关系得到进一步提升。在内部,确定了"铁三角"作战队形,在小范围完成对合同获取、合同交付的作战组织以及对中大项目支持的规划与请求。

随着组织的扩大,拥有过多权力和资源的华为决策机构逐渐远离前线,但其为了控制运营风险又设置了许多流程控制点,并且不愿意授权,滋生了严重的官僚主义及教条主义,导致最前线的作战部队只有不到三分之一的时间用在找目标、找机会以及将机会转化为结果上,大量的时间用在频繁地与后方平台往返沟通协调上。面对越来越大的市场,战线不断被拉长,战机的稍纵即逝留给华为调动资源的时间越来越少,而一线必须拥有更多的决策权,才能适应这样的情况。

在华为北非分部,围绕做好客户界面,员工成立了以客户经理、解决方案专家、交付专家组成的工作小组,形成面向客户的"铁三角"作战单元。"铁三角"的精髓是为了目标而打破功能壁垒,形成以项目为中心的团队运作模式。华为的先进设备、优质资源,应该在前线发现目标和机会时及时地发挥作用,提供有效的支持。这为华为组织变革和分权提供了一条思路,就是把决策权根据授权规则授给一线团队,后方仅起保障作用。相应的流程梳理和优化要倒过来做,就是以需求确定目的,以目的驱使保证,一切为前线着想,共同努力控制有效流程点的设置,精简不必要的流程及人员,提高运行效率。

可以更形象化地理解,华为过去是中央集权制,组织和运作机制是中央权威的强大发动机。发动机的作用是"推",在"推"的过程中,一些无用的流程、不出功的岗位,是看不到的。而现在华为将权力分配给一线团队,逐步形成"拉"的机制,准确地说,是"推""拉"结合、以"拉"为主的机制。在"拉"的时候,看到哪一根绳子不受力,就将它剪去,连在这根绳子上的部门及人员,一并"剪"去,组织效率就会有较大的提高。权力的重新分配促使华为的组织结构、运作机制和流程发生彻底转变,每根链条都能快速灵活地运转,重点的交互节点得到控制,自然也就不会出现臃肿的机构和官僚作风。

2012年上半年华为营收1027亿元人民币,同比增长5.1%,这一数据显示,华为在面临全球金融危机和欧债危机时,仍保持了稳健增长的态势,全面超越最大的竞争对手瑞典爱立信,成为全球通信行业老大。任正非曾感叹:"哪怕每年提高千分之一的效率都是可喜的。"权力分配会在前进中不断优化,使华为在面对未来更加复杂的市场变化时游刃有余,充满活力和信心。

(资料来源:刘祖轲.华为组织变迁:由高度集权到分权制衡[Z/OL].凤凰网科技频道,2014[2014-03-28].http://tech.ifeng.com/telecom/detail_2014_03/27/35213240_0.shtml。有删改。)

请回答以下问题:

1. 在创业之初,华为组织结构的类型是什么?为什么?
2. 华为修改为事业部制组织结构,其背景是什么?事业部制组织结构有何优点?
3. 改为事业部制组织结构之后,华为如何克服的官僚主义和教条主义?
4. 什么是分权?什么是授权?你如何评价华为的分权与授权?

 综合应用(二)

中国企业最成功的分权：美的集团分权体系

美的集团是中国最大的白色家电企业，董事局主席兼CEO、职业经理人方洪波曾说过这样一句话："与同行业内的其他公司相比，美的电器拥有完整的空调产业链、千万产能、东芝技术、完整的配套产业、成本控制等优势，但这些还不能算美的电器的核心竞争力，美的的核心竞争力是内部经营管理机制。"

美的集团的经营管理机制内容包括很多方面，如公司治理机制、创新机制、激励机制、变革机制等，但其中最具影响力的是其分权机制，美的分权机制最大化地激活了企业的前进动力。

2009年8月，在深圳A股上市的美的电器的大股东何享健先生宣布辞任董事局主席职务，该职位由职业经理人方洪波担任。此公告一出，业界一片哗然。为什么何享健先生能够将属于老板的"权力"拱手让给一个完全由职业经理人组成的董事局团队？这自然源于美的集团的分权机制。美的集团自上而下已经非常完整的分权制度体系运作良好。事实上，也正是这样的一套完整的分权体系，既最大化地激发了美的各层级职业经理人团队的活力，又有力地保障了美的集团庞大体系的高效运转。

美的集团早期是顺德北滘镇的乡镇企业，是由美的集团现大股东何享健先生带领一班人通过集资5000元创办的集体企业。当何享健先生带领美的集团从汽车零部件转向电风扇生产制造、进入空调生产制造并以"敢为天下先"的创新精神成为中国第一家上市的乡镇企业时，当地北滘镇政府所属的经济发展公司也就顺理成章成为第一大股东。

上市之后，企业得到高速发展，但随着所经营产品领域的拓宽，企业规模的扩大，原先"大一统"的经营管理体制越来越不适应企业正常的发展要求，加之原有创业团队的能力素质也越来越成为阻碍企业发展的桎梏，美的集团在1996年、1997年两年里遇到了前所未有的困难，销售额急剧下滑、回款难、员工工资发不出成为这两年里常有的事情。何享健感到了极大的压力。在这样的背景下，经营管理体制的改革如箭在弦，不得不发。

1996年下半年开始，美的集团总部开始研究和筹划经营管理体制改革的问题，实施事业部管理被提到集团董事局的决策日程上来。1997年，美的完成了事业部的组织改革，成立了空调事业部、风扇事业部、电饭煲事业部、小家电事业部以及房产公司等几大事业部，这几个事业部组成各自独立的经营管理班子，负责各个事业部的研发、采购、生产、销售等经营活动。经营权下放后，如何保证各事业部不偏离集团总的发展轨道？如何对各事业部进行有效的监控，总部如何更好地为经营单位服务？如何更好地为各事业部创造良好的经营环境？经营单位拥有经营权，但具体的各项权力又怎么分配？事业部制改革后的各种管理问题纷至沓来。

新的经营体制下，到底怎么来权衡集团总部与各事业部以及事业部与各经营单位之间的权责关系？在完成事业部制改革后的1997年12月，美的集团总裁办组织制定了第一版的《美的集团主要业务分权规范手册》(以下简称《分权手册》)，经过半年多的运行，在收集各方面的意见与建议基础上，1998年7—9月，由当时的美的集团总裁办副主任、现美的集团下属二级日电集团首席执行官黄健领衔，组织对《分权手册》进行详细的修订，并于1998年9月29日下发执行。

美的集团《分权手册》分为"集团战略与目标管理""规章制度、公文、会议及新闻宣传""人力资源管理""工资、奖金、员工福利""财务管理""资金管理""资本管理""投资管理""生产制造与技术""市场营销""总务""研究开发及科技与知识产权管理""审计监察""其他"等14大类共217次分类,对涉及经营、管理的各项工作决策权限分提议、提案、审核、裁决、备案等进行了详细的规定。

随着美的集团事业的迅猛发展,美的集团又派生出了二级集团,包括制冷集团、日电集团、机电集团及房产集团等,美的集团的分权规范随着集团组织的发展而不断修订、扩展、细化,从而形成了极为完善、丰富的分权动作体系。

无论美的集团的规模如何扩大,其分权体系总的指导思想可以归纳为1998年所提出的"十六字方针",即"集权有道,分权有序,授权有章,用权有度";而对《分权手册》的内容又可归纳为以下四个方面。

"一个结合":与责、权、利相统一的集权与分权相结合。

"十个放开":将机构设置权、基层干部的考核任免权、劳动用工权、专业技术人员聘用权、员工分配权、预算内和标准内费用开支权、计划内生产性投资项目实施权、生产组织权、采购供应权、销售权10项基础权力下放。

"四个强化":强化预算管理、强化考核、强化审计监督、强化服务。

"七个管住":管住目标、管住资金、管住资产、管住投资、管住发展战略、管住政策、管住事业部正、副总经理和财务负责人。

在这样的分权体系下,美的集团的职业经理人拥有高度的经营管理权。例如,一个事业部的总经理可以拥有几千万元乃至上亿元资金的审批权,而美的集团董事局主席何享健先生让出了美的电器股份有限公司董事局主席的位置后,以方洪波为首的职业经理人团队拥有更大、更广泛的决策权力,这在中国民营企业的发展史上可谓是绝无仅有的。

(资料来源:中国企业最成功的分权:美的集团分权体系[Z/OL].凤凰网财经频道,2014[2010-4-28]. http://finance.ifeng.com/stock/roll/20100428/2119521.shtml。有删改。)

请回答以下问题:
1. 美的集团分权制改革的背景是什么?
2. 美的集团的分权制度是如何实现的?
3. 美的集团的分权制度的特点是什么?

第8章 组织文化与组织变革

一、本章词汇

1. 组织文化(organizational culture)
2. 组织变革(organizational change)
3. 变革推动者(change agents)
4. 风平浪静观(the calm waters metaphor)
5. 急流险滩观(the white-water rapids)
6. 变革(change)
7. 激进式变革(radical change)
8. 渐进式变革(gradual change)

二、单项选择题

1. 组织文化的核心是(　　)。
   A. 物质层　　　B. 精神层　　　C. 行为层　　　D. 制度层
2. 管理者可以通过使有关人员充分参与变革,(　　)等措施来减少变革的阻力,促进变革的成功。
   A. 授予他们相应的职位　　　B. 充分听取他们的意见
   C. 加大培训和教育的力度　　D. 充分维护员工的利益
3. 变革的风平浪静观认为变革是(　　)。
   A. 偶然发生的例外　　　　B. 一种自然的状态
   C. 不可逃避的生存方式　　D. 每天都在发生的事情
4. 变革的急流险滩观认为变革是(　　)。
   A. 偶然发生的例外　　　　B. 一种自然的状态
   C. 对组织平衡的打破　　　D. 需要建立新的平衡的过程
5. 业务流程再造的本质是(　　)。
   A. 持续的过程改造　　　　B. 对业务过程的彻底变革
   C. 高瞻远瞩的战略规划　　D. 根本性的文化变革
6. 以无形的、非正式的、非强制性的各种规范和人际伦理关系为准则,对组织成员的思想和行为起到一定的限制作用,这就是组织文化的(　　)。
   A. 导向功能　　B. 凝聚功能　　C. 激励功能　　D. 约束功能
7. 关于组织文化,正确的说法是(　　)。
   A. 变化较慢,一旦形成便日趋加强

B. 变化较快,随时需要补充新内容

C. 变化较慢,每年抛弃一些旧内容

D. 变化较快,特别是企业管理人员调整后

8. 下面对消除组织变革阻力不恰当的一种方法是(　　)。

   A. 封锁消息

   B. 加强教育、培训

   C. 让有关人员参与变革方案的制订

   D. 启用富有开拓创新精神的人

9. 一家公司的组织精神是:团结,守纪,高效,创新。严格管理和团队协作是该企业两大特色。该公司规定:员工迟到一次罚款50元。某天,全市普降百年一遇的大雪,结果当天公司有85%的员工迟到。遇到这种情况,你认为下列方案中哪一种对公司的发展最有利?(　　)

   A. 一律罚款50元,以维持纪律的严肃性

   B. 考虑特殊情况,罚款降为20元

   C. 一律免罚50元,以体现公司对员工的关心

   D. 一律免罚50元,并宣布当天早下班2小时,以方便员工

10. 一份英国杂志比较了欧洲各国经理的习性和处事手法后得出这样的结论:法国经理最"独裁",意大利经理最"无法无天",德国经理最按"意气办事",英国经理最"不安于位"。各国经理的习性和处事法的不同,最有可能是因为(　　)。

    A. 各国的文化传统不同　　　　　　B. 各国的教育体制不同

    C. 各国的法律制度不同　　　　　　D. 各国的经济发展有差距

11. 王晓博被安排去访问四家企业,在访问中他遇到了如下的情况:第一家企业的董事会召开专门会议,针对近来出现的竞争加剧和效益下滑情况,提出要解放思想,激发企业活力,积极参与竞争;第二家企业召开了一个各层次员工参加的座谈会,对近期公司运作中所出现的一些日常管理问题进行反思和检讨并提出了改进办法;第三家企业的总经理开会讨论了一篇披露因本公司产品质量导致事故的报道并提出了对策;第四家企业专门建立了一个领导小组负责研究和解决近几年来企业出现的一些组织指挥和协调方面的问题。请你帮助王晓博判断一下,哪一家的活动最可能是组织变革中解冻阶段的行为?(　　)

    A. 第一家企业的活动　　　　　　B. 第二家企业的活动

    C. 第三家企业的活动　　　　　　D. 第四家企业的活动

12. 王东东调到某家市场正遇强手挑战的公司任营销部副总经理。他出席了几次本部门和公司的会议,常为公司决策效率之高而惊叹。他经常发现,开会时大家会在相当短的时间内对方案达成一致意见,偶尔也有个别人在私下表示过此事可按另一种办法来处理,但在会议进行过程中他很快放弃了自己的看法转而支持大多数人的方案。没过多久,王东东自己也多次在不知不觉中这样做了。对这家公司的判断你认为以下哪一种最符合实际?(　　)

    A. 这是一家已经建立了民主式决策文化的健康发展的公司

    B. 这家公司的人际关系融洽,群体决策效果好

    C. 这家公司如果不进行组织文化变革,将影响其将来的发展

  D. 这家公司具有很强的内聚力,目前要着重解决的是"外患"问题,即要关注竞争对手的动向

三、多项选择题

1. 变革的风平浪静观认为组织变革的过程包括(　　)。
   A. 解冻阶段　　　　　　　　B. 变革阶段
   C. 重新冻结阶段　　　　　　D. 再变革阶段
2. 一般来说,组织变革的领域包括(　　)。
   A. 战略　　B. 结构　　C. 技术　　D. 人员
3. 组织变革常常受到人们的抵制和反对,主要原因包括(　　)。
   A. 对于不确定的恐惧
   B. 对于管理者的不信任
   C. 对于可能失去个人利益的恐惧
   D. 不认为变革符合组织的最佳利益
4. 让人们投身于变革之中,管理者可以采取的措施有(　　)。
   A. 激发人们对现状的不满
   B. 让人们确信变革会有收获
   C. 构造一个促使人们为之奋斗的共同愿景
   D. 将不支持变革的管理者调离关键岗位
5. 以下属于组织文化的是(　　)。
   A. 组织价值观　B. 团队意识　C. 思维方式　D. 行为规范
6. 组织文化的结构包括(　　)。
   A. 物质层　　B. 行为层　　C. 制度层　　D. 精神层
7. 组织文化的特征包括(　　)。
   A. 民族性　　B. 历史性　　C. 独特性　　D. 系统性
8. 组织文化的功能包括(　　)。
   A. 导向功能　B. 约束功能　C. 凝聚功能　D. 激励功能

四、简答题

1. 什么是组织文化?
2. 组织文化的要素有哪些?
3. 组织文化的层次结构是什么?
4. 组织文化的主要特征是什么?
5. 组织文化的主要功能是什么?
6. 组织变革的含义是什么?
7. 组织变革的类型有哪些?

五、论述题

1. 组织变革的动因有哪些?
2. 对变革的两种不同认识是什么?

3. 根据变革的风平浪静观,组织变革的过程有哪三个阶段?
4. 组织变革的阻力有哪些?如何克服组织变革的阻力?

六、综合应用题

西安杨森的企业文化

西安杨森制药有限公司是技术型合资企业。合资中方为陕西省医药工业公司、陕西省汉江制药厂、中国医药工业公司和中国医药对外贸易总公司,外方为美国强生公司旗下的比利时杨森制药有限公司。

做搏击长空的雄鹰

合资企业的工人和中层管理人员是由几家中方合资单位提供的,起初,他们不适应严格的生产要求。于是,合资企业在管理上依据杨森公司的标准,制定了严格的劳动纪律,使员工逐步适应新的管理模式,培养对企业和社会的责任感。

公司通过调查研究发现,在中国,员工尤其是较高层次的员工,价值取向表现为对高报酬和工作成功的双重追求。优厚的待遇是西安杨森吸引和招聘人才的重要手段,而不断丰富的工作意义,增加工作的挑战性,提供成功的机会则是公司善于使用人才的关键。在创建初期,公司主要依靠销售代表的个人能力,对员工采用的是个人激励。他们从"人员—职位—组织"匹配的原则出发,选用那些具有冒险精神、勇于探索又认同企业哲学、对企业负责的人作为企业的销售代表。企业聘用的主要是医药大学应届毕业生和已有若干年工作经验的医药代表。这两类人文化素质较高、能力较强,对高报酬和事业成就都抱有强烈的愿望。此时,西安杨森大力宣传以"鹰"为形象代表的企业文化:"鹰是强壮的,鹰是果断的,鹰是敢于向山巅和天空挑战的,他们总是敢于伸出自己的颈项独立作战。在我们的队伍中,鼓励出头鸟,并且不仅要做出头鸟,还要做搏击长空的雄鹰。作为企业,我们要成为全世界优秀公司中的雄鹰。"

像大雁一样具有团队意识

在培养"销售雄鹰"的同时,公司还特别注重员工的团队精神建设。在1996年年底的销售会议中,他们集中学习并讨论了关于"雁的启示一":"当每只雁展翅高飞时,为后面的队友提供了向上的风力。由于组成V字队形,可以增加雁群71%的飞行范围。"团队成员若能互相帮助,就可以更轻松地到达目的地,因为他们在彼此信任的基础上,携手前进。"雁的启示二":"当某只雁离队时,它立即感到孤独飞行的困难和阻力。它会立即飞回队伍,善用前面同伴提供的向上的风力继续前进。"我们应该像大雁一样具有团队意识,在队伍中跟着带队者,与团队同奔目的地。我们愿意接受他人的帮助,也愿意帮助他人。

经过大力进行企业文化的建设,员工的素质得到了不断的提高,对公司产生了深厚的感情,工作开展得更为顺利。显著的变化是,困扰公司的员工稳定问题得到了很好的解决。当时由于观念的原因,许多人到西安杨森工作仅是为了获得高收入,当自己的愿望得不到满足时就产生不满,人员流动性曾连续几年高达60%。如今,公司已使员工深深地认同公司,喜爱公司的环境和精神。

充满人情味的工作环境

西安杨森的管理实践充满了浓厚的人情气息。每当逢年过节,总裁即使在外出差、休假,也不会忘记邮寄贺卡给员工。在员工过生日的时候,总会得到公司领导的问候,这不是形式上的、统一完成的贺卡,而是领导个人代表公司对员工表示关爱的贺卡。员工生病休息,部门负责人甚至总裁都会亲自前去看望,或写信问候。员工结婚或生小孩,公司都会把这视为自己家庭的喜事而给予热烈祝贺。公司的有些活动,还邀请员工家属参加,一起分享大家庭的快乐。西安杨森办的内部刊物,名字就叫《我们的家》,以此作为沟通信息、联络感情、相互关怀的桥梁。

(资料来源:天舒.西安杨森:以"鹰"为代表的企业文化[J].东方企业文化,2011,(19):38—39。有删改。)

请回答以下问题:

1. 西安杨森的企业文化有何特点?
2. "鹰"文化与"雁"文化会不会有冲突?

第9章 领导与领导理论

一、本章词汇

1. 领导(leading)
2. 特质(traits)
3. 关怀维度(consideration structure)
4. 定规维度(initiating structure)
5. 领导权变理论(contingency theories of leadership)
6. LPC量表(least preferred coworker questionnaire, LPC)
7. 费德勒权变模型(Fiedler contingency model)
8. 职位权力(position power)
9. 任务结构(task structure)
10. 领导者与成员的关系(leader-member relations)
11. 独裁型领导(authoritarian leadership)
12. 民主型领导(democratic leadership)
13. 放任型领导(laissez-faire leadership)
14. 指导型领导(directive leadership)
15. 支持型领导(supportive leadership)
16. 参与型领导(participative leadership)
17. 成就取向型领导(achievement-oriented leadership)
18. 领导科学(science of leadership)
19. 领导行为连续体理论(leadership as continuum)
20. 以工作为中心(production-oriented)
21. 以员工为中心(employee-oriented)
22. 路径目标理论(path-goal theory)

二、单项选择题

1. 行为科学对于管理的贡献主要体现在（　　）职能中。
   A. 计划　　　　B. 组织　　　　C. 领导　　　　D. 控制
2. 管理的领导职能主要关注（　　）之间的关系。
   A. 人与人　　　B. 人与自然　　C. 人与组织　　D. 组织与组织
3. 领导工作的实质就是对个体或群体施加（　　）。
   A. 作用　　　　B. 影响力　　　C. 能量　　　　D. 压力

4. 领导的影响力基础是（   ）。
   A. 权威　　　　　B. 权势　　　　　C. 施惠　　　　D. 权力
5. 管理方格图中,9.1型对应的是（   ）领导方式。
   A. 任务型　　　　　　　　　　B. 乡村俱乐部型
   C. 中庸之道型　　　　　　　　D. 贫乏型
6. 在管理方格图中,9.9型对应的是（   ）领导方式。
   A. 任务型　　　　　　　　　　B. 乡村俱乐部型
   C. 中庸之道型　　　　　　　　D. 团队型
7. 某企业多年来任务完成得都比较好,员工收入也很高,但领导和员工的关系却很差,该领导很可能是管理方格理论中所说的（   ）领导方式。
   A. 贫乏型　　　　　　　　　　B. 乡村俱乐部型
   C. 任务型　　　　　　　　　　D. 中庸之道型
8. 始于20世纪初,被称为"天才论""伟人论"的是（   ）。
   A. 现代领导特质理论　　　　　B. 传统领导特质理论
   C. 领导行为理论　　　　　　　D. 领导权变理论
9. 任何个人的领导风格都只在某种具体的情境中有效,这是（   ）的观点。
   A. 布莱克和莫顿　　　　　　　B. 费德勒
   C. 豪斯　　　　　　　　　　　D. 赫西和布兰查德
10. 依据下属的成熟度,选择正确的领导风格,就会取得领导的成功,这是（   ）的观点。
    A. 领导生命周期理论　　　　　B. 路径目标理论
    C. 管理方格理论　　　　　　　D. 费德勒的权变模型
11. 利克特的管理模式的结论认为,有成就的管理者采用的管理方式是（   ）。
    A. 专制-权威　　B. 开明-权威　　C. 群体参与　　D. 协商
12. 领导连续流理论的倡导者提出从主要以领导者为中心到主要以下属为中心的一系列领导方式,这些领导方式依据领导者（   ）的程度而不同。
    A. 对下属的信任　　　　　　　B. 施加影响力
    C. 所处的环境和个性　　　　　D. 向下属授权
13. 属于领导者个人权力的是（   ）。
    A. 强制权　　　B. 奖励权　　　C. 专长权　　　D. 法定权
14. 费德勒的权变模型中,决定领导情境的三个维度包括（   ）。
    A. 职位权力、任务结构、上下级关系
    B. 职位权力、领导者性格、领导者素质
    C. 职位权力、领导素质、下属素质
    D. 职位权力、任务结构、领导与下属的素质
15. 一个企业中的管理者为了提高自己对下属的领导效果,主要应当（   ）。
    A. 提高在下属中的威信和影响力
    B. 尽量升到更高的位置
    C. 采取严厉的惩罚措施
    D. 增加对下属的物质刺激,因为每个员工都是"经济人"

16. 依据领导生命周期理论,适合于低成熟度情况的领导方式是(　　)。
    A. 授权型领导　　　　　　　　B. 参与型领导
    C. 说服型领导　　　　　　　　D. 命令型领导

17. 有些领导事必躬亲、劳累不堪,但管理的效果并不理想,这可能主要是因为他忽视了(　　)。
    A. 提高自己的领导能力
    B. 运用现代的办公设施
    C. 过分集权的弊端和分权的重要性
    D. 锻炼身体的重要性

18. 根据管理方格理论,欲使领导工作卓有成效则应(　　)。
    A. 采取集权领导方式注重完成任务
    B. 注重和谐的人际关系
    C. 注重组织目标的达成和对职工的关心
    D. 充分发挥激励作用

19. 以下表述,哪一项能概括"权变管理理论"的核心思想?(　　)
    A. 根据不同的管理环境,采取相应的管理手段、领导方式等
    B. 通过提高工人的"士气",从而达到提高效率的目的
    C. 重视人的因素
    D. 通过标准化提高劳动生产率

20. 根据权变理论,领导是否有效取决于(　　)。
    A. 稳定的领导行为
    B. 领导者的品质权威
    C. 领导者能否适应其所处的具体环境
    D. 是专制型领导还是民主型领导

21. 在费德勒权变模型中,下列哪种情况属于最好的领导环境?(　　)
    A. 人际关系差,工作结构复杂,职位权力强
    B. 人际关系差,工作结构简单,职位权力强
    C. 人际关系好,工作结构复杂,职位权力强
    D. 人际关系好,工作结构简单,职位权力强

22. 有学者认为,领导的本质就是组织成员的追随与服从。以下哪个解释最好地诠释了这一观点?(　　)
    A. 将组织目标与成员个人目标很好地结合起来,实现有效的领导
    B. 运用职权让组织成员按领导者意图办事
    C. 运用奖励权激励成员实现组织目标
    D. 运用惩罚权强制组织成员遵守规章制度

23. 俱乐部型领导在工作中主要表现为(　　)。
    A. 更多地关心职工的工作与生活和较少地注意管理效率的提高
    B. 在更多地关心职工的工作与生活的同时,也非常注意管理效率的提高
    C. 虽不大关心职工的工作与生活,但却非常注意管理效率的提高
    D. 既不大关心职工的工作与生活,也不注意管理效率的提高

24. 某部门主管将注意力几乎都放在了对任务的完成上,而对下属的心理因素、士气和发展则很少关心。根据管理方格理论,该主管的领导作风属于( )。
   A. 贫乏型   B. 任务型   C. 中庸型   D. 团队型

25. 赵东生是某公司的一名年轻技术人员,一年前被调到公司的企划部当经理,考虑到自己的资历及经验等,他采取了比较宽松的管理方式。试分析在以下哪种情况下,赵东生的领导风格最有助于产生较好的管理效果?( )
   A. 企划部任务明确,赵东生与下属关系好但是职位权利弱
   B. 企划部任务明确,赵东生与下属关系差但职位权利强
   C. 企划部任务不明确,赵东生与下属关系差且职位权利弱
   D. 企划部任务不明确,赵东生与下属关系差且职位权利强

26. 某公司的销售部经理被批评为"控制得太多,而领导得太少"。据此你认为该经理在工作中主要存在的问题可能是( )。
   A. 对下属销售人员的疾苦没有给予足够的关心
   B. 对销售任务的完成没有给予充分的关注
   C. 事无巨细,过分亲力亲为,没有做好授权工作
   D. 没有为下属销售人员制定明确的奋斗目标

27. 你手下的一位员工不断给你制造麻烦。她一直无精打采,只有在你不断催促之下才勉强完成任务。然而,最近你感到情况发生了变化:她的工作表现改善了,你也越来越少提醒她按时完成任务,她甚至还提出了许多改进部门工作绩效的建议。此时,你应当( )。
   A. 继续指导和严密监督她的工作
   B. 继续监督她的工作,但听取她的建议并采纳那些合理的建议
   C. 采纳她的建议,并支持她的想法
   D. 让她对自己的工作承担起责任

28. 27题中,你所采取的领导方式如果按领导生命周期理论来分类,属于( )。
   A. 高任务、高关系   B. 高任务、低关系
   C. 低任务、高关系   D. 低任务、低关系

29. 某大企业人才济济、设备精良,长期以来以管理正规有序而自诩。但近年来该企业业绩不佳,尤其是员工士气低落,管理人员和技术人员的流失率逐年升高。从管理职能的角度分析,该企业最有可能是( )工作存在问题。
   A. 计划职能   B. 组织职能   C. 领导职能   D. 控制职能

30. 领导者采用何种领导风格,应当视其下属的"成熟"程度而定。当某一下属既不愿也不能负担工作责任,且学识和经验较少时,领导对于这种下属应采取以下哪种领导方式?( )
   A. 命令型   B. 说服型   C. 参与型   D. 授权型

31. 你是某公司的总经理,一位下属向你汇报工作之时讲了许多与工作无关的事情,而此时还有其他下属在等待汇报工作。在这种情况下,你应该( )。
   A. 任其讲下去,让其他下属耐心等待
   B. 不客气地打断其讲话,让其他下属开始汇报工作
   C. 情绪急躁地让其别啰嗦,挑主要的内容讲

D. 有策略地打断其讲话,指出时间宝贵,还有其他人在等待

32. "士为知己者死"这一古训反映了有效的领导始于( )。
    A. 上下级之间的友情   B. 为下属设定崇高的目标
    C. 为下属的利益不惜牺牲自己   D. 了解下属的欲望和需要

33. 你所领导的跨部门任务小组正在致力于完成一份全厂范围的调研报告。任务小组中有一位成员每次参加小组会议时都迟到,他对此既不道歉也不做解释,而且他迟迟没有上交他所在部门的相关数据。此时,你应当如何做?( )
    A. 明确告诉他你希望他做什么,并严密监督他完成这份工作
    B. 询问他为什么一直迟到,并对他完成该任务的努力予以肯定
    C. 强调何时该上交这些数据,并对他的努力给予肯定
    D. 认定他会准备好这些数据并交到任务小组

34. 第33题中,你所采取的领导方式如果按领导生命周期理论来分类,属于( )。
    A. 高任务、高关系   B. 高任务、低关系
    C. 低任务、高关系   D. 低任务、低关系

35. 彼得·德鲁克认为:"领导者的唯一定义就是其后面有追随者。一些人是思想家,一些人是预言家,这些人都很重要,而且也急需,但是没有追随者,就不会有领导者。"这段话说明了什么?( )
    A. 领导者需要权力
    B. 领导是一种影响力,其实质就是组织成员的追随与服从
    C. 领导者比思想家、预言家更重要,追随者比领导者更重要
    D. 领导只有一个定义,其余的定义都是错误的

36. 某公司总裁老张崇尚以严治军,注重强化规章制度和完善组织结构。尽管有些技术人员反映老张的做法过于生硬,但几年下来企业还是得到了很大的发展。根据管理方格理论,老张的作风最接近于( )。
    A. 1.1型   B. 1.9型   C. 9.1型   D. 9.9型

37. 老王是某公司的总经理,在下班后,突然接到公司某位重要客户打来的电话,说他从公司购买的设备出了故障,需要紧急更换零部件,而此时公司的员工均已下班。如果你是老王,你认为以下哪一种做法比较好?( )
    A. 因为是重要客户的紧急需要,马上亲自设法将货送去
    B. 请值班人员打电话找有关主管人员落实送货事宜
    C. 亲自打电话找有关主管人员,请他们设法马上送货给客户
    D. 告诉客户,因公司已经下班找不到人,只好等明天解决,并对此表示歉意

38. 某公司总经理安排助手去洽谈一个重要合同,结果由于助手工作安排欠周全,导致谈判失败。董事会在讨论谈判失败的责任时,存在以下几种说法,你认为哪一种比较合理?( )
    A. 总经理至少应该承担领导用人不当与督促检查失职的责任
    B. 若总经理的助手又进一步将任务委托给其下属,则可以不必承担谈判失败的责任
    C. 因总经理的助手已承接了该谈判的任务,就应对谈判承担全部责任
    D. 公司总经理已将此事委托给助手,所以对谈判的失败完全没有责任

39. 针对当前各种各样的管理现象,有位管理学家深有感触地说:"有的人有磨盘大的权力捡不起粒芝麻,而有的人只有芝麻大的权力却能推动磨盘。"这句话说明(   )。
    A. 个人权力所产生的影响力有时会大于职务权力所产生的影响力
    B. 个人权力所产生的影响力并不比职务权力所产生的影响力小
    C. 非正式组织越来越盛行,并且正在发挥越来越大的作用
    D. 这里所描述的只是一种偶然的现象,并不具有任何实际意义

40. 以下是某些领导的行为表现:① 自行制定并宣布决策;② 强行推销自己所做的决策;③ 做出决定并允许提出问题;④ 提出可修改的讨论计划;⑤ 提出问题、征求意见并制定决策;⑥ 规定界限但由集体制定决策;⑦ 允许下属在上级规定的界限内行使决策权。对这七种领导行为的分类最适当的是(   )。
    A. ①②属于专制型,③④⑤属于参与型,⑥⑦属于民主型
    B. ①属于专制型,②③④⑤属于民主型,⑥⑦属于放任型
    C. ①②属于专制型,③④⑤属于民主型,⑥⑦属于放型型
    D. ①②属于专制型,③⑤属于民主型,④⑥⑦属于放任型

41. 东方宾馆的管道系统出了问题,因维修部经理正准备出差,便委派维修科科长处理,但几天后管道系统仍然渗漏,宾馆总经理听完汇报后,准备追究事故的责任。请问责任应当由谁来承担?(   )
    A. 维修科科长   B. 维修工人   C. 维修部经理   D. 工程部经理

42. 某专家原来从事专业技术工作,业务精通,绩效显著,近来被提拔到所在科室负责人的岗位。随着工作性质的转变,他今后应当注意把自己的工作重点调整为(   )。
    A. 放弃技术工作,全力以赴抓好管理和领导工作
    B. 重点仍以技术工作为主,以自身为榜样带动下级
    C. 以抓管理工作为主,同时参与部分技术工作,以增强与下级的沟通
    D. 在抓好技术工作的同时,做好管理工作,平均分配精力

43. 向下属布置紧急的事情时,不同的人会有不同的方式,典型的有以下四种:
    ①"这件事情很急,请你在下班前办好。"
    ②"其他事情先放下,马上把这件事情办好。"
    ③"你把手头上的事情交给小王,马上处理这件事情,下班前办好。"
    ④"这件事情很紧急,下班前一定得办好。如果忙不过来,你可以找小王打打下手。"
    对于上述四种方式,你认为哪一种方式下属的工作自由度最小?(   )
    A. ①   B. ②   C. ③   D. ④

44. 某军官从战场归来,接受记者采访时,对其在丛林战中的行动做了这样的说明:"你问我怎么能在这样混乱的情况下使命令得以贯彻?我认为,如果士兵们在丛林里陷入敌人阵地而不知道该怎么办,我又因距离太远而无法下达命令,我的职责就是使他们知道自己该怎么做,而他们具体该做什么完全依赖于他们对形势的判断。"对于该军官的行为,以下说法中最恰当的是(   )。
    A. 该军官是不得已而为之
    B. 该军官采用的是放任型的领导方式

C. 该军官在有意识地锻炼士兵,给士兵创造晋升机会

D. 该军官对自己职责的认识符合现代管理思想

45. 许总与下属的关系非常融洽,下属工作任务的常规化、明确化程度很高,而且许总的职位权力也很大,并赢得了下属对他的信任。而曾总则与之相反,他处在极为不利的领导环境中。根据费德勒领导权变理论,为取得更高的领导效率,许总和曾总宜采用的领导方式应是(　　)。

    A. 许总采用以任务为中心的领导方式,曾总采取以人际关系为中心的领导方式

    B. 许总采用以人际关系为中心的领导方式,曾总采用以任务为中心的领导方式

    C. 许总和曾总都采用以人际关系为中心的领导方式

    D. 许总和曾总都采用以任务为中心的领导方式

46. 刘邦因为怀疑韩信谋反而将其捕获之后,君臣之间有一段对话。刘邦问:"你看我能领兵多少?"韩信回答:"陛下可领兵十万。"刘邦又问:"你可领兵多少?"韩信回答:"多多益善。"刘邦十分不悦,问道:"既然如此,为何你始终为我效劳又被我所擒?"韩信答道:"那是因为我们两人不一样啊。陛下善于将将,而我善于将兵。"在这段话里,韩信关于他与刘邦之间不同点的描述最符合以下哪一种领导理论的基本观点?(　　)

    A. 领导特质理论　　　　　　B. 领导行为理论

    C. 领导权变理论　　　　　　D. 以上都不是

47. 某大学商学院的李院长对新来学院工作的刘博士说:"下周一上午我们谈谈,我想请你介绍一下你的博士论文的选题以及研究情况,还有研究专长和学术兴趣,这样我们可以据此为你安排合适的教学和科研工作。"根据李院长的话来判断,他所表现出来的管理风格最接近于以下哪一种?(　　)

    A. 5.5 中庸型　　　　　　　B. 9.9 团队型

    C. 1.9 俱乐部型　　　　　　D. 9.1 任务型

48. 某位领导,每天上班总是关心员工的生日,并及时派秘书给他们送去生日蛋糕和贺卡。你认为这种管理方式更适合于(　　)。

    A. 任务明确,上下级关系融洽,领导职位权力强的组织

    B. 任务不明确,上下级关系紧张,领导职位权力弱的组织

    C. 任务明确,上下级关系紧张,领导职位权力强的组织

    D. 任务明确,上下级关系融洽,领导职位权力弱的组织

49. 有一家大型公司的总经理,每天都到车间和员工一块工作,同吃、同住、同劳动,一起扛大包、打扫卫生间、住集体宿舍等,得到了员工的称赞,认为总经理领导有方、体贴和关心下属;总经理也认为这样能有效地激励员工的工作热情,树立好的榜样。以下说法中最恰当的是(　　)。

    A. 该总经理的行为能够有效激励员工努力工作,应该大力提倡

    B. 该总经理不应该这样做,因为总经理与普通员工同吃、同住、同劳动,有失身份

    C. 该总经理的行为符合领导生命周期理论

    D. 以上说法均不恰当

50. 有一位 MBA 毕业生被一家私营企业高薪聘请去做公司的常务副总经理,他直接对总经理负责,而总经理直接对一个由七人构成的董事会负责。他到公司三个月以后深深地感觉到该公司的管理十分落后,尤其是缺少信息系统等现代化的决策支持手段,所以他提出的第一项管理改革方案是在努力实现公司管理科学化的基础上建立公司的计算机管理信息系统。但是在这套信息系统投入使用一段时间以后,他感到各方面的反对意见太大,最终他不得不辞职离开了这家公司。你认为这一项管理改革遇到阻力的最主要原因是什么?(   )
    A. 公司环境的原因   B. 权力再分配的原因
    C. 下属不成熟的原因   D. 董事会反对的原因

51. 处长老刘任现职已有五年,其业绩在局里颇有口碑。老刘是局长老王一手提拔的,两人相处一向融洽,但最近却出现了一些不和谐的征兆。老刘私下抱怨老王不给自己留面子,在下级面前对自己呼来唤去,对自己的工作也干预太多;老王则觉得老刘"翅膀"硬了,不像过去那样尊重自己了。根据领导生命周期理论,你认为老王对老刘目前所采用的领导方式是(   )。
    A. 高任务、高关系   B. 高任务、低关系
    C. 低任务、高关系   D. 低任务、低关系

52. 第 51 题中,你认为老王目前应当采取下述哪种领导方式较为合适?(   )
    A. 高任务、高关系   B. 高任务、低关系
    C. 低任务、高关系   D. 低任务、低关系

53. 有一位表演大师上场前,他的弟子告诉他鞋带松了。大师点头致谢,蹲下来仔细系好。等到弟子转身后,又蹲下来将鞋带解松。有个旁观者看到了这一切,不解地问:"大师,您为什么又要将鞋带解松呢?"大师回答道:"因为我饰演的是一位劳累的旅行者,长途跋涉会让他的鞋带松开,可以通过这个细节表现他的劳累憔悴。""那你为什么不直接告诉你的弟子呢?""他能细心地发现我的鞋带松了,并且热心地告诉我,我一定要保护他这种积极性,及时地给他鼓励。至于为什么要将鞋带解松,将来会有更多的机会教他表演,可以下一次再说啊。"从管理的角度,对这位表演大师的领导技能应该给予的评价是(   )。
    A. 他不懂领导的艺术
    B. 他注重人际关系,但不懂得怎么当领导者
    C. 他认识到自己成功的表演比教弟子更重要
    D. 他懂得区别不同情况有针对性地领导他人

54. 某民营企业的董事长老周觉得,自己的企业之所以能够从无到有,在短短八年的时间里迅速发展壮大,最终成为行业排名第一的企业,主要是因为自己多次承接了一些特别客户提出的许多同行厂家均不愿承接的业务。据事后分析,当初该企业承接的这些业务要么数量较少,要么价格太低,要么交货期或质量要求太高,都是被同行中许多有实力与品牌影响的厂家认为无利可图而放弃,再由客户找上门来的。通过这一企业的发展事例,可以得出结论(   )。
    A. 一个企业的发展关键在于要敢于做别人不敢做的事
    B. 选择好的业务切入点对于企业的长期发展意义重大
    C. 在迅速变化的环境中抓住市场机遇是企业的头等大事

D. 积累能够满足客户各类要求的能力是企业成功的关键

55. 有些企业领导在谈经营之道时,非常强调外部机会的作用,认为只要抓住了机会,不愁企业不发展。假设这是一种可接受的说法,你认为需要具备什么前提?
( )
   A. 企业有没有能力是无所谓的,机会自然会锻炼出能力
   B. 有能力还需要有机会,仅有能力还不足以保证企业的发展
   C. 外部环境对于企业发展的影响要远大于内部实力的作用
   D. 机会是相对于能力而言的,没有能力肯定抓不住机会

三、多项选择题

1. 领导在组织中的作用有( )。
   A. 指挥　　　　B. 协调　　　　C. 激励　　　　D. 权威
   E. 垄断

2. 以下哪项属于民主式的领导方式?( )
   A. 经理允许下属在规定的界限内行使职权
   B. 经理提出问题,征求意见,做出决策
   C. 完全由经理自己做出各种决策
   D. 经理极少运用其权力,给下属以高度的独立性
   E. 经理授权下属可以做任何事情

3. 以下关于领导的几种描述中,正确的是( )。
   A. 组织中的领导行为仍属于管理的范畴
   B. 就术语而言,领导比管理包括的含义更广范
   C. 就术语而言,管理比领导包括的含义更广范
   D. 一个有效的管理者也是一个有效的领导者

4. 管理方格图中设计的维度包括( )。
   A. 对任务的关心　　　　　B. 对人的关心
   C. 对文化的关心　　　　　D. 对岗位的关心

5. 费德勒的领导权变理论的结论包括( )。
   A. 在最有利和最不利的情况下,采取以任务为中心的领导方式效果更好
   B. 在最有利和最不利的情况下,采取以人为中心的领导方式效果更好
   C. 在中间状态下,采取以人为中心的领导方式效果更好
   D. 在中间状态下,采取以任务为中心的领导方式效果更好

6. 布莱克和莫顿的管理方格理论把管理中领导者的行为概括为( )。
   A. 对利润的关心　B. 对生产的关心　C. 对人员的关心　D. 对制度的关心
   E. 对企业的关心

7. 费德勒将领导权变理论具体化为( )。
   A. 职位权力　　B. 任务机构　　C. 上下级关系　　D. 任务环境
   E. 个人特权

8. 以下关于领导理论的描述,正确的是( )。
   A. 管理方格理论认为,1.1型的领导方式是最佳的领导方式

B. 在领导行为四分图理论中,高关怀-低定规是最好的领导方式
C. 费德勒的领导权变理论认为,领导方式与领导风格受到客观环境的影响
D. 领导生命周期理论认为,领导方式与领导风格取决于下属的成熟度

9. 翟同庆是仙容化妆品公司的销售部经理。去年该公司招聘了一批刚毕业的大学生,其中有一位学化学专业的小唐被认为很有培养前途。公司指定小唐负责华东地区的销售任务,并设立了很有吸引力的佣金制度。一年下来,小唐尽管十分努力,但所分管的地区的销售业绩就是上不去,她也承认华东地区销售潜力不小。面对这种情况,有人给翟经理出了以下几个主意,你认为其中哪些主意应排除?(   )
   A. 在办公室张榜公布各地区的销售业绩,让大家都知道谁干得好、谁干得差
   B. 郑重告诉小唐,下季度若仍达不到分配给她的销售指标,公司就要请她另谋高就
   C. 让翟经理带小唐去走访几家新客户,给她示范销售老手的做法
   D. 顺其自然,啥事也不用做,反正通过实践摸索与经验积累,她会成熟起来的
   E. 立即聘任他人代替小唐

10. 管理学教授刘先生去一家国有大型企业做管理咨询,该企业的王经理在办公室热情接待了他,并向他介绍企业的总体情况。王经理讲了不到15分钟,就被员工叫了出去,10分钟后王经理回来继续介绍情况。但不到10分钟,王经理又被叫出去了。在整个介绍过程中,3小时内王经理共出去了8次之多,使得企业情况介绍时断时续,刘教授显得很不耐烦。下面说法中错误的是(   )。
    A. 王经理不重视管理咨询
    B. 王经理的公司可能这几天正好遇到紧急情况
    C. 王经理可能过于集权
    D. 王经理重视民主管理
    E. 王经理要处理的事情比管理咨询更重要

四、判断题

1. 对人们施加影响是领导活动的实质所在。(   )
2. 领导者能对他人施加影响,就是因为领导者拥有职位权力。(   )
3. 费德勒的研究结论之一是:在最有利和最不利两种情况下,采取以人为中心的领导方式效果更好。(   )
4. 领导任务是组织结构中一种特殊的人与人的关系,其实质是影响。(   )
5. 领导者只要拥有职权,就会对下属有激励力和鼓舞力。(   )
6. 在紧急情况下,专制型的领导是必要的。(   )
7. 分权型领导总是比独裁型领导更有效。(   )
8. 有效的领导方式与环境和个性无关。(   )
9. 根据领导的生命周期理论,领导采用的领导方式应与下属的"成熟"程度一致。(   )
10. 在领导生命周期理论中,"四种领导方式"不能主观确定哪一种领导方式最好。(   )

五、简答题

1. 领导的含义是什么?
2. 领导者与管理者有何区别?
3. 领导工作的要素有哪些?
4. 领导工作的职能有哪些?
5. 什么是领导的特质理论?它有哪些局限性?
6. 什么是领导行为连续体?
7. 什么是路径目标理论?

六、论述题

1. 根据德鲁克的理论,一个有效的领导者必须具备的习惯有哪些?
2. 勒温的领导风格理论中主要有哪些类型?
3. 布莱克和莫顿的管理方格理论的主要内容是什么?
4. 费德勒的领导权变领导理论主要有哪些内容?
5. 领导生命周期理论的主要内容有哪些?
6. 领导权变理论的主要贡献是什么?

七、案例分析题

案例分析(一)

副总家失火以后

一家公司的销售副总经理,在外出差时接到妻子电话,得知昨天晚上家里失火,家具、家电等全部烧毁。接到电话后,这位副总经理连夜火速赶回家。第二天一早,他去公司向总经理请假,说家里失火要请几天假安排一下。但总经理却说:"谁让你回来的?家里失火告诉我们就行了。你在出差,任务重大,如果你下午还不走,我就免你的职。"这位副总经理很有情绪但又无可奈何地从总经理办公室里出来,然后立即返回出差地点。总经理听说副总经理已走,马上把财务、保卫、工会、后勤等部门的负责人都叫了过来,要求他们分头行动,在最短的时间内,不惜一切代价把副总经理家里的损失弥补回来,并把他的家属安顿好。

请回答以下问题:

1. 从管理方格理论的角度分析这位总经理属于哪一种领导风格?为什么?
2. 从本案例中你可以获得哪些启示?
3. 你赞成这位总经理的做法吗?有何建议?

案例分析(二)

升职后的困境

方圆软件服务公司成立于2000年,近两年来业务扩展很迅速,公司业绩保持持续增长,公司开始招聘一些新员工,并且对原有员工进行了一些人事调整,以便更好地适应公司业务发展。人力资源部决定将研发部程序员赵山提拔到另外一个部门做项目经理,负责接手公司刚签订的财务软件的开发项目。赵山在公司任职三年多了,在上司王宇眼中,赵山是一位很有发展前途的好员工。每天早上他总是神采奕奕、步履矫健地走进办公室,微笑着跟同事打招呼,周围的人都能被他那股充满激情的劲头所感染。对于上司交代的任务,他总是能够高效率地独立完成,并常常提出一些有效的处理建议。同事在任务中遇到一些问题,也很乐意找他帮忙。理所当然,他成为公司这次人事提拔的首要人选。

赵山调到新岗位后,依旧像往常一样勤奋,一丝不苟地完成任务。可是最近一段时间,他变得沉默寡言,每天拖着沉重的步子走进办公室,甚至有几次上班连续迟到。工作方面他常常难以投入,脾气变得越来越急躁,每次要等王宇催促的时候,他才草草完工。王宇对此疑惑不解,为什么赵山提拔后的表现和以前截然不同?显然这和公司预计的期望完全相反,究竟是什么地方出了问题?

请回答以下问题:
1. 赵山为什么得到提拔?你认为王宇很可能是哪种领导理论的奉行者?
2. 赵山不能胜任新的任务岗位,你认为最主要的原因是什么?
3. 如果你是王宇,你会怎样帮助赵山?

八、综合应用题

朱江洪和董明珠:风格迥异的两代格力董事长

朱江洪,1945年出生于广东省珠海市,1970年毕业于华南理工大学机械系。1992年,格力电器公司组建,他出任总经理。2001年4月至2012年5月任格力电器公司董事长。1997年4月,获中华全国总工会颁发的"全国五一劳动奖章";1998年1月当选为广东省人大代表;1999年,被推选为中国家用电器协会副理事长;2000年,被国务院授予"全国劳动模范"荣誉称号。

董明珠,1954年8月出生于江苏南京,1990年进入格力做业务经理。1994年开始她相继任珠海格力电器股份有限公司经营部部长、副总经理、副董事长,并在2012年5月被任命为格力集团董事长。她连任第十届、第十一届和第十二届全国人大代表,担任民建中央常委、广东省女企业家协会副会长、珠海市红十字会荣誉会长等职务。2012年,董明珠成为荣获亚洲质量网组织"石川馨-狩野奖"的第一位女性。2014年9月17日,董明珠被联合国正式聘为"城市可持续发展宣传大使"。2016年10月18日,董明珠卸任珠海格力集团有限公司董事长、董事、法定代表人职务,继续担任珠海格力电器股份有限公司董事长、总裁。

在家电行业的最高领导人中,朱江洪是最为低调的一个,以至于不少人认为他只是"傀儡",作为总裁的董明珠才是格力的"女皇"。事实上,朱江洪并不是一个软弱之人,在格力电器内部,即便是有"铁娘子"之称的董明珠,也很少和朱江洪发生激烈冲突,这足以说明朱江洪在格力电器内的地位。

"吵出来"的格力

"冲突感"在朱江洪与董明珠的日常沟通中,绝非偶然。对于同一问题,二人的语气、语义很不同。朱江洪极端低调谦和,很热心,毫无架子,但又绝非是那种既无架子也无能力的"好好领导"。而董明珠却是一个高调强势的"好战派",是格力的明星人物。她出过书,拍过以她为原型的电视连续剧,也从不否认自己具有超越大部分男性的强大攻击性。她说:"我就是喜欢斗,和谐都是斗争出来的。"在格力历史上几次重大的事件中,她都扮演着"叫板者"的角色。

两人的职业经历也完全不同。朱江洪从1992年格力电器正式组建时起,便是总经理,2001年又任董事长。换句话说,朱江洪从格力组建起便身居高位,带领一个小厂摸着石头过河,他对如何用人、如何打造团队,有着很深的体会。而董明珠是用10年时间一步步从基层业务员做到格力总裁的,每一级晋升都意味着一场战斗。她曾经是格力的销售冠军,专业能力极强,一个能够独当一面的领导往往更加自信。

在许多格力人眼中,朱江洪是比较容易沟通的领导。负责研发的副总裁黄辉举例说,当关键技术的研发遇到瓶颈时,朱江洪更多是在安慰研发团队,而不是继续施加压力。他会每天数次坐在黄辉的办公室里,耐心了解研发进程,沟通解决方法。而董明珠的特点是气场强势,要求极严,批评人毫不留情,下属们在她面前常常战战兢兢。朱江洪更强调放权:"我只管关键的大事情,一般的我不抓,不然要那么多老总、副总干吗?"董明珠却对放权问题相对保守。朱江洪愿意听取不同的意见:"我这个人不怎么要面子,谁都可以给我提意见。越关键、越大的决策,我越要听下面的意见。"66岁的朱江洪,并不计较"被反驳"的尴尬。董明珠则显出更强的"主导权":"我作为一个总裁,如果不能拿主导意见,就不应该坐在这个岗位上。不是不听别人的意见,而是做出的决策是否正确更重要。我相信大的方向上我能够把握得很好,也一定会跟大家澄清我的理由是什么。""我虽然不喜欢接受采访,但在公司里面开会,我绝对是主角。"朱江洪认为谦和并不影响自己在格力的权威性,但似乎只有对于董明珠,朱江洪有些无可奈何。"谁对我们听谁的,朱总提出我的想法是否欠考虑,我也会再想一下。朱总是很能包容的人,说句不好听的,外面说我霸道,我的确是干事情必须要干成的人。"董明珠的言下之意,一是吵架的目的是为了做出正确决策而非个人恩怨;二是只要她想干的事,必须干成,也多靠朱总的包容。

争吵背后的共识

一个老领导,一个铁娘子,性格不同难免意见相左,为什么能成为业界乃至中国企业中难得的好搭档?

有内部人士这么理解:

第一,朱江洪年长董明珠10岁,而且朱江洪是男人,董明珠是女人,朱江洪会让着董明珠;

第二,朱江洪主管研发和生产,董明珠主管市场和销售,各司其职,减少了很多冲突;

第三,董明珠的确有能力,能做出事,而朱江洪又够大度,真正是虚怀若谷。

正如朱、董二人自己所说,争吵,是因为骨子里他们对格力都极端负责。

他们的骨子里都有对知识、对科学的追求,以及共同的信仰。这些共同构成了朱江洪、董明珠两人的价值观,又激发着格力形成企业的价值观,进而成为一家不寻常的企业。概括来说,两人的价值观有六个关键词:责任、奉献、忠诚、共赢、较真、伤不起。

朱江洪的胸怀,让董明珠很钦佩。而董明珠也常将企业经营上升到为社会负责、为中国争光的层面,将创造社会价值视为自己最大的幸福。

他们的激情究竟来自哪里?董明珠说:"我激情的来源,是我'伤不起'。我比较好胜,政府信得过我,把我放在这个位置上,我必须以最大的热情和干劲把它做好。一是自己有成功感,二是不给上面丢面子,三是对员工有个交代。"朱江洪说,无论在任务上还是生活上,他都是一个危机感很重的人,"三分的危机,我会想到六分"。任务中,他更是付出行动到"较真"的地步,并转危为机。最初,格力产品质量问题频出,销售遇到困境时,朱江洪颁布"总经理12条禁令",严格规范质量管控体系。2001年,他飞赴日本购买空调一拖多核心技术而被日本空调企业拒绝,因而破釜沉舟,要求格力团队不计成本地研发核心技术。这种责任感、较真劲儿和奉献精神,是朱江洪和董明珠的共性。

他们从不让亲属在格力任职,甚至不让亲属成为格力的供应商。有经销商曾说,董明珠很简单,作为经销商完全不用挖空心思去考虑双方的利益博弈,因为她总是把你的利益和她的利益均衡考虑,任何一方的利益受损失,她都会拒绝合作。在这些原则问题上,朱江洪和董明珠得到了彼此的认可和尊重。

董明珠深知,管理一家几万名员工的企业,主要靠文化。她异乎寻常地关注细节,她不允许员工因为任何借口不打考勤卡。她看见有员工不穿工服,会处罚员工的上级管理者1000元,第二次不穿,涨到2000元。"不穿工服其实不影响任务,但却是一种不好的风气,会慢慢蚕食格力的文化。"

董明珠和朱江洪都执着于"工业精神""自主创新"。

朱江洪曾经提出"核心技术是企业的脊梁,创新是企业的灵魂",后又强调"科技救企业,脊梁兴企业,效益促企业"。而董明珠虽是做销售出身,却视质量和技术创新为格力经营之本。每次和人交谈,最令她兴奋的话题之一便是格力的技术创新。

于是,在格力的战略方向上,朱江洪、董明珠二人保持了高度的统一,争论自然也能通过某些方式解决。

"有时候吵得激烈了,就晾一会儿,各自回去想想。"朱江洪说,"毕竟大家都是为了同一个目标努力"。

(资料来源:解读风格迥异的两代格力董事长[Z/OL]. MBA中国网,2016[2016-8-18]. http://www.mbachina.com/html/zhaopin/201608/96612.html。有删改。)

请回答以下问题:

1. 根据领导的行为理论,朱江洪和董明珠分别属于哪一种领导风格?从材料来看,这种差异的根源是什么?

2. 风格迥异的两位企业高层领导,在企业中却没有出现大的冲突而影响企业发展,其根本的原因是什么?

3. 对于朱江洪和董明珠完全不同的领导风格,你更赞赏哪一种?为什么?

第10章 激励理论

一、本章词汇

1. 激励(motivate)
2. 需要(need)
3. 动机(motivation)
4. 行为(behavior)
5. 社会人(social man)
6. 自我实现人(self-actualization man)
7. 本我(id)
8. 自我(ego)
9. 超我(superego)
10. 生理需要(physiological needs)
11. 安全需要(safety needs)
12. 社交需要(social needs)
13. 尊重需要(esteem needs)
14. 自我实现需要(self-actualization needs)
15. 激励因素(motivator factors)
16. 保健因素(hygiene factors)
17. 成就需要(need for achievement)
18. 权力需要(need for power)
19. 归属需要(need for affiliation)
20. 公平理论(equity theory)
21. 期望理论(expectancy theory)
22. 强化理论(reinforcement theory)
23. 归因理论(attribution theory)
24. 双因素理论(two-factor theory)
25. 目标设定理论(goal-setting theory)
26. 需要层次理论(hierarchy of needs theory)

二、单项选择题

1. 提出需要层次理论的是(　　)。
　　A. 泰勒　　　　B. 斯金纳　　　　C. 马斯洛　　　　D. 弗鲁姆

2. 人的行为不仅源自内在的需要,还源自外界环境的( )。
   A. 要求　　　B. 刺激　　　C. 影响　　　D. 变化
3. 激励理论的分类是根据对( )这一过程的着眼点的不同进行的。
   A. 需要产生紧张　　　　　B. 需要引起欲望
   C. 需要导致行为　　　　　D. 需要产生刺激
4. 麦克莱兰的研究表明,对于成功的管理者而言,比较强烈的需要是( )。
   A. 安全需要　　B. 权力需要　　C. 社交需要　　D. 成就需要
5. ERG 理论可以看作是( )的一个修正。
   A. 需要层次理论　　　　　B. 期望理论
   C. 三种需要理论　　　　　D. 双因素理论
6. 下列选项中,属于激励因素的是( )。
   A. 薪金　　　B. 管理方式　　C. 地位　　　D. 工作本身
7. 期望理论认为,激励的大小是由( )决定的。
   A. 期望值与效价的乘积　　B. 期望值与效价的和
   C. 期望值与之差　　　　　D. 期望值与效价之比
8. 公平理论主要研究的是( )关系问题。
   A. 期望与效价　B. 奖励与满足　C. 付出与报酬　D. 激励与期望
9. 人的行为内在驱动力是指( )。
   A. 目标　　　B. 行为　　　C. 动机　　　D. 需要
10. 奖励那些所希望的行为以使其重复出现,这是强化类型中的( )。
    A. 正强化　　B. 负强化　　C. 惩罚　　　D. 自然消退
11. 通过对于不希望发生的行为采取置之不理的态度,使其逐渐减少和不再发生,这是强化类型中的( )。
    A. 正强化　　B. 负强化　　C. 惩罚　　　D. 自然消退
12. 以下哪种方式是物质性奖励?( )
    A. 参与决策　B. 休假　　　C. 分红　　　D. 调动工作岗位
13. 根据马斯洛的需要层次理论,人的行为决定于( )。
    A. 需求层次　B. 激励程度　C. 精神状态　D. 主导需求
14. 根据马斯洛的需要层次理论,下列哪一类人的主导需要最可能是安全需要?( )
    A. 企业的总经理　　　　　B. 刚参加工作的大学生
    C. 刑满释放人员　　　　　D. 私营企业的雇员
15. 一个尊重需要占主导地位的人,下列哪种激励措施最能产生效果?( )
    A. 提薪　　　B. 升职　　　C. 解聘威胁　D. 工作扩大化
16. ( )包括对社会交往、友谊、情感以及归属感等方面的需要,反映了人们渴望获得良好人际关系的需要。
    A. 安全需要　　　　　　　B. 尊重需要
    C. 社交需要　　　　　　　D. 自我实现需要
17. 根据赫茨伯格的双因素理论,工作条件属于( )。
    A. 正强化因素　B. 激励因素　C. 负强化因素　D. 保健因素

18. 某企业对生产车间的工作条件进行了改善,这是为了更好地满足职工的(　　)。
    A. 生理需要　　　B. 安全需要　　　C. 社交需要　　　D. 尊重需要

19. 大学生小王觉得,成功完成一项任务后的满足感比获得较多的金钱更重要,这属于(　　)。
    A. 生理需要　　　B. 安全需要　　　C. 社交需要　　　D. 自我实现需要

20. 根据马斯洛的需要层次理论,以下结论正确的是(　　)。
    A. 对于具体的个人来说,其行为主要受主导需要的影响
    B. 越是低层次的需要,对于人们行为所能产生的影响也越大
    C. 任何人都有五种不同层次的需要,而且各层次的需求程度相等
    D. 层次越高的需要,对于人们行为产生的影响也越大

21. 比较马斯洛的需要层次理论和赫茨伯格的双因素理论,属于激励因素的是(　　)。
    A. 自我实现与尊重需要　　　　B. 社交需要与安全需要
    C. 生理需要与安全需要　　　　D. 尊重与社交需要

22. 比较马斯洛的需要层次理论和赫茨伯格的双因素理论,以下说法正确的是(　　)。
    A. 生理需要相当于保健因素
    B. 生理和安全需要相当于保健因素
    C. 生理、安全和社交需要相当于保健因素
    D. 生理、安全、社交和尊重需要相当于保健因素

23. 需要层次理论认为人的需要分为五个层次,它们从低到高的顺序是(　　)。
    A. 生理的、安全的、社交的、尊重的和自我实现的需要
    B. 安全的、生理的、社交的、尊重的和自我实现的需要
    C. 自我实现的、尊重的、社交的、安全的和生理的需要
    D. 生理的、尊重的、安全的、社交的和自我实现的需要

24. 改革开放后,许多中国企业引入了奖金机制,目的是发挥奖金的激励作用。但如今,许多企业的奖金已经成为工资的一部分,奖金变成了保健因素,这一现象说明(　　)。
    A. 双因素理论在中国不适用
    B. 保健和激励因素的具体内容在不同国家是不一样的
    C. 在一定条件下,激励因素有可能向保健因素转化
    D. 将奖金设置成激励因素本身就是错误的

25. 企业中,常常见到员工之间会在贡献和报酬上相互参照攀比。一般来说,你认为员工最有可能将哪一类人作为自己的攀比对象?(　　)
    A. 企业的高层管理人员　　　　B. 与自己处于相同或相近层次的人
    C. 企业中其他部门的领导　　　D. 员工们的顶头上司

26. 以下哪种现象不能在需要层次理论中得到合理的解释?(　　)
    A. 一个饥饿的人会冒着生命危险去寻找食物
    B. 穷人很少参加排场讲究的社交活动
    C. 在陋室中苦攻"哥德巴赫猜想"的陈景润

D. 一个安全需要占主导地位的人因担心失败而拒绝接受富有挑战性的工作

27. 某企业规定,员工上班迟到一次,扣发当月工资50%的奖金。自此规定出台后,员工迟到现象基本消除,这是哪一种强化方式?( )
   A. 正强化   B. 负强化   C. 惩罚   D. 废止

28. 某企业对生产车间的通风条件进行了改善,大大减少了车间中的有害气体,这是为了更好地满足职工的( )。
   A. 生理需要   B. 安全需要   C. 感情需要   D. 自我实现的需要

29. 根据相关激励理论,以下哪项措施可以使组织成员的行为得到改善?( )
   A. 认可、奖励或劝告等
   B. 批评、降薪或开除等
   C. 对不合理的行为不予理睬
   D. 上述三者均可

30. 从期望理论中,我们得到的最重要的启示是( )。
   A. 目标效价的高低是激励是否有效的关键
   B. 期望概率的高低是激励是否有效的关键
   C. 存在着负效率,应引起领导者注意
   D. 应把目标效价和期望概率进行优化组合

31. 根据期望理论,促使人们去做某件事的激励力的大小,取决于( )。
   A. 目标效价
   B. 实现目标的可能性
   C. A、B两者的乘积
   D. 前两者之和

32. 根据公平理论,当员工感到不公平时,会采取以下哪种措施?( )
   A. 改变自己的投入与产出
   B. 改变自我认知和对他人的看法
   C. 离开工作场所
   D. 上述三者均可

33. 如果有一名新入职的员工工作热情饱满,进步明显,作为他的直接领导,你将( )。
   A. 表扬他的成绩,询问他打算如何进一步提高
   B. 不加干涉,相信他能够不断提高自己的绩效
   C. 指导他采取正确的工作方法和工作程序
   D. 表扬他已取得的成绩,并告诉他如何进一步提高自己的工作成绩

34. 新华商场决定进行工资改革,一线售货员的工资由原来的固定工资改为按其所完成的销售额的一定比例计提工资,从而达到激励员工的效果。这项改革利用了哪一个激励理论?( )
   A. 双因素理论   B. 期望理论   C. 公平理论   D. 强化理论

35. 在赫茨伯格的双因素理论中,保健因素一般是指与工作环境有关的因素,其特点是( )。
   A. 得不到没有满意,也未必不满意
   B. 得不到则不满意,得到也未必满意
   C. 得不到则不满意,得到则没有不满意
   D. 得不到则不满意,得到则满意

36. 现在许多企业,脏活累活没人干,不得不请临时工干。用需要层次理论对该现象进行解释为( )。
   A. 正式工觉得这样的活丢面子,所以不愿意去做

B. 正式工希望能更好地实现自我价值

C. 临时工更多考虑生理需要,多赚钱养家糊口

D. 正式工考虑的是安全需要及更高层次的需求

37. 某市足球俱乐部同意大幅度提高运动员的薪金,前提是运动队在下个赛季里所有场次的胜率为80%。这个俱乐部激励运动员的方法运用了哪一个激励理论?（　　）

　　A. 公平理论　　B. 期望理论　　C. 双因素理论　　D. ERG理论

38. 有位企业家说过:"人们从事工作,会有各种各样的动机,而每个人的动机又各不相同。你必须探知你所接触的每个人的不同动机,以便掌握和开启发挥个人潜能的'钥匙'。"这句话说明,管理人员必须进行(　　)。

　　A. 授权　　B. 激励　　C. 人员配备　　D. 沟通

39. 在下列哪种情况下,金钱可以成为"激励因素"而不是"保健因素"?（　　）

　　A. 那些未达到最低生活标准、急于要养家糊口的人的计件工资

　　B. 组织在个人取得额外成就时很快给予的奖金

　　C. 以上两种情况均可使金钱成为激励因素

　　D. 无论什么情况下金钱都只是保健因素

40. 张悦从某名牌大学博士毕业后,在一家房地产公司担任设计师,从事房屋结构设计工作,该房地产公司拥有一流的办公环境和设计资质。根据双因素理论,你认为下列哪一种措施最能对张悦的工作起到激励作用?（　　）

　　A. 调整设计工作流程,使张悦可以完成完整的楼盘设计而不是总重复做局部的设计

　　B. 调整工资水平和福利措施

　　C. 给张悦单独的工作室

　　D. 以上各条都起不到激励作用

41. 现在很多公司实行了弹性工作制,员工可以自行安排工作时间,甚至有的从事特殊工作的人可以利用互联网等资源在家办公。这样他们对工作和个人的家庭、社交生活也有了较大的自由度。你认为,这类公司的管理者所持有的对人的认识主要倾向于以下哪一种理论?（　　）

　　A. X理论　　B. Y理论　　C. 超Y理论　　D. Z理论

42. 假如你是一位高新技术公司的总经理,在给骨干科技人员分派新的研究开发项目时,除了需要说明项目的性质、期限及预算等情况外,你可能还需说明许多事项。从激励的角度看,以下各条中哪一条最有必要做进一步说明?（　　）

　　A. 如果任务没有很好完成,谁该对错误负责并受惩罚

　　B. 请每位骨干科技人员单独来自己的办公室加以鼓励

　　C. 公司对项目的顺利完成将会采取怎样的挂钩奖励措施

　　D. 公司将会对项目进行怎样的中期考核与技术支持

43. 以下哪种情况下,人们感觉是不公平的,即投入与产出的比例失调,就会使个体出现不满意的情绪,通过减少输出的数量或降低质量,甚至离开组织的方法来减少心理上的紧张情绪?（其中:Q_p为自己对所获报酬的感觉,Q_x为自己对别人所获报酬的感觉;I_p为自己对所投入量的感觉,I_x为自己对他人所投入量的感

觉。)(　　)

  A. $Q_p/I_p < Q_x/I_x$ B. $Q_p/I_p = Q_x/I_x$
  C. $Q_p/I_p > Q_x/I_x$ D. $Q_p/I_p \neq Q_x/I_x$

44. 近年来,许多高校为了提高教学质量,对学生考试作弊都采取了严厉的惩罚措施,规定凡考试违纪者,一旦发现,成绩将以零分计,并不准再参加重修。这项规定发布后,作弊现象大大减少。从强化理论分析,它是属于(　　)。

  A. 负强化   B. 惩罚
  C. 自然消退   D. 正强化与惩罚相结合

45. 最近,海城公司进行了某项调查,发现公司最近有三个问题比较突出:第一,该公司大龄青年很多,常为了自己的婚姻问题而苦恼;第二,公司周围治安状况不好,上夜班的职工由于担心安全问题而不能安心工作;第三,一些部门,比如研发部,形成了研发创新的新气氛,且有一些研发人员非常迫切地从事研究开发工作,甚至投入大量业余时间开发设计新的应用产品。以上三种现象分别体现了员工哪些需要?(　　)

  A. 生理需要、安全需要和尊重需要
  B. 社交需要、安全需要和尊重需要
  C. 生理需要、安全需要和自我实现需要
  D. 社交需要、安全需要和自我实现需要

46. 某公司几个青年大学生在讨论明年报考研究生的事情。大家最关心的是英语考试的难度,据说明年将会有很大提高。请根据激励理论中的期望理论,判断以下四人中谁向公司提出报考的可能性最大?(　　)

  A. 小郑大学学的是日语,两年前来公司后,才开始跟着电视台初级班业余学了些英语
  B. 小齐英语不错,本科为管理专业,但他妻子年底就要分娩,家中又无老人可依靠
  C. 小吴被公认为"高才生",英语棒,数学强,专业知识面广,渴望深造,无家庭负担
  D. 小冯素来冷静多思,不做没把握的事。她自信每门课过关绝对没问题,但认为公司里想报考的人太多,领导最多只能批准一人,而自己与领导关系平平,肯定没希望获得领导批准

47. 王鹏的父亲为了鼓励他好好学习,向他提出:如果在下学期每门功课考试都能达到90分以上,就给予丰厚的物质奖励。根据期望理论,在以下哪种情况下,王鹏会受到激励而用功学习?(　　)

  A. 王鹏的基础较好,发奋努力的话有可能各门课都考90分以上
  B. 奖励的东西是王鹏非常想要的
  C. 王鹏的父亲向来是个说话算数的人
  D. 上述三种情况同时存在才可以

48. 王军是某建筑工地的包工头,他对其手下的农民工采用了一种"胡萝卜加大棒"的管理方法。他常说的口头禅是"不好好干就回家去,干好了下个月多发奖金"。以下哪种说法是不对的?(　　)

  A. 王军的观点与X理论相符   B. 王军把农民工看得比较消极
  C. 王军把农民工看成经济人   D. 王军把农民工看成自我实现人

49. 你手下一名工人操作一台噪声很大的设备但没有戴耳塞,违反了公司的安全条例。这种事情,你有两种处理办法:一是提醒他,让他戴上耳塞试试。戴上耳塞后,这位工人感到噪声消失,于是自觉执行公司的安全条例。二是对这位工人说:"你不戴耳塞,违反了公司的安全条例。我责令你停职三天,回去反省一下这些安全措施有多重要!"根据强化理论,以上两种措施属于(　　)。
    A. 分别是正强化和负强化　　　B. 分别是负强化和惩罚
    C. 都是负强化　　　　　　　　D. 都是惩罚

50. 班主任走进课堂的时候发现王明和李进两位同学趴在桌上睡觉。王明平时是个认真学习的学生,而李进平时表现较差。班主任把他们叫醒说道:"你看王明同学多刻苦,看书看得睡着了;而李进同学怎么一看书就睡觉呢?"请问班主任对两个同学采用的是什么激励理论?(　　)
    A. 期望理论　　B. 归因理论　　C. 公平理论　　D. 强化理论

51. 在一次管理知识和技能培训班上,就如何调动企业员工积极性的问题展开讨论时,学员们众说纷纭,这里归纳为以下四种不同的主张。假如四种主张都能切切实实做好,你认为应该首选哪一个措施?(　　)
    A. 成立员工之家,开展文体活动,增强企业内部凝聚力
    B. 从关心员工需要出发,激发员工的主人翁责任感,从而努力做好本职工作
    C. 表扬先进员工,树立学习榜样
    D. 批评后进员工,促使其增强工作责任心

52. 张宁研究生毕业后,在一家国企的研发部门上班。几年来他工作积极,表现突出。最近张宁和同事合作,成功地开发了一款新的产品,领到了比较丰厚的奖金,十分高兴。但不久后,他无意间看到了公司其他人的奖金,脸立即阴沉了下来,第二天就向部门领导提出了辞职。下列哪个理论能比较恰当地解释张宁遇到的问题?(　　)
    A. 需要层次理论　　　　　　B. 期望理论
    C. 公平理论　　　　　　　　D. 双因素理论

53. 在对员工的工作态度进行同级人员互相评价时,宝盒公司总经理赵刚收到了有关其下属王林女士的两份截然不同的报告。其中一份报告给了王林差评,理由是王林迟到早退现象严重,她经常8:30左右上班,下午4:00下班(按照公司规定,正常工作时间是上午8:00至下午5:00);此外,每隔几个星期,她还要请一天或半天的事假。另一份报告给予王林好评,认为她工作认真负责。这份报告反映,王林是一位单身母亲,丈夫一年前去世了,有个孩子在日托班。她常把工作带回家,并在周末加班,以补上本周落下未完成的工作。如果你是赵刚,对这样的下属,该采取的措施是(　　)。
    A. 提醒和警告她必须改变工作态度,否则就考虑采取惩罚措施
    B. 鼓励和奖赏她对工作的负责态度,因为她本质上是一个出色的员工
    C. 承认她独特的自我观念和责任心,并采取措施帮助她将工作任务与个人境遇结合起来
    D. 她对工作的尽心态度表明了她是个出色的员工,应设法减轻其工作负担,以免她劳累过度

54. 最近盛工机械公司发现员工抱怨较多。公司经过调查发现,除本公司外,周边其他企业都有较好的工作条件。发现这一点后,公司决定消除车间内的粉尘污染,改善职工的工作条件。按赫茨伯格的双因素理论的观点,这一举措效果如何?（   ）

    A. 可以对职工起到很好的激励作用

    B. 只是改善了职工基本工作条件,没有太大的激励作用

    C. 由于改善了工作条件,一定能够提高生产效率

    D. A 和 C 都对

55. "有心杀贼,无力回天,死得其所,快哉快哉!"100 多年前,"戊戌六君子"之一的谭嗣同在刑场就义前喊出了这句话。根据马斯洛的需要层次理论,他当时的主导需要是(   )。

    A. 安全需要   B. 归属需要

    C. 自我实现需要   D. 尊重需要

56. 王林个人销售的摩托车数量和货款金额比他的同事张山多,但他俩的薪酬水平是一样的。去年上半年,张山的销售情况比他好,就收到一笔额外的奖金。按公平理论,王林对他所觉察到的这种不公平情况最可能的反应是什么?（   ）

    A. 他会认为自己的销售工作做得比张山好,应该得到比张山更多的薪酬

    B. 他会仍像以前那样努力工作,但要求减少自己的薪酬

    C. 他会去问张山为什么做得不如他

    D. 他什么反应行为都不会有,什么都不去想,因为许多单位的情况也是这样的：干好干坏都一个样

57. 意美电器公司专门生产电子消毒碗柜,并通过八个驻外办事处的 300 名销售人员推销该厂产品。近半年来,公司发现每个月的回款率由过去的 90% 下降为 60%。究其原因,一是有些销售员为了取得额外回扣,对客户延迟回款睁一眼闭一眼;二是竞争激化,销售人员怕得罪客户,不敢催款;三是办事处经理怕影响销售人员的积极性,没有严格考核。市场部讨论出以下四种解决办法,请你选择一个见效较快而代价较小的方案。（   ）

    A. 实行先交款后发货制度

    B. 对销售人员进行职业道德教育

    C. 按回款百分比提取一部分奖金给销售人员

    D. 加强考核,只有当回款 90% 以上时,才兑现销售人员的销售额提成工资

58. 青草食品公司的人力资源部经理决定采取措施提高全体员工工作的积极性。经过调查发现,同行业的公司中平均工资水平都高于本公司 15% 左右。为此,他认为应该通过这一问题的解决实现对员工的激励。你认为这个举措会产生什么影响?（   ）

    A. 可以实现对员工的激励作用

    B. 只能降低员工的不满,不可能起到太大的激励作用

    C. 可能会产生的影响取决于综合分析

    D. 根据上述信息,无法做出有效判断

59. 某公司市场部经理张鹏认为,现代社会条件下,人们更需要得到尊重、体谅、关心

和支持,于是在日常管理当中他非常注重对下属做好这些工作。天长日久,他们这个部门的群体意识最强,成员的满意程度也最高,但是他们总也得不到上级的表扬,因为他们总是成绩平平,张鹏百思不得其解。你觉得下面哪一条解释比较合理?(   )

   A. 张鹏的管理水平有限,不能带领大家取得好成绩

   B. 张鹏这个部门人员的素质太低,能力有限,不能很好地完成任务

   C. 张鹏的领导方式有问题,单纯的关心体谅未必能使下属的工作效率得到提高

   D. 不一定是人的问题,有可能所处的环境对他们不利

三、多项选择题

1. 马斯洛的需要层次理论中,人的需要主要包括(　　　　)。
   A. 生理需要　　　　B. 安全的需要　　　　C. 社交的需要
   D. 尊重的需要　　　　E. 自我实现的需要

2. 根据双因素理论,以下与职工的不满意情绪密切相关的因素有(　　　　)。
   A. 企业政策　　　　B. 工作的成就感　　　　C. 工资水平
   D. 责任感　　　　E. 工作环境

3. 美国心理学家麦克莱兰提出的后天需要理论认为人的基本需要有(　　　　)。
   A. 权力的需要　　　　B. 生理的需要　　　　C. 成就的需要
   D. 安全的需要　　　　E. 归属的需要

4. ERG 理论认为人们有三种核心需要,包括(　　　　)。
   A. 生存的需要　　　　　　　　　　B. 关系的需要
   C. 成长发展的需要　　　　　　　　D. 安全的需要

5. 根据赫茨伯格的双因素理论,以下属于激励因素的是(　　　　)。
   A. 工作条件　　　　B. 晋升　　　C. 成就　　　D. 稳定与保障

6. 波特-劳勒模式中,能否取得工作成就是由(　　　　)决定的。
   A. 个人的努力　　　　　　　　　　B. 个人的能力与素质
   C. 人际关系能力　　　　　　　　　D. 个人对组织期望目标的感知

7. 期望理论表明,在进行激励时要处理几个方面关系,即(　　　　)。
   A. 努力与绩效的关系　　　　　　　B. 努力与工作的关系
   C. 绩效与奖励的关系　　　　　　　D. 奖励与满足个人需要的关系
   E. 绩效与个人目标的关系

四、判断题

1. 在 ERG 理论中,成长发展的需要对应着马斯洛需要层次理论的自尊与受人尊重的需要和自我实现的需要。(　　)

2. 双因素理论认为,消除了工作中的不满意因素就能够使员工受到激励。(　　)

3. 麦克莱兰的三种需要理论认为管理者的自我实现的需要是最强烈的。(　　)

4. X 理论认为,较高层次的需要支配着人们的行为。(　　)

5. 公平理论认为一个人主要是关心自己所得实际收入。(　　)

6. 实践中,管理者应当把重点放在正强化而不是惩罚上,而对不期望发生的行为采

取自然消退的做法有时要比惩罚更有效。（　　）

7. 马斯洛认为只有个体低级层次的需要得到完全满足后，才会转向追求更高层次的需要。（　　）

8. 每个人都有一些基本的需要，但不同的人，其基本需要的内容结构不同。（　　）

9. 双因素理论认为，消除了人们工作中的不满意因素，就会对人们起到激励作用。（　　）

10. 依据双因素理论，保健因素不起激励作用，只有激励因素才起激励作用。（　　）

11. 保健因素同工作内容有关，激励因素与工作环境有关。（　　）

12. 双因素理论中，责任、挑战性工作都属于保健因素。（　　）

13. 根据激励理论，增加职工的工资就一定能提高他们的工作积极性。（　　）

五、简答题

1. 什么是需要？什么是动机？需要、动机与行为之间关系是什么？
2. 什么是激励？激励的过程主要包括哪几个部分？
3. 简述麦克莱兰的成就需要理论。
4. 简述奥尔德弗的 ERG 理论。
5. 什么是挫折理论？
6. 什么是归因理论？

六、论述题

1. 关于人性的基本假设主要有哪些？
2. 论述马斯洛需要层次理论的主要内容。
3. 什么是 X 理论和 Y 理论？
4. 什么是双因素理论？其主要内容是什么？
5. 论述公平理论的主要内容。
6. 论述期望理论的主要内容。
7. 论述强化理论的主要内容。

七、案例分析题

 案例分析（一）

宏利服装公司的激励

汪明明是宏利服装公司的人事部经理，最近她在职学习完 MBA 的所有课程并且获得了某著名学府的 MBA 学位。在 MBA 学习的过程中，她对于管理中的激励理论，特别是马斯洛和赫茨伯格的理论非常关注，并打算在公司中实际运用它们。据汪明明了解的可靠信息，宏利服装公司的工资和薪酬水平在服装行业中是最好的，因此，她认为公司在激励下属时应该集中在赫茨伯格的激励因素上。

经过多次会谈，她说服了公司的高层管理者，公司总裁授权她去制订工作计划并且放手让她去推行。在这种情况下,汪明明开始制订关于强调表彰、晋升、更大的个人责任、成就以及使工作更有挑战性等各种计划,并且在组织里开始推行。但是计划运行了几个月后,她发现结果和她的期望相差甚远。

首先是设计师们对于计划的反应很冷淡。他们认为他们的工作本身就是一个很具有挑战性的工作。他们设计的服装在市场上很畅销就是对他们工作成绩的最大肯定,而且公司通过发放奖金的方式对他们的工作已经给予肯定,他们认为所有这些工作计划都是浪费时间。有一个和汪明明比较熟悉的设计师与她开玩笑说:"明明,你这些玩意儿太小儿科了,你是不是把我们当成小学生了,我看你理论学得太多了。"

裁剪工、缝纫工、熨衣工和包装工的感受是各式各样的。有些人在新工作计划的实施过程中受到了表扬,反映良好;但是另一些人则认为这是管理人员的诡计,要让他们更加拼命地工作,同时又不增加任何工资,并且这些人占大多数。甚至一些偏激的工人开始叫嚷着要联合罢工来争取自己的权益。

汪明明万万没有想到事情会发展到这个地步。原来很信任和支持她的高层管理者也开始怀疑她的工作能力,批评她考虑不周全。

请回答以下问题:

1. 你认为新计划失败的主要原因是什么?(　　)
    A. 高层管理者没有参与到计划的制订和实施工作中来
    B. 企业中人员对于双因素理论缺乏了解
    C. 员工不配合
    D. 她忽视了各层次员工的需要不同的事实

2. 根据马斯洛的需要层次理论,你认为设计人员的主导需要和一线工人的主导需要有何不同?(　　)
    A. 设计人员不关心表扬、赏识等,说明他们的主导需要不是自我实现
    B. 大多数一线员工都不太关注社交需要
    C. 设计人员和一线工人都不太关注社交需要
    D. A 和 B

3. 根据案例提供的信息,你认为汪明明对于需要层次理论的理解错误最可能是(　　)。
    A. 她认为保健因素不重要,激励因素重要
    B. 她认为激励因素和保健因素是独立发挥作用的
    C. 她认为保健因素达到行业最高水平就足够了
    D. 她认为只有激励因素可以发挥激励的作用

4. 汪明明对于这种结果很苦恼,为此她请教了一位资深顾问,如果你是这位顾问,你认为以下做法哪个更可取?(　　)
    A. 进行培训,帮助员工了解双因素理论,增进对于新工作计划的认可
    B. 停止该工作计划,采用调查表调查各层次人员的需求情况,以及他们对于新工作计划的评价
    C. 争取高层管理者的支持,继续推行新工作计划
    D. 安抚一线员工,给予一定的物质补偿

5. 根据你所学习的关于激励的理论,你认为这个工作计划为什么会引起这么多的争议?

案例分析（二）

这个激励措施有效吗？

某企业开展了一个新的项目——生产一种新型材料，但是项目开始不久就遇到了技术难题，研发部门的工程师们耗费了整整一个月的时间也没有起色。为了攻克这一技术难关，该企业总经理决定调动所有员工的力量。为了提高员工的积极性，该企业推出了以下激励方案：对于攻克该技术难关的员工，一次性给予奖金5万元，并在职称上直接提拔为高级工程师。对于此项激励方案可能起到的效果，众说纷纭。你认为，该方案对于以下三类员工（见表10-1）中的哪一类最有效？为什么？请结合相关理论加以解释。

表 10-1

类别	年龄	学历	现职称	年收入
A	50 岁左右	本科、硕士	高级工程师	10 万左右
B	30 岁左右	硕士、博士	工程师（中级）	5 万~6 万
C	20~25 岁	中专	助理工程师（初级）	1.5 万~2 万

案例分析（三）

逐渐巩固了领导地位的首席执行官

水星电脑公司是一家高科技公司。近些年来，水星电脑公司发展迅速，但也面临着来自同行业各大公司的激烈竞争。公司刚成立时，高层管理人员穿着T恤衫和牛仔裤来上班，谁也分不清他们与普通员工有什么区别。当公司财务出现了困境时，原先那个自由派风格的董事会主席虽然留任，但公司聘请了一位新的首席执行官汤姆。汤姆来自一家办事古板的老牌公司，他照章办事，十分传统，与水星公司的风格相去甚远。

第一次公司内部危机发生在汤姆首次召开高层管理会议时。会议定于上午9点开始，可有一个人9点半才跌跌撞撞地进来，西装革履的汤姆眼睛瞪着那个迟到的人，对大家说："我再说一次，本公司所有的日常公事要准时开始，你们中间谁做不到的话，今天下午5点之前向我递交辞职报告。你们应该忘掉过去的那一套，从今以后，就是我和你们一起干了。"到下午，12名高层管理人员有3名辞职。

汤姆颁布了几项指令性政策，使已有的工作程序发生了一些重大变化。从一开始，他就三番五次地告诫公司副总经理琼斯，一切重大事务在向下传达之前必须先由他审批。他发现公司的研究、设计、生产和销售等部门之间缺乏合作，在这些面临挑战的关键领域，水星公司一直未能形成统一的战略。汤姆还命令全面复审公司的福利待遇制度，然后将全体高层管理人员的工资削减10%，这引起公司一些高层管理人员的不满，向他提出了辞职。

研究部主任这样认为："我不喜欢这里的一切，但我不想马上走，开发电脑打败IBM公司对我来说太有挑战性了。"生产部经理对汤姆的做法并不满意，可他的一番话颇令人惊讶："我不能说我很喜欢汤姆，不过至少他给我那个部门设立的目标能够达到。当我们圆满完成任务时，琼斯是第一个感谢和表扬我们干得棒的人。"采购部经理牢骚满腹地说："汤姆要我把原料成本削减15%，他还拿着一根胡萝卜来引诱我，说假如我能做到，就给我丰厚的年终奖。但这简直就不可能，我只能另谋出路了。"霍普金斯是负责销售的副经理,被人称为"爱哭的孩子"。以前,他每天都到首席执行官的办公室去抱怨和指责其他部门,现在他依然这样。汤姆采取的办法是,让他在门外静等,先冷静一下情绪;见了他也不理会其抱怨,直接谈公司在销售上存在的问题。过了没多久,霍普金斯开始更多地跑基层而不是汤姆的办公室了。

水星公司在汤姆的领导下逐渐恢复了元气。公司管理人员普遍承认汤姆对计算机领域了如指掌,对各项业务的决策无懈可击。汤姆也渐渐放松了控制,开始让设计和研究部门放手地去工作。然而,对生产和采购部门,他仍然勒紧缰绳。水星公司内再也听不到关于汤姆去留的流言蜚语了。员工对他形成了这样的评价:汤姆不是那种对这里情况最了解的人,但他确实带领我们上了轨道。

(作者根据公开资料整理。)

请回答以下问题:

1. 汤姆进入水星公司时所采取的领导方式和留任的董事会主席的领导方式( )。
   A. 同是民主型的
   B. 分别是民主型和放任型的
   C. 分别是专制型和放任型的
   D. 分别是专制型和民主型的

2. 水星公司执行班子的最高负责人应该是( )。
   A. 留任的董事会主席
   B. 首席执行官汤姆
   C. 副总经理琼斯
   D. 职位尚空缺的总经理

3. 水星公司的组织结构设计是( )。
   A. 职能结构　　B. 简单结构　　C. 事业部结构　　D. 子公司结构

4. 重大决策要经过琼斯审批,沟通方式属于( )。
   A. 下行沟通　　B. 上行沟通　　C. 横向沟通　　D. 斜向沟通

5. 水星公司中一些高层经理人员因为工资被削减而提出辞职。按照双因素理论,工资属于( )。
   A. 任务因素　　B. 关系因素　　C. 保健因素　　D. 激励因素

6. 研究部主任的话反映他当前的需要属于( )。
   A. 安全需要
   B. 尊重需要
   C. 自我实现需要
   D. 社交需要

7. 汤姆表扬生产部工作干得棒,根据激励理论,采取这种激励措施是出于( )。
   A. 社交方面的需要
   B. 权力上的需要
   C. 成就上的需要
   D. 生理上的需要

8. 生产部经理愿意留下跟着汤姆干,而采购部经理却想离职,对其原因的下列分析中正确的是( )。
   A. 汤姆允诺的物质奖励不被采购部经理看重,而生产部经理刚好看重所提供的精神激励
   B. 采购部经理对汤姆的承诺持不信任态度,认为即使将成本降下来,汤姆也不会兑现奖金
   C. 以期望理论来分析,采购部经理和生产部经理对汤姆向他们提供的激励的效价很不相同
   D. 采购部经理和生产部经理对取得满意的工作绩效的期望值很不一样

9. 因为对各项业务的无懈可击的决策,汤姆赢得了公司员工的尊敬。从权力的来源

角度分析,这是来自(　　)的影响力。
    A. 法定权力　　　　　　　　　B. 奖赏和强制权力
    C. 个人影响力　　　　　　　　D. 专家权力
10. 从案例材料分析,汤姆对研究部门和生产部门采取了不同的领导方式,分别是(　　)。
    A. 关系型和任务型　　　　　　B. 任务型和关系型
    C. 专制型和民主型　　　　　　D. 民主型和放任型
11. 当公司各方面工作走上正轨后,也是为了适应市场多变和激烈竞争的形势,汤姆的领导方式发生了改变,变为(　　)。
    A. 关系型的领导方式
    B. 任务型的领导方式
    C. 以关系型的领导方式为主,在某些场合也不放弃使用任务型的领导方式
    D. 以任务型的领导方式为主,在个别场合配之以关系型的领导方式

八、综合应用题

民营企业家张正才的用人之法

没有几个人不会写企业的"企"字,却不一定每个人都能理解它所蕴含的意义。

在一次正康集团中高层培训会上,张正才突然问:"企业的'企'字怎么写?"弄得大家丈二和尚摸不着头脑。随后有人小声议论:"不就是一'人'一'止'吗?"张正才接着问:"企业的'企'去掉了上面的'人'字,变成了什么?"经理们恍然大悟:"止!""对!企业的'企'字,是由'人'和'止'组成的,而且'人'字在上,无'人'则'止'。一个企业要发展,关键在人,没有人,或者人心涣散,必然停滞不前。所以,我们必须重视人的工作,重视引进和培育各类优秀人才,尊重他们,善待他们,给他们提供大显身手的舞台,并将之视为企业最宝贵的财富!"此语一出,令人豁然开朗。而为"写"好这个"企"字,张正才可谓呕心沥血。

有人问张正才:"如果有两名大学生同时到贵公司求职,其中一人理论功底扎实,但属于一心苦读圣贤书之类;另一人专业知识并不出色,但他(她)是一个组织能力、协调能力都很强的学生干部,您会选择谁?"张正才没有直接回答,而是讲了两个故事。

一个故事说,造房的木匠师傅伐木,专选又直又大的树木,因为他要的是栋梁之材。而一个搞工艺美术的大师,则对那些奇形怪状的"歪脖子树"情有独钟,因为那正是做木雕、根雕艺术的理想材料。

另一个故事讲的是,画家们要画出一个人的光辉形象,而被画者是一个少了一只眼、瘸了一条腿的人。很多人都被难住了,却有一个聪明的画家画了一个持枪打靶的姿势,令人拍案叫绝。由此说明,人才是多种多样的,社会的需求也是多种多样的。

对于用人者,要尽可能用人之长,避人之短,使人尽其才,才尽其用。对于被用者,则要有种平常心态,正确认识自己,努力发挥优势,才能做出成绩。关于用人之法,张正才有三个观点。

第一,用人求专不求全。金无足赤,人无完人。一个人很全面当然好,但现实中却很难得到。在实际工作中,我们只能根据需要,选择某一方面有专长的人,而非完人、全才。重要的是对有专长的人使用得当,即所谓好钢用在刀刃上。领导者必须根据不同岗位,

选择不同类型、不同层次的人才。选择人才还有个德才兼备的问题，这不仅仅是对党政干部的要求，民营企业用人同样如此。正康集团在选择人才时，除了考虑其应有的思想品德外，还把能否接受"争创世界名牌，实现产业报国"的企业理念作为一个重要参考条件，要求受聘的人必须具有"中国心，民族情"。

第二，用人宜尊不宜怠。如何用好人？不是方法问题，而是态度问题。态度就是对人才的充分尊重和信任。人才受聘于企业，如果得不到应有的尊重与信任，他的才干是无法充分施展的。对人才应奉行八个字：尊重信任，宽容谅解。当人才在工作中遇到困难、挫折和过失时，还应给予充分的理解、宽容和安慰，使其有机会改进工作，做出成绩。

第三，留人在钱更在情。人才难觅，人才难留，是众多企业的同感。有人为此开出了许多药方，如"高薪留人"等。张正才认为，把人力当资本，给人才以高薪，这是理所当然的。人才既然进入市场，也如同商品，质量高的，价格自然也要高，这是符合价值规律的。知识分子有个特点，与追求金钱上的满足相比，他们更追求人格上的尊严。另外，就是要给人才以大显身手的舞台，让他们有事业的成就感；要创造良好的生活环境、工作环境、人文环境，努力做到待遇留人、事业留人、感情留人、环境留人。

"有才有德是正品，有德无才是次品，无德无才是废品，有才无德是毒品！""感情留人人长留，事业留人人更多！"张正才脱口而出的一些话，成了正康集团人耳熟能详的"人才经"。

2000年，正康集团出台了《关于激励技术进步的二十条规定》，并开当地民营企业先河，定期召开企业科技大会，重奖科技进步有功之臣。

2006年5月，在正康集团第四届科技大会上，进一步完善技术进步奖励措施，制定了《正康集团公司关于鼓励技术创新、加快科技进步的若干规定（试行）》，其中包括：公司每年按上年销售收入的3%提取经费用于新产品开发、技术质量攻关、工艺改进和应用新技术、新工艺；公司每两年召开一次科技大会，对评选出科技进步一、二、三等奖的技术人员，进行表彰奖励；开发的科技项目，按其技术难易程度和专利的获得情况，分别给予集团科技进步一到四等奖，分别给予10万～20万、5万～10万、3万～5万、0.5万～3万元奖励；公司优先选派在技术工作中做出贡献，并有培养前途的工程技术人员，到国内高等院校或国外深造；科技项目达到国际领先技术水平，获得发明专利，具有自主知识产权，根据项目产生的效益，一次性给予30万～500万元奖励，其项目负责人的奖励金额，可转换为相应的岗位激励股份；对累计三次获得集团科技进步一等奖的工程技术人员，公司授予"正康杰出员工"称号，并颁发金质奖章。

这一规定，充分考虑到了技术人员的"智力资本"。在按业绩进行一次性奖励的同时，期权激励、配置股份作为一种方式被明确下来。

更重要的是，这种"智力资本"已不仅仅限于科技人员，一些管理骨干和营销功臣也成为公司重点激励的对象。

张正才"待遇留人、事业留人、感情留人"的观点，体现了一个高明的企业家对知识的尊重、对人才的尊重。而正是这种人格上的尊重和制度上的保证，使张正才拥有了企业最宝贵的人力资源。

张正才最受推崇的举措之一，就是在全省率先推出了职工"全员社会保险"。这项始于2005年年末的工作，被誉为正康集团的"人心工程"。

"企业讲究以人为本，全员参保是企业凝聚人心的重要措施，是企业应尽的社会责任,关乎国运,惠及子孙,恩泽本人,有利于企业的发展。"

基于这样的认识,张正才遵照国务院《社会保险费征缴暂行条例》《××省职工基本养老保险条例》等上级文件,积极推动全员社保工作,并将其视作企业吸引人、凝聚人、激励人、留住人的重要手段。到2006年年底,正康集团总部所属各公司参保人数已达6000多人,集团为此支出了上千万元的资金。全员社保体现了企业的关爱,稳定了员工的人心,激发了大家的热情,推动了企业的发展。2006年,正康经济效益同比增长39%,取得了可喜的成绩。

张正才的"保","保"出了人心,"保"出了凝聚力,"保"出了企业源源不断的发展动力。

(资料来源:作者根据公开资料整理。)

请回答以下问题:

1. 请用马斯洛的需要层次理论对正康集团的激励措施进行分类。
2. 张正才为了写好"企"字,是如何开展员工激励的?请用双因素理论加以分析。
3. 正康集团的激励措施对其他企业有何借鉴意义?

第11章 沟　　通

一、本章词汇

1. 沟通(communication)
2. 信息(message)
3. 编码(encoding)
4. 接收(receive)
5. 解码(decoding)
6. 反馈(feedback)
7. 噪声(noise)
8. 人际沟通(interpersonal communication)
9. 口头沟通(oral communication)
10. 组织沟通(organizational communication)
11. 正式沟通(formal communication)
12. 上行沟通(upward communication)
13. 下行沟通(downward communication)
14. 水平沟通(horizontal communication)
15. 斜向沟通(diagonal communication)
16. 沟通网络(communication networks)
17. 书面沟通(written communication)
18. 电子媒介(electronic media)
19. 非言语形式(nonverbal communication)

二、单项选择题

1. (　　)是在信息传递的过程中,妨碍人们进行有效沟通的各种因素之一。
   A. 噪声　　　　B. 信息接收者　　C. 沟通渠道　　D. 信息发送者
2. 正式沟通中,最集权化的沟通网络模式是(　　)。
   A. Y式　　　　B. 轮式　　　　C. 链式　　　　D. 环式
3. (　　)是一个纵向沟通网络,其中居于两端的人只能与内侧的一个成员相联系,居中的人则可分别与两个人沟通信息,信息在该网络中只能自上而下或自下而上进行逐级传递。
   A. Y式　　　　B. 轮式　　　　C. 链式　　　　D. 环式
4. 正式沟通中,最分权化的沟通网络模式是(　　)。
   A. 全通道式　　B. 轮式　　　　C. 链式　　　　D. 环式

5. 在一个完整的沟通过程中,沟通的主体采取某种形式来传递信息的内容是( )环节。
   A. 编码　　　　B. 解码　　　　C. 做出反应　　　D. 反馈
6. 沟通过程中,信息接收者会根据自己的需要、动机、经验、背景等,有选择地去看和听所传达给他的信息,这是沟通障碍中的( )。
   A. 语义　　　　B. 过滤　　　　C. 选择性知觉　　D. 文化
7. 设置意见箱属于正式沟通中的( )。
   A. 下行沟通　　B. 上行沟通　　C. 横向沟通　　　D. 斜向沟通
8. 按沟通的方向来分,组织沟通可分为上行沟通、下行沟通、斜向沟通和( )。
   A. 前后沟通　　B. 左右沟通　　C. 混合沟通　　　D. 水平沟通
9. 如果上下级之间信任程度较高,持久性好,为了提高效率可以采用的沟通方式是( )。
   A. 文件和命令　　　　　　　　B. 口头指示和通知
   C. 面对面交流　　　　　　　　D. 电话与网络
10. 保密组织中,各环节人员之间往往只一对一单线联系,这是在使用( )沟通网络。
    A. 轮式　　　　B. 环式　　　　C. 链式　　　　　D. 全通道式
11. 信息沟通网络有各种沟通途径,它直接影响到沟通的有效性及组织成员的满意度。以下四种沟通网络形式中,最能使组织士气高昂的沟通网络模式是( )。
    A. 轮式　　　　B. 链式　　　　C. 环式　　　　　D. Y式
12. 独裁主义气氛比较浓厚的组织中信息沟通的主要方式可能是( )。
    A. 自上而下　　　　　　　　　B. 自下而上
    C. 水平交叉　　　　　　　　　D. 非正式沟通
13. 通常存在于参与的和民主的组织环境中的沟通方式是( )。
    A. 自上而下的信息沟通　　　　B. 自下而上的信息沟通
    C. 横向的信息沟通　　　　　　D. 交叉的信息沟通
14. 一个企业的领导者直接管理几个部门的控制系统的沟通网络模式为( )。
    A. 环式　　　　B. Y式　　　　C. 轮式　　　　　D. 全通道式
15. 对于组织解决复杂问题最有效的沟通网络模式是( )。
    A. Y式　　　　B. 全通道式　　C. 轮式　　　　　D. 环式
16. 管理需要信息沟通,而信息沟通必须具备的三个关键要素是( )。
    A. 传递者、接受者、信息渠道　B. 发送者、传递者、信息内容
    C. 发送者、接收者、信息内容　D. 发送者、传递者、接收者
17. 通过组织明文规定的渠道进行信息交流和传递的沟通方式是( )。
    A. 正式沟通　　B. 非正式沟通　C. 上行沟通　　　D. 下行沟通
18. 沟通的模式分为( )和非语言沟通两种。
    A. 口头语言沟通　　　　　　　B. 书面语言沟通
    C. 图片或图形　　　　　　　　D. 语言沟通
19. 在组织内,最基本的信息沟通是通过( )来实现的。
    A. 职位　　　　B. 职权　　　　C. 职责　　　　　D. 职能

20. 我们通常所说的"小道消息"属于（　　）。
    A. 下行沟通　　　　　　　　　B. 非正式沟通
    C. 双向沟通　　　　　　　　　D. 用含蓄形式进行沟通

21. 为了产生最佳的沟通效果，主管人员要使用补充的沟通渠道，即（　　）。
    A. 正式沟通　　B. 非正式沟通　　C. 个别交谈　　D. 会议制度

22. 各种沟通方式中，具有快速传递、快速反馈、信息量大，但传递过程中经过层次越多信息失真越严重、核实越困难的沟通方式是（　　）。
    A. 电子媒体沟通　　　　　　　B. 非语言沟通
    C. 书面沟通　　　　　　　　　D. 口头沟通

23. 关于沟通的过程，下列说法不正确的是（　　）。
    A. 至少存在一个发送者和一个接收者
    B. 信息传递的有效性和接收者的翻译能力无关，只与发送者的翻译能力有关
    C. 发送者将信息译成接收者能够理解的一系列符号或代码
    D. 接收者将接收的符号或代码译成具有特定含义的信息

24. 课堂上发现有学生不认真听课，老师用严厉的目光盯着他以示警告。这属于（　　）。
    A. 书面沟通　　B. 非正式沟通　　C. 口头沟通　　D. 非语言沟通

25. 某企业经理工作任务繁重，他需要有人帮助他选择信息，提供决策依据，对组织进行有效的控制。在这种情况下，最适宜的信息沟通网络模式是（　　）。
    A. 轮式　　　　B. 环式　　　　　C. 链式　　　　D. Y式

26. 某公司中，营销部经理与财务部经理进行有关业务的交流属于（　　）。
    A. 对角沟通　　B. 水平沟通　　　C. 非正式沟通　D. 下行沟通

27. 如果发现一个组织中小道消息很多，而正式渠道的消息很少，这意味着该组织（　　）。
    A. 非正式沟通渠道中信息传递很通畅，运作良好
    B. 正式沟通渠道中消息传递存在问题，需要调整
    C. 其中有部分人特别喜欢在背后乱发议论，传递小道消息
    D. 充分运用了非正式沟通渠道的作用，促进了信息的传递

28. 以下关于非正式沟通的说法中，正确的是（　　）。
    A. 非正式沟通必须具备发送者和接收者这两个要素，所传递的内容无关紧要
    B. 非正式沟通必须同时具备发送者、接收者和所传递的内容三个要素
    C. 非正式沟通的流向是自上而下的
    D. 非正式沟通的流向是自下而上的

29. 比较链式沟通与全通道式沟通，以下结论正确的是（　　）。
    A. 链式沟通采取一对一的信息传递方式，传递过程中不易出现失真情况
    B. 全通道式沟通由于采取全面开放的信息传递方式，具有较高的管理效率
    C. 全通道式沟通比链式沟通更能激发士气，增强组织的合作精神
    D. 链式沟通比全通道式沟通更能激发士气，增强组织的合作精神

30. 某公司销售部门因生产部门不能按时供货而与其发生争执。生产部门指责这是因为销售部门没有及时告知有关订单的信息。在本例中，发生冲突的原因可以

归结到( )。

  A. 沟通因素   B. 结构因素   C. 个体因素   D. 文化因素

31. 人际沟通中会受到各种"噪声干扰"的影响,这里所指的"噪声干扰"可能来自于( )。

  A. 沟通的全过程   B. 信息传递过程
  C. 信息解码过程   D. 信息编码过程

32. 据资料表明,语言表达作为管理沟通的有效手段,可分为三种类型:体态语言、口头语言、书面语言。有学者认为,它们在日常沟通中所占的比例分别为50%、43%、7%。根据这一资料,以下说法正确的是( )。

  A. 这份资料存在谬误,因为文件存档时,最常用的是书面语言
  B. 体态语言太原始,大可不必重视它
  C. 人与人之间的沟通还是口头语言好,体态语言太费解
  D. 在管理沟通中,体态语言起着十分重要的作用

33. 有学者在大量研究的基础上,提出了这样一种观点:如果将语言表达的冲击力表示为100分,那么其中55分来自面部表情,38分来自声音(包括音量和语调),7分来自语句。以下说法正确的是( )。

  A. 口头沟通的效果完全取决于口头语言的使用
  B. 口头表达方式也需要将口头语言和身体语言结合起来使用
  C. 口头语言需要与书面语言配合使用才能取得更好的沟通效果
  D. 传播学的研究结果并不能用来说明管理中的沟通问题

34. 西南电器公司非常重视培养员工之间的协作关系。公司有这样一项制度:员工因公出差时,可由所在地的公司办事处来解决食宿问题。有一次,业务员小王出差到了某地,当地的办事处安排他住在公司的集体宿舍。晚上,舍友的鼾声震天,让小王无法入睡。在以下行动中,你认为哪一项是最不为这家公司所接受的?( )

  A. 推醒打鼾者,给他一个警告
  B. 找办事处主任理论
  C. 忍了,到客厅的凳子上将就一晚
  D. 故意打出更响的呼噜,或找本书敲打床架,吵醒那位打鼾者

35. 同创软件公司总经理夏田出差一个星期后回到公司,许多中层管理人员和办公室人员立刻围了过来,大家站成一圈,有人向他汇报近日工作进展情况,有人向他请求下一步工作的指示,还有人向他反映公司内外环境中出现的新动态。根据这种情况,你认为该公司的沟通网络模式与领导特征是( )。

  A. 链式沟通、民主式管理   B. 轮式沟通、集权式管理
  C. 环式沟通、民主式管理   D. 全通道式沟通、集权式管理

36. 张先生是一家企业的创始人。创业初期,公司里只有12名员工,每个人都由张先生直接管理。随着规模的扩大,张先生聘请了一位副经理,由副经理处理公司的具体管理事物,自己专心于企业的战略经营,有什么事情都由副经理向他汇报。该公司的沟通网络模式的变化为( )。

  A. 由轮式变成了Y式   B. 由Y式变成了轮式
  C. 由轮式变成了链式   D. 由链式变成了环式

37. 某大型企业集团兼并了一家规模相对较小的公司,员工过多成了企业亟待解决的问题。公司对现有员工重新进行定岗定编后,发现至少要裁员30%。由于这一问题涉及员工的切身利益,公司决定召开会议讨论,听取大家的意见。办公室提前通过电话告知了每位会议参加者,可是到开会时,仍有不少人迟到甚至缺席。以下关于此项开会通知沟通效果的判断中,你认为最可能不正确的是(   )。

    A. 此项开会通知中存在信息接收者个体方面的沟通障碍问题

    B. 通知者所发信息不准确或不完整可能是影响开会通知效果的一个障碍因素

    C. 这不是沟通障碍问题,只不过是特定的组织氛围使与会者养成了不良的习惯

    D. 这体现出了沟通障碍问题,很可能是所选择的信息沟通渠道严肃性不足

38. 星期五下午,西南实业公司召开部门经理例会。会上,总经理要求各部门经理向本部门的每位员工传达公司目前的财务困境以及裁员的可能性。会后,营销部经理回到办公室,便根据会上决定要传达的内容草拟了一封信,并于下班前快递到本部门各位员工的家中。星期一的早晨,当营销部经理来到部门时,发现大家都在三五成群地议论着什么,一看到他便停止交谈,并且冷漠地注视着他,他感到了下属明显的敌意。你认为可能的原因是什么?(   )

    A. 部门经理将关于公司和工作的信寄到员工家里本身就是一个错误,工作上的事就应在公司里解决

    B. 裁员是一个极为敏感的问题,非常容易引起下属与部门经理之间的矛盾与冲突

    C. 对于这类敏感而复杂的问题,该部门经理不应该草率地寄那封信,而是应该与员工当面进行坦诚的沟通

    D. 他以自己的名义发的信,使得大家将矛头集中在他身上,引起了误会

39. 小赵是一名负责情报工作的人员,有着非常坚定的意志,对组织忠诚度非常高。最近,为了工作方便,小赵发展了四名下线,不过这些下线主要是为了经济报酬,意志力不强、忠诚度不高。为了保证信息的安全,并能收集情报,你认为小赵最好采取哪一种沟通网络模式?(   )

    A. 链式沟通   B. 环式沟通   C. 轮式沟通   D. Y式沟通

40. 研究发现,很多高明的领导都善于倾听下属的抱怨和建议。下面虚拟了四种沟通时的情境,你认为没有很好地做到倾听的一项是(   )。

    A. 在听取下属陈述时,适时地提出问题

    B. 与下属谈话时,能站在谈话者的立场思考和分析问题

    C. 在听取下属陈述时,不时查看手机信息

    D. 自己不再插话,让谈话者无拘无束、敞开心扉

三、简答题

1. 什么是沟通?
2. 沟通的作用有哪些?
3. 沟通的过程可以划分为哪几个步骤?
4. 有效沟通的原则有哪些?

5. 人际沟通的主要形式有哪些?
6. 组织沟通中,正式沟通的方向有哪些?
7. 正式沟通网络的类型有哪些?
8. 非正式沟通的类型有哪些?
9. 冲突的类型有哪些?

四、论述题

1. 人际沟通的主要障碍有哪些?如何克服这些障碍?
2. 论述非正式沟通产生的原因和优点、缺点。
3. 论述罗宾斯的冲突管理五阶段模型。

五、案例分析题

案例分析(一)

沟通障碍导致空难

1990年1月15日19:40,阿维安卡(Avianca)51航班飞机正飞行在美国南新泽西海岸的上空。飞机上的油量可以维持近两个小时的飞行,在正常情况下飞机降落至纽约肯尼迪机场仅需不到半小时的时间,可以说油量充足且十分安全。然而,此后却发生了一系列的意外。

20:00,肯尼迪机场航空交通管理员通知51航班的飞行员,由于严重的交通问题他们必须在机场上空盘旋待命。

20:45,51航班的副驾驶员向肯尼迪机场报告他们的"燃料用完了"。管理员收到了这一消息,但在21:24之前,飞机仍没有被批准降落。在此之前,51航班机组成员再没有向肯尼迪机场传送任何情况十分危急的信息,而飞机上的机组成员却紧张地相互通知燃料供给出现了危机。

21:24,51航班第一次试降失败,因为飞机高度太低以及能见度太差而无法保证安全着陆。当肯尼迪机场指示51航班进行第二次试降时,机组成员再次提到他们的燃料将要用尽,但飞行员却告诉机场管理员新分配的飞机跑道"可行"。

21:31,飞机的两个引擎失灵,1分钟后,另外两个也停止了工作,耗尽了燃料的飞机于21:34坠毁,机上73名人员全部遇难。

当调查人员调查了飞机座舱中的"黑匣子",并与当班的机场管理员讨论之后,他们发现导致这场悲剧的原因是沟通的障碍。为什么一个简单的信息既未被清楚地传递,又未被充分地接收呢?

飞行员的文化和传统使得51航班的飞行员不愿意声明情况危急。因为当对紧急情况正式报告之后,飞行员需要写出大量的书面报告;另外,如果最终发现飞行员在计算飞行中需要多少油量方面存在疏漏的话,那么联邦飞行管理局就会吊销其驾驶执照。这些消极的因素极大地阻碍了飞行员发出紧急呼救。在这种情况下,飞行员的专业技能和荣誉感则变成了赌注。

(作者根据公开资料整理。)

请回答以下问题：

1. 根据空难发生的整个过程，你认为其最重要的原因是（   ）。
   A. 沟通障碍   B. 时间紧迫
   C. 燃料不足   D. 管理员疏忽
2. 你认为本案例中信息发送者方面存在的障碍主要是（   ）。
   A. 发送者对沟通缺乏计划性
   B. 发送者的表达含糊不清
   C. 发送者使用了容易引起误解的非语言沟通形式
   D. 发送者对沟通的不良态度
3. 你认为本案例中信息接收者方面存在的障碍主要是（   ）。
   A. 接收者与发送者在经验水平、知识结构上差异过大
   B. 接收者对信息的选择接收
   C. 接收者未经核实的假设
   D. 接收者对发送者的不良态度
4. 你认为以下积极倾听的技巧中，最可能阻止这场空难的是（   ）。
   A. 当发现问题时，直截了当地问
   B. 该沉默时必须沉默
   C. 注意非语言暗示
   D. 表现出兴趣
5. 请结合案例，具体陈述个人应如何克服沟通障碍？

 案例分析（二）

王明与老板之间的交流

王明为陈老板工作了 11 年。一天他的朋友小李问他："为陈老板工作感觉怎么样？"王明回答道："我想还可以，他经常不管我，我或多或少可以做些自己的事情。"然后小李又说道："你在同一个岗位上干了 11 年，你做得怎么样呢？你有可能被提拔么？"王明回答道："我其实不知道我做得怎么样，老板从来没有告诉过我，但是我一直抱着没有消息就是好消息的态度。至于能否被提拔，老板偶尔会含糊不清地说一说，但是仅此而已。我们从来没有很好地交流过。"

请回答以下问题：

1. 王明最后说道："我们从来没有很好地交流过。"请分析老板和下属的沟通状况在本案例的工作关系中表现如何？
2. 运用好上行沟通和双向沟通对本案例有什么启示意义？如何能将反馈运用得更有效？

第12章 控制职能概述

一、本章词汇

1. 控制(control)
2. 衡量绩效(measure performance)
3. 前馈控制(feedforward control)，又称预先控制、事前控制
4. 同期控制(concurrent control)，又称过程控制、现场控制
5. 反馈控制(feedback control)，又称事后控制
6. 间接控制(indirect control)
7. 直接控制(direct control)
8. 程序控制(program control)
9. 追踪控制(tracking control)
10. 自适应控制(adaptive control)
11. 最优控制(optimal control)

二、单项选择题

1. 控制是使组织的活动达到预期（　　）的保证。
   A. 使命　　　B. 愿景　　　C. 目标　　　D. 计划
2. 控制职能通过（　　）的行动与其他三个管理职能紧密地结合在一起。
   A. 判定标准　B. 衡量成效　C. 找出偏差　D. 纠正偏差
3. 如果希望通过测量来调整和引导人们的行为，所选择的指标就必须与组织的（　　）和目标相一致。
   A. 计划　　　B. 结构　　　C. 战略　　　D. 预算
4. 控制工作得以开展的前提条件是（　　）。
   A. 建立控制标准　　　　　B. 分析偏差原因
   C. 采取矫正措施　　　　　D. 明确问题性质
5. 控制的根本目的在于（　　）。
   A. 寻找错误　　　　　　　B. 衡量下属绩效
   C. 确保活动按计划进行　　D. 约束下属
6. 最普遍的预算是（　　）。
   A. 时间预算　B. 货币预算　C. 经营预算　D. 产量预算
7. 零基预算是在（　　）分析的基础上，重新排出各项管理活动的优先次序，依次来

分配资金和其他资源。

　　A. 财务　　　　　B. 收益　　　　　C. 成本　　　　　D. 费用-收益

8. 通过(　　)的形式,执行者向主管上级全面、系统地阐述计划的进展情况。

　　A. 预算　　　　　B. 报告　　　　　C. 走动管理　　　D. 视察

9. 工厂在需求高峰来临之际,添置机器、安排人员、加大生产量的行动属于(　　)。

　　A. 前馈控制　　　B. 现场控制　　　C. 反馈控制　　　D. 成本控制

10. 工厂对出厂的产品进行的检验属于(　　)。

　　A. 前馈控制　　　B. 现场控制　　　C. 反馈控制　　　D. 成本控制

11. 管理控制工作的一般过程是(　　)。

　　A. 确定标准、衡量绩效、纠正偏差　　　B. 衡量绩效、纠正偏差、确定标准

　　C. 确定标准、纠正偏差、衡量绩效　　　D. 衡量绩效、确定标准、纠正偏差

12. 以下关于控制概念的描述中,哪一项是不正确的?(　　)

　　A. 控制有很强的目的性,即控制是为了保证组织中的各种活动按计划进行

　　B. 控制是通过"监视"和"调节"来实现的

　　C. 控制是一个过程

　　D. 控制为计划提供标准

13. 下面的论述中哪一个是现场控制的优点?(　　)

　　A. 防患于未然

　　B. 有利于提高工作人员的工作能力和自我控制能力

　　C. 适用于一切领域中的所有工作

　　D. 不易造成损失

14. 对于建立控制标准,下面哪一种说法不恰当?(　　)

　　A. 标准应便于衡量

　　B. 标准应有利于组织目标的实现

　　C. 建立的标准不可以更改

　　D. 建立的标准应当尽可能与未来的发展相结合

15. 适合进行事后控制的产品是(　　)。

　　A. 相机　　　　　B. 胶卷　　　　　C. 水泥　　　　　D. 洗发精

16. 如果只能选择一种控制方式,优先采用(　　)。

　　A. 预先控制　　　B. 现场控制　　　C. 事后控制　　　D. 反馈控制

17. 在现代管理活动中,管理控制的目标主要是(　　)。

　　A. 纠正偏差　　　　　　　　　　　　B. 修订计划

　　C. 保持组织这一系统的稳定运行　　　D. 以上都对

18. 进行控制时,首先要建立标准。关于建立标准,下列四种说法中哪一种有问题?
(　　)

　　A. 标准应该越高越好　　　　　　　　B. 标准应考虑实施成本

　　C. 标准应考虑实际问题　　　　　　　D. 标准应考虑顾客需求

19. 财务报告分析和流动资金预算分别属于(　　)。

　　A. 预先控制和后馈控制　　　　　　　B. 后馈控制和预先控制

　　C. 即时控制和预先控制　　　　　　　D. 预先控制和即时控制

20. "根据过去工作的情况,去调整未来活动的行为。"这句话是对下述哪种控制的描述?(   )。
    A. 前馈控制   B. 反馈控制   C. 现场控制   D. 实时控制

21. "治病不如防病,防病不如讲究卫生。"根据这一说法,以下几种控制方式中,哪一种方式最重要?(   )
    A. 同期控制   B. 实时控制   C. 反馈控制   D. 前馈控制

22. 财务分析、成本分析、质量分析等都属于(   )。
    A. 反馈控制   B. 结果控制   C. 同期控制   D. 前馈控制

23. 外科实习医生在第一次做手术时需要有经验丰富的医生在手术过程中对其进行指导,这是一种(   )。
    A. 预先控制   B. 事后控制   C. 随机控制   D. 现场控制

24. 在常用的控制标准中,"合格率"属于(   )。
    A. 时间标准   B. 数量标准   C. 质量标准   D. 成本标准

25. 2003年5月,SARS疫情还未解除时,我国政府颁布了《突发公共卫生事件应急条例》,这对以后的公共卫生事件管理来说,属于(   )。
    A. 反馈控制   B. 应急控制
    C. 同期控制   D. 前馈控制

26. 某管理者在视察时发现一名员工机器操作不当,立即指明正确的操作方法并告之在以后的工作中要按正确的方式操作。这是一种(   )。
    A. 反馈控制   B. 现场控制   C. 前馈控制   D. 指挥命令

27. 对于主管人员的控制来讲,越将注意力集中于特例,控制工作的效能和效率就越高,反映的是(   )。
    A. 控制关键点原理   B. 例外原则
    C. 组织适应性原则   D. 直接控制原理

28. 为了进行有效的控制,必须特别注意那些对于根据计划衡量业绩有关键意义的因素,这反映的是(   )。
    A. 控制关键点原理   B. 例外原则
    C. 组织适应性原则   D. 直接控制原理

29. 以下关于控制工作的描述,哪一种更合适?(   )
    A. 控制工作主要是制定标准以便和实际完成情况进行比较
    B. 控制工作主要是纠正偏差,保证实际组织的目标
    C. 控制工作是按照标准衡量实际完成情况和纠正偏差以确保计划目标的实现,或适当修改计划,使计划更加适合实际情况
    D. 控制工作是收集信息、修改计划的过程

30. 在发现偏差后,有人提倡"消灭偏差",对于这种提法你如何看待?(   )
    A. 正确,只有消灭了偏差才能确保计划的顺利实施
    B. 错误,如果要完全消灭偏差成本太高了
    C. 错误,应该允许偏差的存在,只有超出控制标准的偏差才进行纠偏
    D. 以上说法都不正确

31. 唐太宗即位之初,依据德才兼备和当时官员的职责制定了选拔和考核官员的严

格标准,即"四善""二十七最""九等"。从控制的角度讲,这是( )。

A. 事后控制　　B. 过程控制　　C. 事前控制　　D. 综合控制

32. 洛克希德公司的管理者常在政府宣布与该公司签订大笔军火合同之前就已开始招聘人员。这是一种( )。

A. 前馈控制行动　　　　　　B. 反馈控制行动
C. 同期控制行动　　　　　　D. 无效的管理行动

33. 一位公司总裁在演讲中说:"如果我一年内做出 12 个决策,那这必定是重大的一年。我所做的决定是设定公司发展方向和挑选直接向我报告的人。但是,我的工作时间并不是耗在做许多决定上,而是花在确定组织将来必须处理的重要课题,帮助其他管理者区别哪类问题应由他们来做决策,以及组织设计高层管理工作上。"以上内容反映了( )原则。

A. 管理幅度　　B. 例外管理　　C. 等级链指挥　　D. 权变管理

34. 为了消除腐败,廉洁为政,许多政府部门除了大力提倡工作人员严格自律之外,还一直实行岗位轮换制度,比如规定处级以上的干部在同一岗位工作不得超过五年。这种做法可以认为是一种( )。

A. 反馈控制　　B. 前馈控制　　C. 现场控制　　D. 间接控制

35. 小王大学毕业后去一家跨国公司担任总经理助理。为了提高企业的经济效益,总经理要求他制定一套加强企业管理控制的可行方案,并提醒他一定要做到"牵牛要牵牛鼻子",但小王分析了半天也不知道应该如何去牵"牛鼻子"。你认为下面的哪一点是总经理说的"牛鼻子"?( )

A. 确定控制对象　　　　　　B. 选择关键控制点
C. 制定标准　　　　　　　　D. 采取纠偏措施

36. 某企业到了 2 月底,发现甲产品一季度生产计划才完成 50%,便采取日夜轮班生产的方式来平衡实际与计划之间的偏差;发现乙产品供大于求,决定立即减少或停止乙产品的生产。这些措施( )。

A. 均属于前馈控制
B. 均属于反馈控制
C. 前者属前馈控制,后者属反馈控制
D. 前者属反馈控制,后者属前馈控制

37. 种庄稼需要水,但某地区近些年却总不下雨,怎么办?一种办法是灌溉,以解决不降雨的问题;另一种办法是改种耐旱作物,使所种作物与环境相适应。这两种措施分别是( )。

A. 纠正偏差和调整计划　　　　B. 调整计划和纠正偏差
C. 反馈控制和前馈控制　　　　D. 前馈控制和反馈控制

38. 某管理学教授在介绍管理控制职能时,列举出以下内容:①《××工商时报》聘请读者开展每月一次的评报活动;② 某学校制定一系列严格的规章制度要求教工遵守;③ 质检人员在仓库内检查产品质量;④ 某桥梁厂为了生产出高质量的产品而对原材料进行检验;⑤ 三威洗衣粉厂厂长发现产品销路不畅,做出加强促销的决定;⑥ 某大学内监考老师在考场内巡视;⑦ 某餐厅老板每周查看顾客意见本;⑧ 干旱地区的农民在春天播种耐旱作物的种子。请问以下哪一类不属

于反馈控制？（ ）

A. ①③⑤⑦   B. ②④⑥⑧
C. ②④⑥⑦⑧ D. ①②③⑤

39. 有学者对某地区大中型企业的一线管理者进行了实地调研，经过归纳分析后发现他们所看重的各项职责按重要性排序如下：① 工作安排和日常的工作计划；② 分派工作；③ 控制质量和成本；④ 沟通政策和程序；⑤ 激励和指挥职工；⑥ 纪律约束；⑦ 训练职工；⑧ 评价职工的工作成果；⑨ 维护设备，保证各项补给品的供应；⑩ 保证安全。上述各项中属于管理者的控制职能的工作主要是（ ）。

A. ③   B. ②③⑨
C. ③⑥⑧   D. ③⑥

40. 现代股份公司的一个重要特征就是所有权和经营权相分离。在这种情况下，为加强对经营者行为的监督、约束，往往会设计各种治理和制衡的手段，比如：① 股东们要召开大会对董事和监事人选进行投票表决；② 董事会要对经理人员的行为进行监督和控制；③ 监事会要对董事会和经理人员的经营行为进行检查监督；④ 强化审计监督，等等。这些措施分别属于（ ）。

A. 均为事前控制
B. 均为事后控制
C. ①为事前控制，②为同期控制，③④为事后控制
D. ①②为事前控制，③④为事后控制

41. 大学生张亮毕业后开了一家小型餐饮店。张亮知道，除了要有干净、好吃的饭菜，周到的服务和与顾客建立良好关系也是非常重要的。为此，他决定采取如下控制措施：① 在店内显眼的位置挂一本顾客意见簿，欢迎顾客提出意见；② 让领班监督服务人员的行为，并对棘手问题的处理提供协助和建议；③ 在员工上岗之前进行工作技能和态度的培训；④ 明确规定半年后要对服务质量好的员工给予奖励。以上措施分别属于哪种类型的控制？（ ）

A. ④和①都属于事后控制
B. ①是事后控制，②是现场控制，③是事前控制
C. ④属于激励措施，不属于控制措施
D. ③属于激励措施，不属于控制措施

42. 某大学管理学张教授讲到管理控制这一章时，给学生做了一次课堂练习。张教授说："为了提高教学质量，管理部门需要对老师进行控制。你们知道目前大学管理部门都是从哪些方面控制教师的吗？每人列举一个方面即可。"学生们踊跃发言：要检查教师的教案，要检查教师发表论文的数量和质量，要检查教师所教授的学生的成绩……学生一边说，张教授一边记，很快黑板被写满了。这时，张教授问学生："现在，谁愿意当老师？请举手！"大家盯着黑板，纷纷摇头。你认为造成这一现象的原因是什么？（ ）

A. 没有明确或忽视了控制的目的
B. 没有选择好关键控制点
C. 管理人员希望控制全局的欲望过大

D. 人们看待和分析问题角度不同

43. 大友公司规定:工人每天必须生产一定数目的零件,且零件的废品率必须不超过3‰,在生产特定数量的零件时不能超过所规定的物料消耗。对于控制来讲,这属于哪一项工作?(　　)
   A. 衡量实际绩效　　　　　　　　B. 进行差异分析
   C. 采取纠偏措施　　　　　　　　D. 明确控制标准

44. 某跨国公司为使重大决策能够贯彻落实,建立了一个信息系统,旨在能全面、迅速、准确地反映各个部门、员工工作的进展情况。但该系统投入使用后却发现,一些重要的信息往往不能按时输入。信息员小王抱怨说,输入这些信息对他们来说很麻烦,没有时间输入。目前的状况说明(　　)。
   A. 为顺利开展工作,必须把管理信息系统的性能提高到一个基本的水平
   B. 为顺利开展工作,还必须进行必要的工作流程与规范的调整
   C. 为顺利开展工作,必须减少对信息系统的依赖
   D. 为顺利开展工作,必须经过一段混乱时期

45. 某公司的推销员王克,在2017年一年中个人实现了800万元的销售业绩,超额完成了工作任务,于是王克向销售部经理提出增加奖金的要求。但是,一向工作严谨、称职的销售部经理却不同意。你认为他不给王克增加奖金最可能是因为(　　)。
   A. 他担心每个推销人员过分追求销售量,从而忽视服务质量
   B. 工作正处在扩张阶段,诸多方面需要资金,不能发额外的奖金
   C. 公司其他推销人员也同样超额完成了销售任务
   D. 公司没有预先制定计划标准,以确定考核的依据

46. 在控制工作中,确立控制标准是非常关键的一步。某公司管理部门在制定劳动定额时,出现了以下四种意见,你认为哪一种最正确?(　　)
   A. 劳动定额主要是为了考核用的,所以应该选择最先进的定额标准
   B. 定额标准的确定应该结合公司实际情况,并考虑是否有助于调动员工的积极性
   C. 为使绝大多数员工能超额完成任务,应选择最低的定额标准
   D. 考虑到员工操作水平的差异性,定额标准应是最先进与最低标准的平均值

47. 浙江有一家食品加工企业,总经理为了提高产品质量做了大量工作,主要有:加强员工的产品质量教育,告诉员工什么是好质量的产品;通过培训提高员工的工作技能;规定必须购买合格的原材料;加强机器设备的保养维护和工作环境的改善等。以下说法中最恰当的是(　　)。
   A. 该公司的做法不恰当,应该加强产品质量的检验,增加质检人员
   B. 该公司的做法与亡羊补牢的道理一致
   C. 该公司的做法与雪中送炭的行为相符合
   D. 该公司的管理方法非常好,它有助于降低管理的成本,提高产品的质量,比亡羊补牢的做法好

48. 许多日本公司对产品实行"两年保证期"制度,即对顾客承诺"我的产品质量很好,两年内不会发生故障,否则就进行赔偿"。我国许多企业实行的是"两年保修

期"制度,即向顾客提供两年免费保修服务。"保证期"与"保修期"只有一字之差,它们的区别是(　　)。

　A. 日本企业不注重对顾客的服务,只重视产品质量;提供免费保修的国内企业更注重对顾客的服务
　B. 两者都是为了维护消费者的利益,没有差异
　C. 日本企业的做法体现了对产品质量的事前控制,而提供免费保修的国内企业只是在事后控制产品质量问题
　D. 产品质量既不是能事前控制的,也不是能事后修补的,而是出厂前要通过严格检验来把关的

三、多项选择题

1. 以下(　　)属于前馈控制。
　A. 学生上课前预习　　　　　　B. 工厂质量管理首先控制原材料的质量
　C. 设备的预先维修　　　　　　D. 每年安排的身体体检
　E. 用户提出的意见
2. 控制工作的基本过程包括(　　)。
　A. 选择控制对象　B. 制定标准　　C. 衡量绩效　　D. 纠正偏差
3. 管理者在衡量实际工作效绩时,通常可以采取(　　)等方式。
　A. 技术测量　　B. 书面报告　　C. 个人观察　　D. 统计数据
4. 根据时机和目的的不同,可以将控制划分为(　　)。
　A. 反馈控制　　B. 直接控制　　C. 同期控制　　D. 前馈控制
　E. 间接控制
5. 某公司人力资源部门设立了一个规矩:每一个员工离开公司时,人力资源部经理主动与离职员工交谈,收集离职员工对公司的意见和看法,并了解其去向,在此基础上向公司决策部门提出人力资源管理建议。这种做法属于以下哪几种控制?(　　)
　A. 前馈控制　　B. 同期控制　　C. 反馈控制　　D. 绩效控制
　E. 战略控制

四、判断题

1. 一般来说,控制标准必须从计划中产生,计划必须先于控制。(　　)
2. 只要控制工作做得好,完全可以防止所有的管理失误。(　　)
3. 反馈控制缺点明显,在管理者实施纠偏措施之前,偏差已经产生,损失已经造成,对工作没有任何意义。因此,反馈控制是没有必要的。(　　)
4. 过于严格的控制,会使实际工作过程缺乏灵活性,且会限制工作的积极性。(　　)
5. 直接控制是相对于间接控制而言的,它是通过提高管理人员的素质来进行控制工作的。(　　)

五、简答题

1. 什么是控制?

2. 控制的功能有哪些?
3. 控制的过程包括哪几个步骤?
4. 衡量绩效的方法有哪些?
5. 控制的主要类型有哪些?

六、论述题

1. 论述控制的基本原理。
2. 论述有效控制的艺术。

七、案例分析题

杨总经理的一天

胜利电子公司是一家拥有200多名员工的小型电子器件制造企业。除了三个生产车间之外,公司还设有生产技术科、购销科、财务科和办公室四个部门。总经理杨兴华任现职已有四年,此外还有两个副总经理张光和江波,分别负责生产技术、经营管理及人事管理。几年来,公司的经营呈稳定增长的势头,职工收入在当地属于遥遥领先的水平。

今天已是年底,杨总经理一上班就平息了两起"火情"。一是关于张平辞职的问题。二是刘工关于资金分配方案的问题。张平现在是一车间热处理组组长,也是公司的技术骨干,一向工作积极性很高。但今天一上班他就气呼呼地来到总经理办公室递上了一份辞职信。经过了解,张平并非真的想辞职,而是觉得受了委屈。原因是前一天因车间主任让他去参加展览中心的热处理新设备展销会而未能完成张光副总经理交办的一批活,受到张光副总经理的批评。经过杨总经理劝说后,张平解开了疙瘩,撤回了辞职信。张平刚走,技术科的刘工又来了。刘工是公司的技术能手,也是技术人员中工资最高的一位。刘工向杨总经理抱怨自己不受重视,声称如果不能改变现状,自己将考虑另谋出路。经过了解,刘工是不满技术科的奖金分配方案。虽然技术科在各科室中奖金总额最高,但科长老许为了省事,决定平均分配,从而使得自认为为公司立下汗马功劳的刘工与刚出校门的小李、小马等人所得一样。杨总经理对刘工进行了安抚,并告诉刘工明年公司将进一步完善目标管理,大锅饭现象很快就会克服的。事实上,由于年初制订工作计划时,工作目标制定得比较模糊和笼统,各车间在年终总结时均出现了一些问题。

张平和刘工走后,杨总经理开始翻阅秘书送来的报告和报表,上个月的质量情况令他感到不安,不合格品率上升了6个百分点。他准备在第二天的生产质量例会上,重点解决这个问题。此外,用户的几起投诉也需要格外重视。

处理完报告和报表后,杨总经理决定到车间巡视一下。在二车间的数控机床旁,发现工人小王在操作时,不符合规定要求,当即给予了纠正。然后又到了由各部门人员协作组成的技术攻关小组,鼓励他们加把劲,争取早日攻克这几个影响产品质量和生产进度的难题,并顺便告知技术员小谭,公司将会尽力解决他妻子的就业问题。同时,杨总经理又透露了公司已做出的一项决定:今年无论是工人还是技术人员,只要有论文发表,公司将承担其参加学术会议的全部费用。大家感到备受鼓舞。

中午12点,根据预先的安排,杨总经理同一个重要的客户共进了午餐。下午2点,他主持了公司领导和各部门主管参加的年终总结会,会上除了生产技术科科长与购销科科长为先进科室的称号而又一次争得面红耳赤之外,其他基本顺利。散会以后,与一个外商进行了谈判,签下了一份金额大但却让两位副总经理忐忑不安的订单,因为其中的一种产品公司并没生产过,短期内也没有能力生产。

请回答以下问题:

1. 胜利电子公司最有可能采用以下哪种组织结构?( )
   A. 事业部制　　　B. 直线职能制　　　C. 矩阵制　　　D. 直线制
2. 使张平受委屈的原因在于( )。
   A. 张平本人过于斤斤计较
   B. 车间主任安排不当
   C. 张副总经理违反了统一指挥原则
   D. 张副总经理与车间主任沟通不充分
3. 下列哪种理论能够解释刘工的心理感受?( )
   A. 双因素理论　　　　　　　B. 需要层次理论
   C. 强化理论　　　　　　　　D. 公平理论
4. 从管理控制的角度来看,杨总经理对工人小王的操作方式进行纠正,可以看作是哪种控制类型?( )
   A. 现场控制　　　B. 反馈控制　　　C. 前馈控制　　　D. 预防控制
5. 杨总经理通过报告和报表对产品质量的控制属于( )。
   A. 现场控制　　　B. 反馈控制　　　C. 前馈控制　　　D. 预防控制
6. 为了使公司的目标管理计划切实有效,比较而言,下列对目标的要求哪项最为重要?( )
   A. 目标必须具备可考核性
   B. 目标必须尽可能先进
   C. 目标的表述必须清晰易懂
   D. 目标应考虑平均水平,不宜太高

第13章 控制方法

一、本章词汇

1. 预算(budget)
2. 增量预算(incremental budget)
3. 零基预算(zero base budget)
4. 生产进度控制(production schedule control)
5. 库存控制(inventory control)
6. 经济订购批量(economic order quantity, EOQ)
7. 成本控制(cost control)
8. 准时生产(just in time, JIT)
9. 质量控制(quality control, QC)
10. 全面质量管理(total quality management, TQM)
11. 平衡计分卡(balanced scorecard, BSC)
12. 标杆管理法(benchmarking)
13. 六西格玛管理(Six Sigma Management)

二、单项选择题

1. 平衡计分卡中的绩效指标来自组织的愿景和(　　)。
   A. 计划　　　　B. 使命　　　　C. 战略　　　　D. 目标
2. 由于六西格玛的质量水平对应着DPMO为(　　)这一目标,这便是"六西格玛管理"这一名称的由来。
   A. 3.2　　　　B. 3.4　　　　C. 4.3　　　　D. 6.3
3. 实现六西格玛质量目标要求对过程进行持续不断的(　　)。
   A. 测量　　　　B. 分析　　　　C. 管理　　　　D. 改进
4. 在开展标杆分析活动时,通常采用小组或(　　)的方式。
   A. 部门　　　　B. 群体　　　　C. 团队　　　　D. 集体
5. 精益管理所带来的另一个意料之外的好处是对问题进行更好的(　　)。
   A. 测量　　　　B. 分析　　　　C. 预测　　　　D. 纠正
6. 一般而言,预算控制属于(　　)。
   A. 反馈控制　　B. 前馈控制　　C. 现场控制　　D. 实时控制
7. 对于一项需要依次经过多部门、多环节的,人工和设备共同努力才能完成的流水作业,可以采取多种办法来提升其效率。从改善流水作业的整体效率来看,你认

为以下建议中哪一条的效果最差？（　　）
    A. 在流程合理化的基础上制定各部门、各环节的标准操作规程
    B. 通过增加预算投入促使各部门、各环节尽可能提高效率
    C. 组织各部门、各环节的员工开展作业流程合理化竞赛
    D. 加强流水作业所涉及的各部门、各环节员工的相互了解

三、多项选择题

1. 用于绩效控制和改进的方法包括（　　）等。
    A. 平衡计分卡　　　　　　　　　B. 卓越绩效准则
    C. ISO 9000 质量管理体系　　　　D. 六西格玛管理
2. 六西格玛管理的循环包括（　　）。
    A. 测量　　　B. 分析　　　C. 控制　　　D. 改进
3. 标杆分析要根据各方面的信息来源确定所选领域中的标杆，通常标杆类型可以包括（　　）。
    A. 本组织内部的不同部门　　　　B. 直接的竞争对手
    C. 全球范围内的竞争对手　　　　D. 同行组织
4. 以下关于标杆管理法的论述，正确的是（　　）。
    A. 标杆管理的"标杆"一般是行业内的优秀企业或者组织内的优秀部门
    B. 标杆管理需要找出与优秀企业的差距并制订追赶方案
    C. 标杆管理容易导致企业的竞争战略趋同
    D. 标杆管理容易使企业陷入"落后—标杆—又落后—又标杆"的追赶陷阱
5. 卡普兰和诺顿认为，平衡计分卡的控制指标主要有（　　）。
    A. 人力资源　　B. 客户　　C. 内部业务流程　　D. 学习和成长
    E. 财务
6. 企业预算按不同的内容可以分为（　　）。
    A. 财务预算　　B. 经营预算　　C. 投资预算　　D. 零基预算

四、判断题

1. 平衡分析卡的导入常常会要求设立目前并不存在的绩效指标。（　　）
2. 实现六西格玛质量目标要求对过程进行持续不断的改进。（　　）
3. 六西格玛管理是由美国施乐公司首创的。（　　）
4. 标杆管理法的第二步是确定谁是最佳者，也就是选择标杆。（　　）
5. 精益生产的重要原则之一就是追求完美。（　　）

五、简答题

1. 什么是预算控制？预算控制的种类有哪些？
2. 什么是经济订购批量？
3. 什么是 ABC 分类管理法？其主要步骤是什么？
4. 什么是准时生产？其基本思想是什么？
5. 什么是六西格玛管理？其主要特征是什么？

6. 什么是平衡计分卡？
7. 什么是标杆管理法？标杆管理法有哪些类型？

六、论述题

1. 什么是零基预算？零基预算的具体步骤有哪些？
2. 什么是生产控制？生产控制的主要内容有哪些？
3. 论述平衡计分卡的主要内容。
4. 论述标杆管理法的流程和局限性。

七、计算题

某啤酒公司每年对优质原料小麦的需求量为 2500 吨，企业为此需要支出货款 400 万元，企业存货的保管费用率为 16%，每次订货成本为 128 元。该公司一年工作 52 周，订货提前期为 1 周。

要求：(1) 计算经济订货批量；

(2) 计算每年订货次数；

(3) 计算年平均保管费用。

习题答案

第1章 管理与组织概述

一、本章词汇(略)

二、单项选择题

1. A 2. D 3. D 4. A 5. D 6. A 7. D 8. B 9. C 10. C
11. B 12. A 13. A 14. C 15. B 16. C 17. A 18. C 19. B 20. B
21. D 22. B 23. A 24. C 25. D 26. C 27. A 28. C 29. C 30. B
31. B 32. A 33. B 34. C 35. B 36. D 37. B 38. A 39. C 40. B
41. C 42. D 43. A 44. C 45. D 46. C 47. C 48. A 49. B 50. D
51. B 52. A 53. D 54. B 55. D 56. A 57. A 58. A 59. C 60. D
61. C 62. B 63. B 64. C

三、多项选择题

1. ABCD 2. ABD 3. BD 4. ABCD 5. CD 6. CD 7. AE

四、判断题

1. √ 2. × 3. × 4. √ 5. × 6. ×

五、简答题

1. 略。

2. 答：效率是指以尽可能少的投入获得尽可能多的产出。我们通常用投入与产出的比值来衡量效率的高低。如,劳动生产率(常用人均产量、人均产值等指标来表示),设备利用率,资金周转率等。

效果是一项活动的成效与结果,是人们通过某种行为、力量、方式或因素而产生出的合乎目的性结果。

3. 答：(1)管理职能是指管理承担的功能,是管理过程中各项行为的内容,是人们对管理工作应有的一般过程和基本内容所做的理论概括;

(2)管理的主要职能是计划、组织、领导和控制;

(3)略。

六、论述题

1. 答：(1) 管理者是管理行为过程的主体。简单地说，管理者是指在组织中直接监督和指导他人工作的人。

(2) 管理者可按层次和领域分为高层管理者、中层管理者、基层管理者。高层管理者是指组织中居于顶层或接近顶层的人，其对组织负全责，主要侧重于沟通组织与外部的联系和决定组织的大政方针、战略部署等。高层管理者注重良好环境的创造和重大决策的正确性。中层管理者是指位于组织中的基层管理者和高层管理者之间的人，起承上启下的作用，主要职责是正确领会高层的指示精神，创造性地结合本部门的工作实际，有效指挥各基层管理者开展工作。基层管理者是指那些在组织中直接负责非管理类员工日常活动的人，其主要职责是直接指挥和监督现场作业人员，保证完成上级下达的各项计划和指令，他们关心的是具体任务的完成。

2. 答：(1) 有效的管理者应当具备三种基本技能：概念技能、技术技能和人际技能。概念技能包含着一系列的能力，包括能够提出新的想法和新的思想的能力、能够进行抽象思维的能力、能够把一个组织看成是一个整体的能力，以及能够识别在某一个领域的决策对其他领域将产生何种影响的能力；技术技能是指能够运用特定的程序、方法、技巧处理和解决实际问题的能力，也就是说，对某一特殊活动——特别是包含方法、过程、程序或技术的技能的理解和熟练程度；人际技能是指与其他人能够一起有效开展工作的能力，也可以说是一个人能够以小组成员的身份有效地工作，并能够在他领导的小组中建立起合作的能力。

(2) 越是处于高层的管理人员，越需要制定全局性的决策。他们所做的决策影响范围更广、影响期限更长，因此，他们需要更多地掌握概念性技能，进而把全局意识、系统思想和创新精神渗透到决策过程中。由于他们并不经常性地从事具体的作业活动，所以并不需要全面地掌握完成各种作业活动所需具备的技术技能。

作为基层管理人员，他们每天大量的工作是与从事具体作业活动的工作人员打交道。他们有责任检察工作人员的工作，及时解答并同工作人员一起解决实际工作中出现的各种具体问题。因此，他们必须全面而系统地掌握与本单位工作内容相关的各种技术技能。当然，基层管理人员也可能面临一些例外的、复杂的问题，也要协调好所管辖工作人员的工作，制订本部门的整体计划，为了做好这些工作，他们也需要掌握一定的概念技能。

人际技能是组织各层管理人员都应具备的技能，因为不管是哪个层次的管理者，都必须在与上下左右进行有效沟通的基础上，相互合作地共同完成组织的目标。

3. 答：管理的职能理论与角色理论是相辅相成的。

(1) 职能方法仍然代表着将管理者的工作概念化的最有效的方式。经典的职能理论提供了一种清晰的和界限明确的方法，使我们能够对管理者从事的各种活动和用以实现组织目标的各种技术进行明确的分类。

(2) 虽然亨利·明茨伯格可以给出更详细的和仔细斟酌过的管理角色分类方案，但是这些角色实质上与四种职能是一致的。亨利·明茨伯格提出的许多角色，基本上可以归入一个或几个职能中。比如，资源分配角色就是计划的一个部分，企业家角色也属于计划职能；所有人际关系的三种角色都是领导职能的组成部分；而其他大多数角色也与四个职能中的一个或多个相吻合。当然,并非所有的角色都是如此,这种差别实质上可以用亨利·明茨伯格的综合管理活动和纯粹管理工作的观点来解释。

(3) 所有的管理者都从事一些不纯属管理性的工作。亨利·明茨伯格观察的经理们花费时间搞公共关系和筹集资金这一事实,虽然证实了亨利·明茨伯格观察方法的精确性,但也表明并非管理者从事的每一件事情,都必须是管理者工作的基本组成部分。一些包括在亨利·明茨伯格的纲要中的活动或许可以去掉。

(4) 亨利·明茨伯格明确地提出了一种对管理者究竟在做什么的新的见解,他的工作所受到的关注证明,确定管理者角色是多么重要。但是,管理学是一门新兴的学科,它还在演进中。未来的研究通过比较和综合角色理论和四种职能理论,将不断地扩充我们对管理者工作的理解。

4. 答:(1) 组织这个词一般有两种含义。一种是动词,如组织群众、组织活动,前面讲管理职能的时候,作为一项职能,组织就是动词的概念,具体指的是某项活动或过程;另一种是名词,就是我们要讲的组织的概念,如工厂、机关、学校、医院,各级政府部门、各个层次的经济实体、各个党派和政治团体等,这些都是组织。

(2) 组织具有三个共同的特征:第一,每一个组织都有一个明确的目的,这个目的一般是以一个或一组目标来表示的;第二,每一个组织都是由人组成的;第三,每一个组织都有一种系统性的结构,用以规范和限制成员的行为。

5. 答:(1) 管理既是一门科学,又是一门艺术,是科学与艺术的有机结合体。

(2) 管理的科学性是指管理作为一个活动过程,其间存在着一系列基本客观规律。管理是一门科学,是指它以反映管理客观规律的管理理论和方法为指导,有一套分析问题、解决问题的科学的方法论。

一般意义上的艺术,是指那些富有创造性的方式、方法。管理的艺术性就是强调其实践性,没有实践则无所谓艺术。主管人员必须在管理实践中发挥积极性、主动性和创造性,因地制宜地将管理知识与具体管理活动相结合,才能进行有效的管理。所以,管理的艺术性,就是强调管理活动除了要掌握一定的理论和方法外,还要有灵活运用这些知识和技能的技巧和诀窍。

(3) 管理的科学性与艺术性,不是互相排斥,而是互相补充的。一方面,管理的科学性是艺术性的前提和基础。另一方面,管理的艺术性是科学性的突破和创新。

因此,管理既是一门科学,又是一门艺术,是科学与艺术的有机结合体。管理的这一特性可以促使人们既注重管理基本理论的学习,又不忽视在实践中因地制宜地灵活运用。

七、案例分析题

案例分析(一)

1. C 2. BC 3. A 4. D 5. B 6. D

案例分析(二)

1. 答:主要体现了对消费者的社会责任。具体体现为,IBM 为消费者提供任何关系其自身利益的,与产品或服务有关的信息;尊重消费者的消费心理和消费习惯,建立与客户及消费者沟通的便利渠道,对客户的问题和投诉予以及时答复和解决。产品设计、生产、销售以及售后服务过程中应积极采纳客户及消费者的合理意见或建议,以提供更好

2. 答：IBM制定的售货员严格标准不违背企业对员工的社会责任原则。企业对员工的社会责任包括：通过合理的工作时间保证员工的休息权利，企业应当为所有的超时的工作支付法律法规规定的报酬；向员工支付的工资、福利待遇应该满足员工的基本生活的需要，薪酬应以货币的形式通过便于员工取得的方式支付给劳动者本人；营造一个安全、舒适的工作环境，定期或不定期培训员工。企业对员工的社会责任与对员工的严格要求是不矛盾的，只要要求不超越企业社会责任的界限是可以的。

案例分析（三）

1. B 2. C 3. A 4. D 5. B

八、综合应用题

1. 答：应该掌握概念技能、人际技能、技术技能。案例中，郭广昌主要运用了概念技能和人际技能。

2. 略。

第2章　管理理论的形成与发展

一、本章词汇（略）

二、单项选择题

1. A 2. B 3. D 4. C 5. C 6. A 7. C 8. C 9. D 10. B
11. A 12. C 13. D 14. D 15. B 16. D 17. A 18. C 19. D 20. D
21. C 22. B 23. D 24. B 25. C 26. B 27. C 28. C 29. B 30. C
31. C 32. D 33. C

三、多项选择题

1. ABCDE 2. AD 3. ABD 4. ABC 5. ABD 6. ABC 7. ABC 8. ABCE

四、判断题

1. × 2. √ 3. × 4. √ 5. √ 6. × 7. √ 8. × 9. √ 10. √

五、简答题

1. 答：(1) 中国早期的管理思想，中国作为四大文明古国之一，拥有震撼世界的古代物质文明和精神文明，在许多成功的管理实践中，更是形成了丰富的、独具特色的中国古代管理思想。历史记载中，已看到当时的中国人早已知道组织、计划、指挥和控制的管理原则。

(2) 西方文明起源于古希腊、古罗马、古埃及、古巴比伦等文明古国，这些文明古国在国家管理、生产管理、军事、法律等方面也都曾有过许多光辉的管理实践和管理思想。

古埃及的金字塔和水利系统，是人类历史上不可思议的壮举。这样巨大的工程，离不开管理工作;古希腊著名思想家的著作中包含了古希腊人对管理思想的贡献;罗马天主教严密的管理制度体现在三个方面:层次分明的组织结构,形成金字塔式的指挥体系;在决策过程中充分运用"幕僚职能",小事情必须事先征询长老的意见,大事情必须征得全体僧侣的同意;教会主教的幕僚或顾问团成员,必须由上级教会代为选定。

2. 答:体现了现代管理中的分权、授权和例外原理的管理思想。

3. 答:(1)区别了经营和管理;(2)提出了管理的职能;(3)提出了管理的十四项原则;(4)论述了管理教育的重要性;(5)论述了管理的普遍性。

4. 答:理想的行政组织体系具有如下特征:

(1)任何机构组织都应有确定的目标;

(2)组织目标的实现,必须实行劳动分工;

(3)按等级制度形成的一个指挥链;

(4)在人员关系上,表现为一种非人格化的关系,也就是说,他们之间是一种指挥和服从的关系;

(5)承担每个职位的人都是经过挑选的,也就是说,必须经过考试和培训,接受一定的教育,获得一定的资格,由需要的职位来确定需要什么样的人来承担;

(6)人员实行委任制,所有的管理人员都是任命的,而不是选举的(某些特殊的职位必须通过选举的除外);

(7)管理人员管理企业或其他组织,但他不是这些企业或组织的所有者;

(8)管理人员有固定的薪金,并且有明文规定的升迁制度,有严格的考核制度;

(9)管理人员必须严格地遵守组织中的法规和纪律,这些规则不受个人感情的影响,而适用于一切情况,组织对每个成员的职权和协作范围都有明文规定,使其能正确地行使职权,从而减少内部的冲突和矛盾。

5. 答:第一种是理性的、法定的权力。它是指依法任命,并赋予行政命令的权力。对这种权力的服从是依法建立的一套等级制度,这是对确认职务或职位的权力的服从。第二种是传统的权力。它是以古老的、传统的、不可侵犯的和执行这种权力的人的地位的正统性为依据的。第三种是超凡的权力。它是指这种权力是建立在对个人的崇拜和迷信的基础上的。

6. 答:(1)工人日益觉醒,反对资产阶级压迫的斗争日益高涨;

(2)经济的发展和周期性危机的加剧,使得传统的管理理论和方法已不能有效地控制工人来达到提高生产率和利润的目的。

7. 答:从1924年开始,美国西方电气公司在芝加哥附近的霍桑工厂进行了一系列试验。其最初的目的是根据科学管理原理,探讨工作环境对劳动生产率的影响。

8. 答:(1)工人是"社会人"而不是"经济人";(2)企业中存在着非正式组织;(3)新的领导能力在于提高工人的满意度。

9. 答:(1)管理的对象是全面的;(2)管理的范围是全面的;(3)参加管理的人员是全面的。

10. 答:共同愿景;团队学习;改变心智模式;自我超越;系统思考。

11. 答:业务流程再造就是"为了飞跃性地改善成本、质量、服务、速度等现代企业的主要运营基础,必须对工作流程进行根本性的重新思考并彻底改革"。

12. 答:(1)核心能力,是指某一组织内部一系列互补的技能和知识的结合,它具有使一项或多项业务达到竞争领域一流水平的能力。

（2）核心能力的主要特征：一是核心能力特别有助于实现顾客所看重的价值；二是核心能力是竞争对手难以模仿和替代的，故而能取得竞争优势；三是核心能力具有持久性。

13．答：知识管理，在组织中建构一个量化与质化的知识系统，让组织中的资讯与知识，通过获得、创造、分享、整合、记录、存取、更新、创新等过程，不断地回馈到知识系统内，形成永不间断的累积个人与组织的知识，成为组织智慧的循环，在企业组织中成为管理与应用的智慧资本，有助于企业做出正确的决策，以应对市场的变迁。

六、论述题

1．答：（1）泰勒的科学管理原理；（2）法约尔的一般管理理论；（3）韦伯的组织理论。

2．答：（1）法约尔提出的五项管理职能是计划、组织、指挥、协调和控制。计划，就是探索未来、制订行动计划；组织，就是建立企业的物质和社会的双重结构；指挥，就是使其人员发挥作用；协调，就是连接、联合、调和所有的活动及力量；控制，就是注意是否一切都按已制定的规章和下达的命令进行。

（2）法约尔提出的管理的五项职能对现代管理学研究提出了总框架，对管理内涵的概括体现了全局性和战略性的特点。直到现在，管理学教材内容安排在很大程度上都基本遵循他的理论框架。

3．答：法约尔的十四条管理原则是：劳动分工原则、权力与责任原则、纪律原则、统一指挥原则、统一领导原则、个人利益服从整体利益的原则、合理的人员报酬、适当的集权与分权、等级制度和跳板原则、秩序原则、公平原则、人员的稳定原则、首创精神、人员的团结原则。

4．答：（1）精益生产方式的基本思想，即 just in time，中文意思是"只在需要的时候，按需要的量，生产所需的产品"。因此，有些管理专家也称精益生产方式为 JIT 生产方式、准时制生产方式、适时生产方式或看板生产方式。

（2）核心思想。

① 追求零库存。精益生产是一种追求无库存或使库存达到极小的生产系统。② 追求快速反应，即快速应对市场的变化。③ 企业内外环境的和谐统一。精益生产方式成功的关键是把企业的内部活动和外部的市场（顾客）需求和谐统一于企业的发展目标。④ 人本位主义。精益生产强调人力资源的重要性，把员工的智慧和创造力视为企业的宝贵财富和未来发展的原动力。⑤ 库存是"祸害"。精益生产则认为，库存是企业的"祸害"，库存提高了经营的成本，也掩盖了企业存在的问题。

5．答：（1）科学管理原理的主要内容。

① 工作定额。泰勒认为，科学管理的中心问题是提高劳动生产率，为了提高劳动生产率就必须制定出有科学依据的工人的"合理的日工作量"。

② 为工作挑选"第一流的工人"。所谓第一流的工人，泰勒认为"每一种类型的工人都能找到某些工作使他成为第一流的，除了那些完全能做好这些工作而不愿做的人"。泰勒指出，人具有不同的天赋和才能，只要工作合适，都能成为第一流的工人。

③ 标准化原理。泰勒指出，在科学管理的情况下，要想用科学知识代替个人经验，一

个很重要的措施就是实行工具标准化、操作标准化、劳动动作标准化、劳动环境标准化等标准化管理。

④ 差别计件工资制。按照工人是否完成定额而采用不同的工资率。如果工人能够保质保量地完成定额,就按高的工资率付酬,以资鼓励;如果工人的生产没有达到定额就将全部工作量按低的工资率付给,并给以警告,如不改进,就要被解雇。

⑤ 劳资双方的密切合作。泰勒指出,资方和工人的紧密、组织和个人之间的合作,是现代科学或责任管理的精髓。他认为,没有劳资双方的密切合作,任何科学管理的制度和方法都难以实施,难以发挥作用。

⑥ 把计划职能同执行职能分开。泰勒主张,由资方按科学规律去办事,要均分资方和工人之间的工作和职责,要把计划职能与执行职能分开并在企业设立专门的计划机构。

⑦ 职能工长制。为了使工长职能有效地发挥,就要更进一步进行细分,使每个工长只承担一种管理的职能。

⑧ 例外原则。所谓例外原则,是指最高管理层对日常发生的例行工作,拟定处理意见和方法,并使之规范化(标准化、程序化),然后授权给下级管理人员处理,而自己主要去处理那些没有或者不能规范化的例外工作(如重大的企业战略问题和重要的人员更替问题等),并且保留监督下级人员工作的权力的一种管理制度或原则。

(2) 借鉴意义。(略。可以根据科学管理的主要内容并结合我国企业管理的实际来回答,能够自圆其说即可。)

七、案例分析题

1. 答:教授的上述观点看似前后矛盾,实际上并不矛盾,它反映了管理是科学性与艺术性的结合。

2. 答:在企业的管理中,力求将管理的基本原理和原则与实践相结合,实践证明,也是能够正确结合的。因为一方面,管理的基本原理和原则是来源于实践经验的总结;另一方面,管理的基本原理和原则要通过实践来检验其有效性,同时,有效的管理原理和原则只有通过实践,才能发挥其指导实际工作的作用。

第 3 章 决策

一、本章词汇(略)

二、单项选择题

1. B　2. A　3. C　4. B　5. A　6. D　7. C　8. B　9. C　10. B
11. B　12. C　13. A　14. A　15. A　16. B　17. C　18. C　19. B　20. D
21. C　22. A　23. D　24. C　25. B　26. A　27. C　28. D　29. D　30. C
31. A　32. A　33. A　34. D　35. B　36. C　37. C　38. C　39. B　40. A
41. C　42. C　43. D　44. C　45. D　46. C　47. C　48. C　49. B　50. B
51. B　52. C

三、判断题

1. √　2. ×　3. √　4. √　5. ×　6. √

四、简答题

1. 答：(1) 广义的理解：决策是一个包括提出问题、确立目标、设计和选择方案的过程；

(2) 狭义的理解：决策是从几种备选的行动方案中做出最终抉择的过程。

2. 答：(1) 程序化决策是指按照规定的决策程序和方法解决管理中重复出现的问题的例行决策，又称常规决策、例行决策、重复性决策。这类决策问题比较明确，有一套固定的程序来处理，如订货日程、日常的生产技术管理等。由于程序化决策所涉及的变量比较稳定，可以通过制定程序、决策模型和选择方案，由计算机处理。在管理工作中，有80%的决策属于程序化决策。

(2) 非程序化决策是指不经常重复出现、不经常出现或偶尔发生的问题的决策，又称非常规性决策、例外决策、一次性决策。其决策步骤和方法难以程序化、标准化，不能重复使用。由于非程序化决策要考虑内外条件变动及其他不可量化的因素，决策者个人经验、知识、洞察力和直觉、价值观等主观因素对决策有重大影响。

3. 答：(1) 非确定型决策是指决策事件未来的自然状态完全未知，各种状态出现的概率也无法估计，方案实施的结果是未知的，只能凭决策者主观做出的决策。

(2) 风险型决策也称随机决策，是指决策事件未来的自然状态虽不能预先肯定，但可以预测出每一种自然状态出现的概率的决策，这样的决策有一定的风险。可以通过比较各方案的期望值来进行决策。

4. 答：(1) 群体决策的优点是能够汇总更多的信息，群策群力，拟订更多的备选方案，有利于提高决策的质量；

(2) 其缺点是花费的时间较长、费用较高，并且可能导致责任不清和从众现象。

5. 答：决策树是在期望值法的基础上进一步发展而来的。每个决策或事件都可能引出两个或多个事件，导致不同的结果，把这种决策分支画成图形很像一棵树的枝干，故称决策树。

五、论述题

1. 答：管理实际上是由一连串的决策组成的，决策贯穿于管理活动的始终，在管理活动中发挥着重要作用。事实上，管理活动中的每一个具体环节都有具体的决策问题，是管理工作的基本要素。从管理者的角度来说，不论管理者在组织中的地位如何，决策都是管理者最重要、最困难、最花费精力和最冒风险的事情。

2. 答：(1) 识别问题。决策是为了解决组织面临的一定问题而制定的，人们只有发现问题后，才会去想办法解决问题。

(2) 明确目标。明确决策目标，既为方案的制订和选择提供了依据，也为决策的实施和控制、为组织资源的分配和各种力量的协调提供了标准。

(3) 拟订备选方案。为了使在所拟订方案基础上进行的选择具有实质意义，这些备选的方案必须是能够相互替代、相互排斥的，而不是相互包容的。

(4) 分析与评价方案。备选方案拟订出来后，决策者还要根据决策目标和环境约束的要求,借助一定的分析工具和模型,对备选方案的价值进行综合分析与评价。

(5) 选择备选方案。决策方案不但必须在技术上和经济上可行,而且应当考虑社会、政治、文化等方面的因素,并且要准备好备用方案,以避免临时仓促应变可能造成的混乱。

(6) 实施选定的方案。只有有效地实施决策,才有可能实现决策目标。实施决策比评价、选择行动方案更为重要。

(7) 方案评估与反馈。在实践过程中,随着环境的变化,原来的决策方案可能已经不符合实际情况。因此,必须通过定期的检查评价,及时掌握决策执行的情况,将有关信息反馈到决策机构,以便采取措施进行处理。

六、案例分析题

案例分析(一)

1. C 2. D 3. B 4. B

5. 答:张涛的决策实践不成功的主要原因有:

(1) 并不是什么问题都适合采用集体决策,集体决策有它适用和不适用的情形;

(2) 采用集体决策时要讲究方法,顺应规律;

(3) 在决定是否采用以及如何采用集体决策时,张涛可能没有意识到自己是在做一项决策,因而没有选择合理的决策方法,也没有严格按照决策的基本程序来进行。

案例分析(二)

1. 略。(提出自己的观点,并用管理学的方法进行分析即可)

2. 略。(提出自己的观点,并用管理学的方法进行分析即可)

3. 答:(1) 决策者的理性是受限制的。

(2) 决策本质上是主观选择,因此是在寻找"满意解"。

(3) 决策要注意群体决策和个体决策的关系。

七、计算题

计算题(一)

(1) 500 件;(2) 3000 件;(3) 30000 件。

计算题(二)

(1) 方案 3 最好;(2) 决策树(略)。

计算题(三)

(1) 乐观法,选择 A;悲观法,选择 C;最小最大后悔值法,选择 B;

(2) 用决策树法进行决策,选择 A。

八、综合应用

综合应用(一)

1. D 2. D 3. B

4. 答:现实中,在各种决策的过程中,往往设定多个目标,这些目标往往又和价值判断有关;任何方案,在实现主要决策目标的同时,往往也有负面效果。

综合应用(二)

1. 答:(1) 当时在国家产业政策鼓励下,各地自行车厂也都纷纷上马,自行车行业将来的竞争必将十分激烈。

(2) 绍兴自行车总厂的产能增长较快,将来的销售可能成为问题。

(3) 国内三大名牌自行车声誉好、销路好,"飞花"与之比较,竞争能力是有限的。

2. 略。

3. 略。

综合应用(三)

1. 答:双方的合作是共赢的,可以优势互补。比如可以实现软硬件的结合,在线商城的整合,研发共同投入、成果共享,也可以实现市场资源共享。

2. 略。

第4章 计划

一、本章词汇(略)

二、单项选择题

1. B   2. C   3. A   4. C   5. B   6. A   7. D   8. A   9. D   10. B
11. A 12. B 13. B 14. B 15. B 16. C 17. D 18. C 19. C 20. A
21. A 22. C 23. A 24. A 25. B 26. C 27. B 28. D 29. C 30. D
31. B 32. B 33. D 34. C 35. C 36. C 37. C 38. C 39. B 40. D
41. B 42. B 43. C 44. D 45. C

三、多项选择题

1. ABCE 2. BCE 3. ADE 4. ACD 5. ABD 6. ABC 7. ABCD

四、判断题

1. × 2. × 3. √ 4. × 5. × 6. × 7. × 8. √ 9. × 10. √

五、简答题

1. 答:狭义的计划是计划工作中计划编制的结果。广义的计划是指人们编制、执行计划,以及检查计划执行情况等一系列计划管理工作,简称计划工作。

相互区别:这两项工作解决的问题不同。决策是关于组织活动方向、内容以及方式的选择。计划则是对组织内部不同部门和不同成员在一定时期内行动任务的具体安排,它详细规定了不同部门和成员在该时期内从事活动的具体内容和要求。

相互联系:(1)决策是计划的前提,计划是决策的逻辑延续;(2)在实际工作中,决策与计划是相互渗透,有时甚至是不可分割地交织在一起的。

2. 答:(1)计划的普遍性;(2)计划的首位性;(3)计划的科学性;(4)计划的有效性。

3. 答:(1)计划是管理者进行指挥的依据。

(2)计划是管理者实施控制的标准。

(3)计划是降低未来不确定性的手段。

(4)计划是提高效率与效益的工具。

(5)计划是激励人员士气的利器。

4. 答:(1)目的或使命;(2)目标;(3)战略;(4)政策;(5)程序;(6)规则;(7)方案(或规划);(8)预算。

5. 答:(1)按照时间界限分类:长期计划、中期计划和短期计划。

(2)按计划的重要程度分类:战略计划、战术计划和作业计划。

(3)按照综合性程度分类:综合计划、专业计划与项目计划。

(4)按照内容的明确性程度分类:具体性计划和指导性计划。

(5)按照重复性程度分类:程序性计划和非程序性计划。

6. 答:(1)建立一套完整的目标体系;(2)明确责任;(3)组织实施;(4)检查和评价。

六、论述题

1. 答:提出者:彼得·德鲁克。

主要思想如下:

(1)企业的任务必须转化为目标,企业管理人员必须通过这些目标对下级进行领导,并以此保证企业总目标的实现;

(2)目标管理是一种程序,使一个组织中的上下各级管理人员统一起来制定共同的目标,确定彼此的责任,并将此项责任作为指导业务和衡量各自贡献的准则;

(3)每个企业管理人员或工人的分目标就是企业总目标对他的要求,同时也是这个企业管理人员或工人对企业总目标的贡献;

(4)管理人员和工人依据设定的目标进行自我管理,他们以所要达到的目标为依据,进行自我指挥、自我控制,而不是由他们的上级来指挥和控制;

(5)企业管理人员对下级进行考核和奖惩也是依据这些分目标。

优点:形成激励、有效管理、明确任务、自我管理、控制有效。

缺点:关注短期目标、目标设置困难、缺乏灵活性。

2. 答:计划的编制过程如下。

(1)确定目标。确定目标是决策工作的主要任务,是制订计划的第一步。目标为组织整体、各部门和成员指明了方向,描绘了组织未来的蓝图。

(2)认清现在。认清现在的目的在于寻求合理、有效的通向未来目标的路径,认清现在不仅需要有开放的精神,还需要有开阔的视野,将组织、部门置于更大的系统中,而且要有动态的观点,考察外部环境、竞争对手与组织自身的变化与相互间的动态反应。

(3)研究过去。研究"过去"不仅是从过去发生的事件中得到经验、吸取教训,更重要的是探讨从"过去"走到"现在"的一些规律,这个规律对组织从"现在"走到"未来"很有启发意义,能够帮助我们由"现在"预测"未来"。

(4)预测并有效地确定计划的重要前提条件。前提条件是关于计划环境的假设条件,是关于组织由"现在"到达"未来"的过程中所有可能的假设情况。对这些前提条件认识越清楚、越深刻,计划工作就越有效,而且组织成员越彻底地理解和同意使用一致的计划条件,企业计划工作就越协调。

(5) 拟订和选择可行的行动方案。计划很重要的一个步骤是寻求、拟订、选择可行的行动方案。在找出了各种可供选择的方案和检查了它们的优缺点后,还要根据前提条件和目标,权衡它们的轻重优劣,对可供选择的方案进行评估,进而做出方案的选择。

(6) 制订主要计划。制订主要计划就是将所选择的计划用文字形式正式表达出来,作为管理文件。计划要清楚地确定和描述"5W""2H""1E"的内容。

(7) 制订派生计划。基本计划还需要派生计划的支持。

(8) 制定预算。自做出决策和确定计划后,最后一步就是把计划转变成预算,使计划数字化。

3. 答:主要包括七个方面:(1) Why?(为什么?)为什么需要改革?为什么非这样做不可?(2) What?(什么?)目的是什么?做哪一部分工作?(3) Where?(何处?)从何处入手?何处最适宜?(4) When?(何时?)何时完成?何时最适宜?(5) Who?(谁?)谁来承担?谁去完成?谁最适合?(6) How?(怎样?)怎样去做?怎样做效率最高?怎样实施?(7) How much?(多少?)要完成多少数量?成本多少?利润多少?

七、案例分析题

案例分析(一)

1. D 2. C 3. A 4. C

5. 答:对于分公司来说,要制定可行的目标离不开集团公司的政策支持,还需要集团公司提供相关信息。集团公司要提供的信息包括集团公司的战略目标、经营方向,以及下达给分公司的任务等。

案例分析(二)

答:(1) 目标管理是指组织的最高领导层根据组织面临的形势和社会需要制定出一定时期内组织经营活动所需达到的总目标,然后层层落实,要求下属各部门主管人员以至于每个职工根据上级制定的目标,分别制定目标和保证措施,形成一个目标体系,并把目标的完成情况作为各部门或个人考核的依据。

(2) 根据目标管理的基本思想和实施程序,刘总犯了以下几个方面的错误:

① 对于如何制定合适的目标体系认识错误,他以为目标只需要他一个人制定就行了。② 对于目标到底定多高的认识错误,他认为目标越高越好。③ 在实施目标管理时,没有给予下属相应的权力。④ 没有鼓励下属自我管理、自我控制。⑤ 考核和奖酬机构没有制度化,仅停留在口头上,对下属无相应的激励和制约作用。

(3) 为了更好地实施目标管理,刘总必须遵循科学的工作程序,并且注意实施中的一些具体方式:① 要有一套完整的目标体系。目标的制定必须是一个上下级反复协商的过程;不是由上级独自决定。制定的目标不要过高或过低。一般目标要略高于执行者的能力水平。② 组织实施。目标既定,主管人员就应放手把权力交给下级成员,鼓励他们自我管理和自我控制。③ 检验结果。对各级目标的完成情况和取得结果,要及时地进行检查和评价,并且根据评价的结果,制定相应的奖惩措施。④ 新的循环。再制定新的目标,开展新的循环。

案例分析(三)

1. B 2. D 3. A 4. D 5. B 6. C

八、综合应用题

1. 答：以下环节保持了优势：
（1）生产环节，实行"产地销"，大大降低了生产成本和物流成本，能够实现价格优势；
（2）销售环节，"联销体"模式对于各地销售商来说是一种激励，保持了他们的积极性；
（3）在战略定位上，主要集中于软饮料市场。

2. 答：重要的还是战略分析，这是制定战略的前提，包括外部环境分析、行业环境分析、企业内部条件分析。同时，在战略分析的基础上，产品定位要准确，生产适合消费者、让消费者喜欢的产品。

3. 略。

第5章 战略管理

一、本章词汇（略）

二、单项选择题

1. C　2. A　3. B　4. C　5. A　6. C　7. D　8. C　9. B　10. B
11. C　12. A　13. A　14. D　15. A　16. B　17. A　18. B　19. A　20. A
21. B　22. D　23. B　24. A　25. B　26. D

三、多项选择题

1. ABD　2. ABCD　3. BCD　4. ACD　5. ABCD　6. BCD　7. ABC

四、判断题

1. √　2. ×　3. ×　4. √　5. ×　6. √　7. √

五、简答题

1. 答：企业战略是在符合和保证实现企业宗旨的条件下，在充分利用环境中存在的各种机会和创造新机会的基础上，确定企业同环境的关系，规定企业从事的经营范围、成长方向和竞争对策，合理地调整企业结构和配置企业的资源，从而使企业获得某种竞争优势。

2. 答：企业战略管理是指对一个企业或组织在一定时期的全局的、长远的发展方向、目标、任务和政策，以及资源调配做出的决策和管理艺术。它包括企业在完成具体目标时对不确定因素做出的一系列判断，以及在环境检测活动的基础上制定战略。

3. 答：（1）企业战略分析：明确企业当前使命和愿景，外部环境分析，内部条件分析。
（2）企业战略选择：产生战略方案，评价战略方案，最终选出可执行的满意战略。
（3）企业战略实施与控制。

4. 答：（1）SWOT分析法，又称为态势分析法或优劣势分析法，用来确定企业的竞争优势、竞争劣势、机会和威胁。
（2）企业内部的优势和劣势是相对于竞争对手而言的，一般表现在企业的资金、技术设备、职工素质、产品、市场成就、管理技能等方面。判断企业内部的优势和劣势一般有两项标准：一是单项的优势和劣势，二是综合的优势和劣势。

企业外部的机会是指环境中对企业有利的因素，如政府的支持、有吸引力的市场进入障碍正在降低、市场需求增长势头强劲等。企业外部的威胁是指环境中对企业不利的因素，如新竞争对手的出现、市场增长率缓慢、购买者和供应者讨价还价能力增强、不利的人口特征的变动等。这是影响企业当前竞争地位或企业未来竞争地位的主要障碍。

5. 答：(1) 总体战略，又称公司战略，是指企业的战略总纲，是企业最高管理层指导和控制企业的一切行为的最高行动纲领。总体战略主要有稳定型战略、发展型战略和收缩型战略。

(2) 事业层战略，是指当一个组织从事多种不同事业时，建立战略事业单位以便于计划和控制。

(3) 职能层战略，又称职能部门战略，是指为了贯彻、实施和支持总体战略与经营单位战略而在企业特定的职能管理领域制定的战略。职能层战略可分为营销战略、人力资源战略、财务战略、生产战略、研发战略等。

6. 答：宏观环境是企业所处的外部大环境，主要包括政治环境、经济环境、社会环境、技术环境等因素，对其进行的分析即 PEST 分析。

政治环境是指那些制约和影响企业的政治要素和法律系统及其运行状态。政治要素包括国家的政治制度、权力机构、颁布的方针政策、政治团体和政治形势等因素；法律系统包括国家制定的法律、法规、法令和国家的执法机构等因素。

经济环境是指构成企业生存和发展的社会经济状况及国家的经济政策，包括社会经济结构、经济体制、发展状况、宏观经济政策等要素。

社会环境是指企业所处的社会结构、社会风俗和习惯、信仰和价值观念、行为规范、生活方式、文化传统、人口规模与地理分布等因素的形成和变动。

技术环境是指与企业生产经营活动相关的科学技术要素的综合。

7. 答：如果把整个市场想象成海洋，这个海洋就是由红海和蓝海组成的。红海代表但今存在的所有产业，也就是已知的市场空间；而蓝海则代表未知的市场空间。由于在蓝海中还没有其他竞争对手，因此企业可以获得高额的回报。蓝海战略其实就是企业超越传统产业竞争、开创全新市场的企业战略。

蓝海战略认为，聚焦于红海等于接受了商战的限制性因素，即在有限的土地上求胜，但否认了商业世界开创新市场的可能。运用蓝海战略，视线将超越竞争对手移向买方需求，跨越现有竞争边界，将不同市场的买方价值元素进行筛选并重新排序，从给定结构下的定位选择向改变市场结构本身转变。

8. 答：重建市场边界；注重全局而非数字；超越现有需求；遵循合理的战略顺序；克服关键组织障碍；将战略执行建成战略的一部分。

六、论述题

1. 答：在每一个行业中都存在五种基本竞争力量，即潜在进入者、购买者、供应商、替代品与现有竞争者之间的抗衡。

(1) 行业内现有企业之间的竞争；(2) 潜在进入者的威胁；(3) 替代品的威胁；(4) 供应商的议价能力；(5) 购买者的议价能力。

2. 答：由迈克尔·波特提出的"价值链分析法",把企业内外价值增加的活动分为基本活动和支持性活动。基本活动是涉及产品的物质创造及其销售、转移买方和售后服务的各种活动,包括生产、销售、进料后勤、发货后勤、售后服务。支持性活动主要提供采购投入、技术、人力资源以及各种公司范围的职能,是对基本活动的支持,主要涉及人事、财务、计划、研究与开发、采购等。基本活动和支持性活动构成了企业的价值链。不同的企业参与的价值活动中,并不是每个环节都创造价值,实际上只有某些特定的价值活动才真正创造价值,这些真正创造价值的经营活动,就是价值链上的"战略环节"。企业要保持的竞争优势,实际上就是企业在价值链某些特定的战略环节上的优势。运用价值链的分析方法来确定核心竞争力,就是要求企业密切关注组织的资源状态,要求企业特别关注和培养在价值链的关键环节上获得重要的核心竞争力,以形成和巩固企业在行业内的竞争优势。企业的优势既可以来源于价值活动所涉及的市场范围的调整,也可来源于企业之间协调或合用价值链所带来的最优化效益。

3. 答：总体战略,又称公司战略,是企业最高管理层指导和控制企业的一切行为的最高行动纲领。总体战略主要有稳定型战略、发展型战略和紧缩型战略。

(1) 稳定型战略又称防御型战略,是指在外部环境和自身条件的约束下,企业在战略规划期内使资源分配和经营状况基本保持在目前状态和水平上的战略。

(2) 发展型战略又称增长型战略、扩张型战略。任何成功的企业都应当经历长短不一的发展战略实施期,因为从本质上来说,只有发展型战略才能不断地扩大企业规模,使企业发展成为实力雄厚的大企业。

(3) 紧缩型战略,又称退却型战略、收缩战略,是指企业从目前的战略经营领域和基础水平进行收缩、撤退,且偏离起点战略较大的一种经营战略。

4. 答：(1) 成本领先战略,也称低成本战略,是指企业通过有效途径降低成本,使企业的全部成本低于竞争对手的成本,甚至是在同行业中最低的成本,从而获取竞争优势的一种战略。

(2) 差异化战略是指为使企业产品与竞争对手产品有明显的区别,形成与众不同的特点而采取的一种战略。这种战略的核心是使产品具备某种对顾客来说有独特性的价值。企业要突出自己产品与竞争对手之间的差异性,主要有四种基本的途径：产品差异化战略、服务差异化战略、人事差异化战略、形象差异化战略。

(3) 集中化战略,也称聚焦战略,是指企业的经营活动集中于某一特定的购买者集团、产品线的某一部分或某一地域市场上的一种战略。这种战略的核心是瞄准某个特定的用户群体、某种细分的产品线或某个细分市场。具体来说,集中化战略可以分为产品线集中化战略、顾客集中化战略、地区集中化战略和低占有率集中化战略。

5. 答：红海战略和蓝海战略比较：

红海战略	蓝海战略
在已经存在的市场内竞争	拓展非竞争性市场空间
参与竞争	规避竞争
争夺现有需求	创造并攫取新需求
遵循价值与成本互替定律	打破价值与成本互替定律
根据差异化或低成本的战略选择,把企业行为整合为一个体系	同时追求差异化和低成本,把企业行为整合为一个体系

七、案例分析题

1. A   2. B   3. A   4. D

5. 答：极光公司在能力方面所面临的挑战有：市场开拓和维护的能力，改进企业作业管理的能力，实现有效控制成本的能力，管理协作企业关系的能力，创新能力等。

八、综合应用题

1. 答：宏观环境的主要变化：(1) 消费者对苹果手机的狂热开始逐渐减弱，iPhone 5 的销售量出现萎缩，导致富士康的代工业务订单迅速下滑；(2) 经过几十年的发展，通信产品市场逐渐成熟，消费者逐渐理性。

行业环境的主要变化是行业内现有的竞争对手的激烈竞争。比如，三星公司推出了新机型 Galaxy S4，对苹果手机构成了比较大的威胁，这对代工厂富士康的订单自然产生了比较大的影响。

2. 答：可以采取的措施有：(1) 扩大合作对象，减少对苹果公司的依赖，比如可以尝试与三星、华为等企业合作；(2) 积极发展自有品牌，避免受制于人。

3. 略。

第6章 组织职能概述

一、本章词汇（略）

二、单项选择题

1. B   2. A   3. D   4. C   5. D   6. B   7. B   8. B   9. D   10. D
11. A   12. D   13. D   14. A   15. B   16. D   17. C   18. D   19. D   20. A
21. C   22. B   23. B   24. C   25. B   26. B   27. D   28. B   29. A   30. D

三、多项选择题

1. ABCD   2. BD   3. ABCE

四、判断题

1. √   2. ×   3. √   4. ×

五、简答题

1. 答：组织职能是指一项活动或过程，这项活动根据计划设定的目标和具体要求，对组织中的各种要素进行合理安排，将所需的活动进行分解与合成，并把工作人员编排和组合成一个分工协作的管理工作系统或管理机构体系，以便实现人员、工作、物资条件和外部环境的优化组合，圆满达成预定的共同目标。

2. 答：作为一项重要的管理职能，组织职能的目的和主要任务在于：

(1)分配工作;(2)确定责权关系,促进沟通与协调;(3)构建分工协作体系,提高效率和工作的质量;(4)组织能力的培养。

3. 答:管理幅度,又称管理跨度、管理宽度、控制幅度,是指一个管理者所能直接而有效地管理和指挥其下属工作人员的数量,或者是指一个上级机构所能直接有效管理其下级机构的数目。换句话说,管理幅度是指有多少人共同向同一上司汇报工作。

4. 答:管理层次是指在职权等级链上所设置的管理职位的级数。当组织规模很小的时候,一个管理者可以直接管理着组织中每一位作业人员的活动,这时组织就只存在一个管理层次。而当组织规模扩大导致管理工作量超出了一个人所能承担的范围时,即超过了管理者的管理幅度的时候,为了保证组织的正常运转,管理者就必须委托他人来分担自己的一部分管理工作,这时管理层次就增加到两个层次或更多。

5. 答:(1)分权是指组织为发挥低层组织的主动性和创造性,而把一部分决策权分给下属组织,最高领导层则掌握少数关系全局利益和重大问题的决策权;
(2)集权是指职权在组织系统中较高层次的一定程度上的集中。

6. 答:职位设计,又称工作设计,是指根据组织需要,并兼顾个人的需要,规定每个职位的任务、责任、权力以及组织中与其他岗位关系的过程。

7. 答:职位扩大化是指为了克服由于过度的分工而导致的工作过于狭窄的弊端而提出的一种职位设计思想。它主张通过把若干个狭窄的活动合并为一件工作的方式来扩大工作的广度和范围。

8. 答:职位轮换是指让员工定期地从一项工作更换到另一项工作上去,如在仓库工作的工人,可以在卸货、出货、记录、盘点等多项职位上定期轮换。这样有益于促进员工技能的多样化,在一定程度上减少了工作的单调和枯燥的感觉。

9. 答:职位丰富化是指在工作中赋予员工更多的责任、自主权和控制权。与职位扩大化横向增加工作内容的方式不同,职位丰富化是纵向地增加工作内容。这样员工会承担更多的任务、更大的责任,有更大的自主权和更高程度的自我管理,使其体会到工作的内在意义、挑战性和成就感。

10. 答:职位特征模型是指使用一个被称为激励潜力分数的单一指标来衡量一个职位本身对人们的激励程度。

六、论述题

1. 答:管理幅度,又称管理跨度、管理宽度或者控制幅度,是指一个管理者所能直接而有效地管理和指挥其下属工作人员的数量,或者是指一个上级机构所能直接有效管理其下级机构的数目。

管理层次是指在职权等级链上所设置的管理职位的级数。

显然,管理层次与管理幅度密切相关。当组织规模一定时,管理幅度越大,管理层次就越少;反之,管理幅度越小,管理层次就越多。这两种情况相应地对应着两种类型的组织结构形态,前者称为扁平型结构,后者则称为高耸型结构。所谓扁平型结构,就是管理层次少而管理幅度大的结构;而高耸型结构则相反。一般来说,传统的企业结构倾向于高耸型,偏重于控制和效率,比较僵硬。扁平型结构则被认为比较灵活,容易适应环境,组织成员的参与程度也相对比较高。

2. 答:扁平型结构有利于缩短上下级距离,密切上下级关系,信息与命令的上传下达比较流畅；而且由于管理幅度较大，被管理者往往有较大的自主性，其工作的积极性、满足感会更高，同时也有利于更好地锻炼和培训下层人员，为高层管理者储备人才。但如果由于不能有效地分权与授权、有效地监督下级，则会造成上下级协调较差，且由于管理幅度的加大，使得同级间相互沟通更加困难，部门主义和本位主义会盛行，会严重影响组织效率。

高耸型结构具有管理严密、分工明确、上下级易于协调等特点。但管理层次增多，也会面临很多的问题。首先，管理层次越多，需要从事管理的人员迅速增加，彼此之间的协调工作也急剧增加，上层管理者对下层的控制会更加困难，互相扯皮的事会层出不穷。其次，管理层次增加之后，在管理层次上所花费的设备和开支，所浪费的精力和时间也会增加。再次，管理层次的增加也会使上下级意见沟通和交流变得困难，最高层管理人员所要求实现的目标，所制定的政策和方针，层层传达给下级人员以后往往变了样。最后，管理层次增多后，高耸型结构会影响下层人员的主动性和创造性。因此，一般来说，应尽可能地减少管理层次。

3．答：大量的实证研究表明，影响管理幅度的因素概括起来主要有以下几个：

(1) 上下级管理人员的素质和能力。

(2) 工作内容和性质：面对问题的种类、计划的完善程度、下属工作的相似性、管理人员所处的层次。

(3) 工作条件：信息手段的配备情况、助手的配备情况、工作地点的相近性、适当的授权。

(4) 组织环境稳定与否会影响组织活动内容和政策的调整频度与幅度。环境变化越快、变化程度越大，组织中遇到的新问题越多，下属向上级的请示就越有必要、越频繁；与之相对应，上级能用于指导下属工作的时间和精力却越少，因为他必须花更多的时间去关注环境的变化，考虑应变的措施。因此，环境越不稳定，各层管理人员的管理幅度就越受到限制。

4．答：(1) 如果上下级之间和同事相互之间经常有因为误解而带来的摩擦，并且这种摩擦又不是管理制度规范本身所带来的；

(2) 如果发现某管理人员不得不在工作时间之外花大量的精力进行沟通，这就有可能是管理幅度在这个管理岗位上过大；

(3) 如果管理人员经常性地承担下属能够自如处理的问题，这就可能存在管理幅度过小的问题；

(4) 如果管理人员不仅能把自己的岗位工作做得很出色，而且经常性地考虑一些本来应该由上级管理人员来考虑的问题，这也可能是存在管理幅度过小的问题；

(5) 如果管理人员可经常逍遥自在、无事可做，并且与其工作能力优秀无关，这可能是存在管理幅度过小的问题。

七、案例分析题

1．答：管理层次过多，导致信息的上传下达非常困难，官僚机制效率低。

2．答：扩大管理幅度，减少管理层次，进行组织结构的扁平化变革。

第7章 组织结构设计

一、本章词汇(略)

二、单项选择题

1. D 2. D 3. C 4. C 5. B 6. B 7. A 8. A 9. B 10. C
11. C 12. C 13. C 14. B 15. C 16. B 17. B 18. A 19. C 20. C
21. A 22. D 23. C 24. B 25. B 26. C 27. B 28. B 29. D 30. D
31. D 32. C 33. C 34. C 35. A 36. C 37. C 38. D 39. D 40. D
41. C 42. A 43. B 44. A 45. C 46. A 47. C 48. C 49. B 50. D
51. B 52. C 53. A 54. C 55. C 56. C 57. D 58. C 59. C 60. B
61. B 62. B 63. D 64. C 65. C 66. C 67. C 68. A

三、多项选择题

1. CD 2. BCD 3. ABCD 4. ABD 5. AC 6. ABC

四、简答题

1. 答：(1) 精简原则；(2) 弹性原理；(3) 目标实现原理；(4) 任务均衡原理；(5) 检查部门与业务部门分设原则。

2. 答：(1) 机械式组织，也称官僚行政组织，是综合使用传统设计原则的自然产物；

(2) 有机式组织，也称适应性组织，与机械式组织形成一种鲜明的对照，它是低复杂性、低正规化和分权化的。有机式组织是一种松散、灵活的具有高度适应性的形式，不具有标准化的工作和规则条例，能根据需要迅速地做出调整。

3. 答：(1) 按职能划分部门；(2) 按产品划分部门；(3) 按地区划分部门；(4) 按顾客划分部门；(5) 按过程或设备划分部门；(6) 按人数划分部门；(7) 按时间划分部门。

4. 答：权力是指一个人影响决策的能力。而职权是指职位所固有的发布命令和希望命令得到执行的一种权力。因此，职权是一种制度化了的权力，是与一个人在组织中所居职位相联系的正式的权力。所以说，权力是一个更广泛的概念，职权只是权力的一种。

权力一般分为：强制的权力、奖赏的权力、合法的权力、专家权力、感召权。

5. 答：(1) 职权是一种制度化了的权力，是与一个人在组织中所居职位相联系的正式的权力；

(2) 职权的类型：直线职权、参谋职权、职能职权；

(3) 直线职权与参谋职权的关系：直线职权是指挥权、命令权；参谋职权是建议权，其建议内容也是通过直线职权的命令链向下，才能得到下属的执行；

直线职权与职能职权的关系：由于职能职权是直线职权和参谋职权的结合，除了参谋职权外，得到上级直线管理者的授权后，才可以行使某项专业管理职权，如财务部门对直线管理者发布的命令；也可以是对下属参谋职责部门行使专业管理职权，如总公司财务部对下属分公司财务部通过预算进行财务控制。

参谋职权与职能职权的关系：由于职责的基础不同，拥有参谋职权的管理者对拥有直线职权的管理者负责,是直接对人负责;而拥有职能职权的管理者对专业目标的实现负责,首先是对目标负责,通过对目标负责实现对上级管理者负责,是间接对人负责。

6. 答:授权是管理者在实际工作中,为充分利用专门人才的知识和技能,或出现新增业务的情况下,将部分解决问题、处理新增业务的权力委任给某个或某些下属。

有效授权的原则:(1)因事用人,视能授权;(2)相近原则;(3)授权适度;(4)适当控制;(5)责任原则。

7. 答:矩阵制结构是为了改进直线职能制部门之间横向联系差、缺乏弹性的缺点而形成的一种组织形式。它既有按职能划分的垂直领导系统,又有按产品(项目)划分的横向领导关系的结构。

8. 答:(1)集权与分权的判断依据:决策的数量、决策的范围、决策的重要性、决策审批手续的简繁。

(2)集权与分权的影响因素:决策的重要性、政策的一致性、组织的规模、组织的成长历史、高层领导的个性和管理哲学、管理人员的数量与素质、控制技术和手段是否完善、组织的动态特性、外部环境影响。

9. 答:原因:(1)授权是完成目标责任的基础。权力随着责任者,用权是尽责的需要,权责对应或权责统一,才能保证责任者有效地实现目标。(2)可以减轻上级管理人员的工作负担。上级管理人员把一部分工作让下属去处理,将会大大减轻工作负担。这既能够使上级管理人员有更充分的时间和精力去思考组织发展中的重大问题,又有利于加速下属的成长,有意识地对下属加以培养。(3)授权是调动下属积极性的需要。授权是对下属信任的表示,让下属有权处理其工作范围内的各种问题,这样做将得到下属的尊敬和信任,更有利于调动下属工作的积极性。

10. 答:类型:(1)直线制;(2)职能制;(3)直线职能制;(4)事业部制;(5)模拟分权制;(6)矩阵制。

优点和缺点:略。

适合的情况:略。

11. 答:激进式变革和渐进式变革。

五、论述题

1. 答:(1)组织的战略。组织结构是帮助实现组织目标的方式和手段。组织目标产生于组织的总战略,因此,组织战略与组织结构紧密相关,是设计组织结构的重要影响因素。

组织最初的战略很简单,结构也很简单。简单的战略只要求一种简单、松散的结构形式来执行这一战略。这时,决策可以集中在一个高层管理人员手中,组织的复杂性和正规化程度都很低。随着产品的调整、战略的变化,职能部门开始出现。随着战略的继续调整,事业部开始出现。总而言之,随着公司战略从单一产品向纵向一体化、再向多样化经营的转变,管理当局会将组织从有机式转变为更加机械的形式。

(2)组织的规模。组织的规模对其结构具有明显的影响作用。例如,大型组织倾向于比小型组织具有更高程度的专业化和横向及纵向的分化,规则条例也更多。但是,这种关系并不是线性的,而是规模对结构的影响强度在逐渐减弱。

(3)环境。企业面临的环境的特点,对组织结构中职权的划分和组织结构的稳定有较大的影响。如果企业面临的环境复杂多变,有较大的不确定性,就要求在划分权力时给中下层管理人员较多的经营决策权和随机处理权,以增强企业对环境变动的适应能力。如果企业面临的环境是稳定的、可把握的,对生产经营的影响不太显著,则可以把管理权较多地集中在企业领导手里,设计比较稳定的组织结构,实行程序化、规模化管理。

(4)技术。企业所采用的技术以及企业的规模也与组织结构的确定有关。根据制造技术复杂程度进行分类,企业生产可以分为单件小批量生产、大批量生产和流程生产。企业生产所采用的技术也影响着组织结构的确定,如批量化的生产技术通常适合采用集权式的组织结构。

2. 答:(1)按职能划分部门即按专业化的原则,以工作或任务的性质为基础,把具有相同职能的工作岗位放在同一个部门。

优点:第一,职能部门是各级管理人员的得力参谋和助手。第二,各职能部门在其专业分工的范围内担负着人、财、物、产、供、销等专业管理活动,容易造就一大批专家型人才,通过这些专业管理活动,为生产经营活动的有效进行创造必要条件。第三,上级职能部门对下一级部门和机构,在业务上发挥着指导和帮助作用。第四,在处理对外业务关系方面,职能部门起着重要作用。

缺点:首先,职能部门的人员往往会养成过于专一态度和行为方式。其次,按照职能划分部门事实上造成了组织的"职能割裂"现象。再次,各个职能经理长期单一化工作极易造成"隧道视野",无法从整体上认识和处理组织活动,这就不利于培养综合、全面的管理人才。最后,这种组织形式也缺乏灵活性和弹性。

(2)按产品划分部门,即产品部门化,就是按组织向社会提供的产品来设立管理部门、划分管理单位,把同一产品的生产或销售工作集中在相同的部门组织进行。

优点:第一,产品部门化以产品为中心,便于对成本、利润和绩效进行测定和评价;第二,按产品划分部门,分部可以形成以利润为目标的责任中心,它承担了总公司的一部分责任,其本身也具有高度的完整性;第三,它是分权化的组织,有利于创新活动,有利于改善产品部门内部的协调工作;第四,按产品划分部门,容易适应产品与劳务的迅速发展与变化。

缺点:第一,随着产品种类越来越多,产品部门化要求有更多的通才;第二,产品部可能发展得过于自主,拥有较大的权力,增加了公司总部的控制问题;第三,各个产品事业部的相对独立性,容易造成企业部门与机构的大量重复设置,管理成本会上升;第四,如果产品部门划分不当,容易造成各个产品事业部之间的竞争,造成内耗。

(3)按地区划分部门,即地区部门化,就是按地理位置因素来划分部门。

优点:对本地区市场和环境的变化反应迅速灵敏,因地制宜,取得地方化经营的优势效益;有利于生产的当地化,节省运输费用,缩短交货时间;由于各个地区部门的相对独立性,也利于管理人员的培养。

缺点:与总部之间的管理职责划分较困难;增加了最高层主管对各部门控制的困难;会造成机构的重复设置,提高管理费用;各个独立性区域之间的协调往往很困难。

(4)按顾客划分部门,即顾客部门化,就是按组织服务的对象类型来划分部门。

优点:服务针对性强,便于企业从满足不同顾客的要求出发,做到精细化服务。

缺点:按这种方法组织起来的部门,主管人员常常列举某些原因要求给予特定顾客照顾和优待,可能造成难以协调顾客需求矛盾;要求管理人员和员工成为解决顾客问题的专家;有时候很难清晰地确定顾客群;只有当顾客达到一定规模时,才可能达到经济。

(5)按过程或设备划分部门,即过程部门化,就是按完成任务的过程所经过的阶段或设备来划分。

优点:能取得经济优势,充分利用专业技术和技能,简化了培训。

缺点:部门间的协作较困难。

(6)按人数划分部门。人数部门化是组织结构的部门化中最原始、最简单的划分方法,它仅仅考虑的是人的数量。

优点:不用考虑其他因素,完全按人数的多少来划分部门。人数部门化是组织结构的部门化中最原始、最简单的划分方法,它仅仅考虑的是人的数量。

缺点:在高度专业化的现代社会,这种划分方法越来越少,因为随着人们文化水平和科学知识水平的提高,把具备某种专业技术的人们组织起来去做某项工作,比单靠数量组织起来的人们有较高的效率。

(7)按时间划分部门,即时间部门化。某些企业实行的三班制、轮班制,即可按此来划分。

优点:有利于连续、不间断地提供服务和进行生产,有利于使设备、设施得到充分的利用。

缺点:在夜间可能会缺乏监督,人员容易疲劳,协调和沟通有时会比较困难。

3. 答:(1)直线制:直线制组织结构是最古老也是最简单的组织结构形式。所谓"直线",是指在这种组织结构下,职权直接从高层开始向下逐层传递、分解,经过若干个管理层次达到组织最低层。

优点:结构比较简单,职权和职责分明,命令统一,信息沟通简捷方便,便于统一指挥、集中管理。

缺点:它要求各级管理人员通晓多种知识和技能,亲自处理各种业务。在业务比较复杂、企业规模比较大的情况下,把所有管理职能都集中到最高管理者身上,显然是不合理的;缺乏横向的协调,没有职能机构作为助手,行政首脑容易忙乱。

(2)直线职能制:直线职能制组织结构是现代企业中最常见的一种结构形式,而且在大中型组织中尤为普遍。这种组织结构以直线为基础,在各级管理人员之下设置相应的职能部门(如研发、销售、人力资源、财务等部门)从事专业职能管理。在直线职能制组织中,下级部门既受上级部门的管理,又受同级职能管理部门的业务指导和监督。各级管理人员逐级负责,高度集权。因而,这是一种按经营管理职能划分部门,并由最高经营者直接指挥各职能部门的体制。

优点:直线职能制组织结构综合了直线制和职能制组织结构的优点,它既保证了直线型结构集中统一指挥的优点,又吸收了职能型结构分工细密、注重专业化管理的长处,发挥各种专门业务管理的作用,其职能高度集中、职责清楚、秩序井然、工作效率较高,整个组织有较高的稳定性。

缺点:直线职能制属于典型的"集权式"结构,权力集中于最高管理层,由此造成高层管理人员工作压力大,而下级缺乏必要的自主权;依然存在"职能分裂"现象,各部门之间(特别是各职能部门与直线部门之间)的横向协作较差,容易产生矛盾,对于需要多部门合作的事项,往往难以确定责任的归属;直线职能制的组织,往往层级比较多,导致信息、命令传递路线较长,反馈较慢,难以适应环境的迅速变化。

(3)事业部制:事业部制是一种高度集权下的分权管理体制,实行分级管理、分级核算、自负盈亏,即一个公司按地区或按产品类别分成若干个事业部,事业部在最高决策层的授权下享有一定的投资权限,是具有较大经营自主权的利润中心,从产品的设计、原料采购、成本核算、产品制造,一直到产品销售,均由事业部及所属工厂负责,实行单独核算,独立经营。

优点:① 组织最高管理部门可以摆脱繁杂的日常行政管理事务,成为真正强有力的决策机构;② 各事业部自成体系,独立经营、核算,可以发挥其灵活性和主动性,进而增强企业整体的灵活性和适应能力;③ 可促进各事业部之间的竞争,促进企业发展;④ 通过权力下放,使各事业部接近市场和顾客,按市场需要组织生产经营活动,有助于经济效益的改进和提高;⑤ 有利于培养和训练管理人才。

缺点:公司总部与各个事业部的一些职能部门大量重复设置,管理费用高;由于事业部的独立性,各事业部往往只考虑自身的利益,影响事业部之间的协作,也容易造成局部利益和整体利益难以协调。

(4) 矩阵制结构:矩阵制结构是为了改进直线职能制部门之间横向联系差、缺乏弹性的缺点而形成的一种组织形式。它既有按职能划分的垂直领导系统,又有按产品(项目)划分的横向领导关系的结构。

优点:机动、灵活,随项目的成立而成立,随项目的结束而解散;由于这种结构是根据具体的项目组织的,任务清楚、目的明确,各方面有专长的人都是有备而来;加强了不同部门之间的配合和信息交流,克服了直线职能结构中各部门各自为政的现象。

缺点:参加项目的人员都来自不同部门,隶属关系仍在原单位,只是为一个临时任务而来,所以项目负责人对他们管理困难,没有足够的激励手段与惩治手段,这种人员上的双重管理是矩阵结构的先天缺陷;当任务完成以后,项目组成人员仍要回原单位,因此归属感就差,很难激励他们为了项目而卖力。

六、案例分析题

案例分析(一)

1. B 2. B 3. A 4. C 5. A 6. B 7. A 8. C 9. B

10. 答:(1) 集权是指决策权主要集中在组织的较高管理层次上。分权是指决策权主要分散在组织的较低管理层次上。

(2) 集权和分权对组织来讲都是不可缺少的,但集权与分权是个相对的概念。也就是说,完全集权或完全分权的组织均难以有效地运行。

(3) 作为公司总裁的助理,可根据相关因素来决定一个组织是更为集权还是更为分权,并提出相应建议。

案例分析(二)

1. 答:直线职能制结构图如下所示:

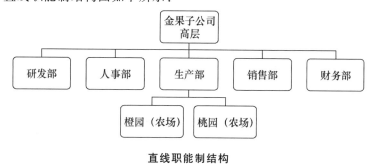

直线职能制结构

直线职能制组织结构综合了直线制和职能制组织结构的优点,它既保证了直线型结构集中统一指挥的优点,又吸收了职能型结构分工细密、注重专业化管理的长处,发挥各种专门业务管理的作用,其职能高度集中、职责清楚、秩序井然、工作效率较高,整个组织有较高的稳定性。

直线职能制的缺点是:直线职能制属于典型的"集权式"结构,权力集中于最高管理层,由此造成高层管理人员工作压力大,而下级缺乏必要的自主权;依然存在"职能分裂"现象,各部门之间(特别是各职能部门与直线部门之间)的横向协作较差,容易产生矛盾,对于需要多部门合作的事项,往往难以确定责任的归属;直线职能制的组织,往往层级比较多,导致信息、命令传递路线较长,反馈较慢,难以适应环境的迅速变化。

事业部制结构图如下所示:

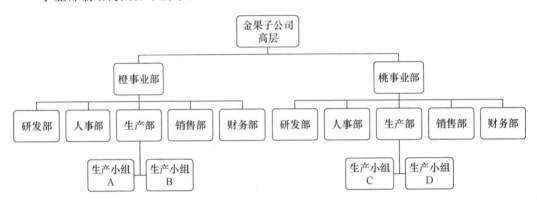

事业部制的优点在于:① 组织最高管理部门可以摆脱繁杂的日常行政管理事务,成为真正强有力的决策机构;② 各事业部自成体系,独立经营、核算,可以发挥其灵活性和主动性,进而增强企业整体的灵活性和适应能力;③ 可促进各事业部之间的竞争,促进企业发展;④ 通过权力下放,使各事业部接近市场和顾客,按市场需要组织生产经营活动,有助于经济效益的改进和提高;⑤ 有利于培养和训练管理人才。

其主要的不足是:公司总部与各个事业部的一些职能部门大量重复设置,管理费用高;由于事业部的独立性,各事业部往往只考虑自身的利益,影响事业部之间的协作,也容易造成局部利益和整体利益难以协调。

2. 答:会。在组织规模继续扩大之后。直线职能制在中小规模的公司应用广泛;在组织规模很大,经营范围很广的情况下,事业部制的组织结构有明显的优势。

七、综合应用题

综合应用题(一)

1. 答:直线制组织结构。在华为成立初期,员工数量不多,部门和生产线比较单一,产品的研发种类也比较集中,直线制组织结构是适合的。

2. 答:随着业务的增长,企业逐渐迈上了高速发展的道路,组织规模扩张较快,而且公司的员工数也呈几何倍数递增。在这种情况下,直线制组织结构的弊端暴露无遗。

事业部制组织结构的优点:略。

3. 答:授权。把决策权根据授权规则授予一线团队。

4. 略。

综合应用题(二)

1. 答:主要背景是:(1)上市之后的高速发展,随着所经营的产品领域拓宽,企业规模扩大,原先"大一统"的经营管理体制越来越不适应企业正常的发展要求;(2)原有创业团队的能力素质有限,已经越来越成为阻碍经营发展的瓶颈;(3)何享健作为一家之主事事亲力亲为,感到了极大的压力。

2. 答:(1)进行组织结构变革,实行事业部制,实现了经营权的下放;

(2)《分权手册》起到了规范作用,从制度上进行了保障。

3. 答:其分权体系总的指导思想概括得比较全面,即"十六字方针":集权有道,分权有序,授权有章,用权有度。

第8章 组织文化与组织变革

一、本章词汇(略)

二、单项选择题

1. B 2. C 3. A 4. B 5. B 6. A 7. A 8. A 9. D 10. A 11. D 12. C

三、多项选择题

1. ABC 2. BCD 3. ACD 4. ABC 5. ABCD 6. ABCD 7. ABCD 8. ABD

四、简答题

1. 答:组织文化是组织在长期的生存和发展中所形成的、并且为组织成员普遍认可和遵循的、具有本组织特色的价值观念、团队意识、思维方式、行为规范、工作作风、心理预期和团体归属感等群体意识的总称。

2. 答:组织文化整个理论系统概述为五个要素,即企业环境、价值观、英雄人物、文化仪式和文化网络。

3. 答:组织文化也是一个系统,可以从四个层次来剖析,即物质层、行为层、制度层和精神层。(1)物质层文化是最为具体的文化,处于组织文化的最表层;(2)行为文化是一种活动,属于浅层次的文化,是组织文化的外壳;(3)制度文化是精神文化的表现形式,是人与物的集合部分,处于组织文化的中层;(4)精神文化所处层次最深,是组织文化的核心,决定着其他层次文化的性质和发展方向。

4. 答:(1)民族性;(2)历史性;(3)独特性;(4)系统性;(5)继承发展性。

5. 答:(1)导向功能;(2)约束功能;(3)凝聚功能;(4)激励功能。

6. 答:组织变革是指运用相关理论与方法,对组织的战略愿景、框架结构、文化、规模、渠道等进行有目的的、系统的调整和革新,以适应组织所处的内外环境、技术特征和组织任务等方面的变化,从而提高生存和发展能力的过程。

7. 答:(1)激进式变革。激进式变革对组织进行的调整是大幅度的、全面的,能够以较快的速度达到目的,所以变革的过程就会较快。(2)渐进式变革。渐进式变革则是通过局部的修补和调整来实现,依靠持续的、小幅度变革来达到目的状态,即调整量小,但波动次数多,变革持续的时间长。

五、论述题

1. 答:管理者面临外部和内部两种限制力量。也是这同样的力量,产生了对变革的需要。

(1) 外部力量:包括经济、政治、法律政策、文化、人口、市场和竞争、技术、自然环境等;

(2) 内部力量:组织生命周期的不同阶段、组织运行状况不佳、经营业绩和效益下降、组织结构的缺陷、组织战略改变、组织规模扩大、人力资源变化;

(3) 管理者的推动作用:组织内的变革需要一种催化剂。我们把作为催化剂起作用,并承担变革过程管理责任的人称作变革推动者。

2. 答:(1) 风平浪静观。有学者认为,只要管理得当,变革是个风平浪静的过程。在这种观点看来,组织就像是一艘在风平浪静的海洋中航行的大船,船长和船员们都清楚地知道他们航行的目标是什么,因为航线是他们所熟悉的,只是偶尔遇到风暴时才会有变化出现。

(2) 急流险滩观。也有学者认为,变革是个不平静的过程,就像一艘小船在激流险滩小心谨慎地前行。小船上的员工,是个刚刚组建的团队,他们以前从未在一起出航也,完全不熟悉河流的构造,不了解最终的目的地,甚至他们有时还要在漆黑的夜晚航行。在这种急流险滩比喻下,变化就是一种自然的状态,对变革的管理是一个持续的过程。

3. 答:(1) 解冻。库尔特·卢因认为,变革的第一个阶段就是解冻,解冻是创造变革的驱动力。按照卢因的观点,现状可以看作一种平衡状态,要打破这一平衡状态,解冻就是必要的。

(2) 变革。解冻一旦完成,就可以推行本身的变革。变革要指明改变的方向,使成员形成新的态度和行为。组织创造并拥有一种未来愿景,并综合考虑达成这一目标所需要的步骤。安排变革的一个首要步骤是将整个组织团结在一个凝聚人心的愿景之下。

(3) 再冻结。但仅仅引入变革并不能确保它持久。当新的态度、实践与政策用于改变公司时,它们必须被"重新冻结"或固化,这样才能使之保持一段相当长的时间。如果不增加最后这一个步骤,变革就很可能是短暂的,员工又会回到原有的平衡状态中。因此,再冻结即把组织稳定在一个新的均衡状态,其目的就是通过平衡驱动力和制约力两种力量,使新的状态稳定下来,保证新的工作方式不会轻易改变。这是对支撑这一变革的新行为的强化。

4. 答:组织变革是一个破旧立新的过程,必然会遇到各种抵制和阻力。

(1) 克服阻力的方法:组织因素、个体因素;

(2) 组织变革的主要阻力:参与和投入、教育和沟通、群体促进和支持、适当地运用激励手段、培植组织的精神领袖、发挥外部专家的影响力、延长变革的时间和进程。

六、综合应用题

1. 答:主要特点:(1) 以"鹰"为代表、搏击长空的工作文化;(2) 以"雁"为代表、团结互助的团队意识;(3) 以"家"为代表的、充满人情味的工作环境。

2. 答:不冲突。"鹰"文化主要是一种工作文化,在工作中要有搏击长空的奋斗精神；"雁"文化主要是团队文化，在工作中互相帮助、团结友爱，要有团队精神。这两者是不矛盾的，互为补充。

第9章 领导与领导理论

一、本章词汇（略）

二、单项选择题

1. C   2. A   3. B   4. D   5. A   6. D   7. C   8. B   9. B   10. A
11. C 12. D 13. C 14. A 15. A 16. D 17. C 18. C 19. A 20. C
21. D 22. A 23. A 24. B 25. B 26. C 27. B 28. A 29. C 30. A
31. D 32. D 33. A 34. B 35. B 36. C 37. C 38. A 39. A 40. A
41. C 42. C 43. B 44. D 45. D 46. A 47. D 48. C 49. D 50. B
51. B 52. D 53. D 54. C 55. B

三、多项选择题

1. ABC   2. ABD   3. ACD   4. AB   5. AC   6. BC   7. ABC   8. CD
9. ABDE   10. ABDE

四、判断题

1. √   2. ×   3. ×   4. √   5. ×   6. √   7. ×   8. ×   9. √   10. √

五、简答题

1. 答：理解领导内涵需要把握以下四点：(1) 领导的对象是人；(2) 领导的本质是一种影响力；(3) 领导是一个动态过程，领导者和被领导者在领导过程中是互动关系；(4) 领导的最终目的也是为了有效地实现组织目标。

2. 答：领导者：(1) 激励、影响和改变行为；(2) 鼓励，制定风格，并且表现出洞察力；(3) 管理员工；(4) 有魅力；(5) 有远见卓识；(6) 理解并运用能力和影响力；(7) 行为果断；(8) 将员工视为第一位，领导者理解、回应他的追随者，并且付诸行动；(9) 领导者在下列情况下可能会犯错误，即由于能力不足或不良意图，他们选择了错误的目标、方向或者刺激，他们越权领导，由于能力不足或缺乏跟进的能力履行或贯彻自己的想法。

管理者：(1) 任务上的管理、指挥和对成本资源负责；(2) 执行计划，并产生和提供产品和服务；(3) 管理资源；(4) 尽职尽责；(5) 计划、统筹、指挥和控制；(6) 理解并运用权力和责任；(7) 为行为负责；(8) 将顾客放在首位，管理者理解，回应他们的顾客，并且付诸行动；(9) 管理者在下列情况下可能会犯错误，即他们不能理解人才作为关键资源的重要性，他们不能有效管理，他们对待人力就像其他资源或数字，他们渴望指挥和控制，但是不希望成为负责人。

3. 答：领导工作的要素：(1) 领导者；(2) 被领导者；(3) 目标任务；(4) 领导环境；(5) 方式方法。

4. 答：领导任务的职能：(1) 指挥；(2) 协调；(3) 激励。

5. 答：特质是指领导者十分鲜明的个性特征,如智力、个性、脾气、价值观、相貌等。领导的特质理论基本的研究假设是领导有效性与领导者个人品质、特质之间存在联系,希望找到具备哪些特质的人会成为有效领导的判断。这种研究思路比较简单：先找出被大家公认的所谓伟人,再从这些伟人身上找出那些让人成功的特征,然后根据这些特征按图索骥去寻找未来的领导者,因为这些未来的领导者已经表现出同样的特征,或者可以通过培训来开发这些特征。

局限性：(1) 特性理论忽视性格的整体性、联系性和表现在某一个人身上的具体性。所列出性格很多,有的多达几十种甚至上百种,而且各种性格特征之间缺乏必然的联系,有的甚至相互矛盾。因此,这种理论忽视的重要事实是性格的完整性和体现每个人身上的具体性；忽视人格的社会性,从而无法认识人格的本质。

(2) 与实际的矛盾性。领导个性与领导者的关系相当微弱,实际生活中,许多人具备优良的人格特性但却不是领导者,不完全具备或很少具备这种性格特征的人却是领导者,实际与理论的反差证明该理论本身的不完善。

(3) 特性理论不完备还体现在所列出的某些领导特征不具有普遍代表意义,有的特征甚至是荒谬的,如身体的高矮、体型、体重等。许多事实完全可以证明这一点：列宁个子比较矮,却是伟大的革命导师；拿破仑也是矮个子,却曾叱咤风云,成为一代名将。

(4) 特性理论也忽视了领导特性与其所处情境以及下属的相关性。某些特性在某种环境中能成为有效领导的必备条件,有的环境则会要求与此相反,这取决于领导者所在组织特征、组织目标、组织承担的任务性质等；而下属对领导的成效往往产生重要的影响。

(5) 特性理论仅揭示了是否应该具备某项领导特性,而没有具体指出不同的品质和特性在领导工作中的相对重要性。

6. 答：(1) 领导做出决策并宣布实施；(2) 领导者说服下属执行决策；(3) 领导者提出计划并征求下属的意见；(4) 领导者提出可修改的计划；(5) 领导者提出问题,征求意见作决策；(6) 领导者界定问题范围,组织成员集体做出决策；(7) 领导者允许组织成员在上司规定的范围内发挥作用。

7. 答：(1) 领导者的基本任务就是发挥部下的作用,而要发挥部下的作用,就得帮助部下设定目标,把握目标的价值,支持并帮助部下实现目标。在实现目标的过程中提高部下的能力,使部下得到满足。

(2) 路径目标理论认为,领导者的任务是利用结构、支持和报酬,建立有助于员工实现组织目标的任务路径。

六、论述题

1. 答：一个有效的领导者必须具备以下五个主要的习惯：

(1) 善于处理和利用有限的时间；(2) 注意贡献,确定自己的努力方向；(3) 善于发现和用人之所长；(4) 能分清任务的主次,集中精力于少数主要的领域；(5) 能做出有效的决策。

2. 答：(1) 独裁型领导或称专制型领导。独裁型领导的权力定位于领导者个人手中,领导者只注重个人的目标,只关心任务的完成和任务效率的高低。

(2) 民主型领导。民主型领导的权力定位于全体成员,领导者只起到一个指导者或委员会主持人的作用,其主要任务就是在成员之间进行调解和仲裁。

(3) 放任型领导。放任型领导的权力定位于每一个成员,领导者置身于组织任务之外,只起到一种被动服务的作用,其扮演的角色有点像一个情报传递员和后勤服务员。

3. 答:管理方格图清楚地表示出领导者对生产关心程度和对人的关心程度。横坐标和纵坐标分别表示对生产和对人的关心程度,每个方格就表示"关心生产"和"关心人"这两个基本因素以不同程度相结合的一个领导风格。布莱克和莫顿在管理方格图中列出了五种典型的领导行为。

(1) 1.1 为贫乏型领导方式。领导者希望以最低程度的努力来实现组织目标和维持人际关系,既不关心下属,也不关心生产。

(2) 1.9 为俱乐部型领导方式。领导者不关心任务效率,也不注重生产结果,只注意搞好人际关系、关心任务人员的需求是否获得满足。

(3) 9.1 为任务型领导方式,表示对任务极为关心,但忽略对人的关心,也就是不关心组织成员的需求和满足,并尽可能使后者不致干扰任务的进行。

(4) 9.9 为团队型领导方式,表示对任务和对人都极为关心。

(5) 5.5 为中间型领导方式,表示既对任务关心,也对人关心,兼而顾之,程度适中,不高也不低。

4. 答:(1) 费德勒对领导方式的划分。

费德勒设计出一种 LPC 量表,用以鉴别不同的领导方式,并认为无论何种领导方式均有利弊,十全十美的领导方式是不存在的。

如果一个领导者用较为积极的词语描述最难共事的同事,即 LPC 的量值比较高,就认为其对人宽容、体谅、注重人际关系,说明其领导方式是关系导向型;反之,一个领导者如果用相对不积极的词语描述最难共事的同事,即 LPC 的量值比较低,则认为其惯于命令和控制,注重任务,说明其领导方式是任务导向型。

(2) 确定领导情境。包括职位权力、任务结构和领导者与成员之间的相互关系三个要素。

这三种情境因素的不同组合形成了八种不同类型的情境。其中,三个情境因素的组合是好的、高的、强的,说明是最有利的领导情景;组合是差的、低的、弱的,说明是最不利的领导情境。按照这个三维结构模式,八种不同类型的情境可以被分为三类:有利的、中间状态的、不利的。

(3) 领导方式与情境的匹配。当领导方式与领导情境相匹配时,会使领导的有效性达到最高。

5. 答:(1) 成熟度分为四个阶段,即不成熟、初步成熟、比较成熟和成熟。

不成熟:下属对接受和承担任务既无能力也无愿望,他们既不能胜任任务又缺乏自信,不能被信任。

初步成熟:下属愿意承担任务但缺乏足够的能力,他们有积极性但缺乏完成任务所需的技能。

比较成熟:下属具有完成领导者所交给的任务的能力,但却不愿意接受领导希望他们完成的任务。

成熟:下属既有能力完成而且又愿意完成领导者交给的任务。

(2) 领导风格的类型：命令型(低关系-高任务)，说服型(高关系-高任务)，参与型(高关系-低任务)，授权型(低关系-低任务)。

(3) 领导方式应当随着下属成熟程度的不同作相应的调整。

6. 答：(1) 权变理论揭示了领导现象的复杂性；(2) 权变理论提供了一套有效的领导方法；(3) 从以上两点可以看出，权变理论更切合实际。

七、案例分析题

案例分析（一）

1. 答：属于9.9团队型。因为老总对任务和下属的关心都达到了较高点。

2. 答：作为领导者，关心任务和关心员工都很重要，也可以同时做到。即努力使员工在完成组织目标的同时，满足个人需要，只有这样，才能使领导任务卓有成效。

3. 答：基本赞同。但觉得应在副总出差的同时，就告诉其将如何安顿家属的决定，以免其牵挂而带着情绪出差。虽然副总迟早会知道老总用意，但事前沟通可能效果更好。

案例分析（二）

1. 答：赵山之所以得到提拔，是因为他在过去三年多的任务中表现出了良好的素质。王宇和公司的其他员工都认为他是可造之才，王宇很可能是领导特质理论的信奉者。

2. 答：赵山在提升前"效率很高地完成任务"，可见在原来的情景中他是一个有能力、有意愿的成熟员工；升迁后，赵山对新职位充满热情但缺少经验，即"有意愿没能力"，在新的环境中赵山处于初步成熟阶段，很难独立完成任务，赵山不能胜任新的任务岗位，主要原因是王宇忽略了情境的变化，做出了错误的判断，因而采用了不正确的领导模式，从而导致了员工的生产力下降。

3. 答：根据领导生命周期理论，对处于初步成熟阶段的赵山来说，王宇应该采用说服式的领导方式，加强沟通，在任务上给予他必要的指导和解释。

八、综合应用题

1. 答：朱江洪属于民主型，而董明珠则属于独裁型，主要是两人的性格和发展经历有巨大的不同。

2. 答：(1) 他们有共同的价值观。骨子里都有对知识、对科学的追求，以及对天道酬勤、兢兢业业的信仰。这些共同构成了朱、董二人的价值观，又激发着格力形成企业的价值观。

(2) 董明珠的确有能力、能做事，而朱江洪又够大度、有胸怀，真正是虚怀若谷，这也让董明珠很佩服。

(3) 他们俩有同样的责任感、较真劲儿和奉献精神。

(4) 在企业内部，朱江洪主管研发和生产，董明珠主管市场和销售，各司其职，减少了很多冲突。

(5) 董明珠和朱江洪都执着于"工业精神""自主创新"。

(6) 在格力的战略方向上，朱、董二人保持了高度的统一。

3. 略。

第10章　激励理论

一、本章词汇(略)

二、单项选择题

1. C　2. B　3. C　4. D　5. A　6. D　7. A　8. B　9. D　10. A
11. D　12. C　13. D　14. D　15. B　16. C　17. D　18. B　19. D　20. A
21. A　22. C　23. A　24. C　25. B　26. C　27. D　28. B　29. D　30. D
31. C　32. D　33. D　34. C　35. C　36. C　37. B　38. D　39. C　40. A
41. C　42. C　43. A　44. A　45. D　46. C　47. D　48. D　49. B　50. B
51. B　52. C　53. C　54. C　55. C　56. A　57. D　58. B　59. C

三、多项选择题

1. ABCD　2. ACE　3. ACE　4. ABC　5. BC　6. ABD　7. ACD

四、判断题

1. ×　2. ×　3. ×　4. ×　5. ×　6. √　7. ×　8. √　9. ×　10. √
11. ×　12. ×　13. ×

五、简答题

1. 答：(1)需要是指客观的刺激作用于人的大脑所引起的个体缺乏某种东西的状态。

(2)动机是指引起和维持个体行为并将此行为导向某一目标的愿望或意念。

(3)三者之间满足这样一种关系模式：需要—动机—行为—需要满足—新的需要。遵循这一规律，使领导者能从宏观上掌握被领导者的心理，从而制定相应的较为科学的管理措施，高效地实现组织目标。

2. 答：(1)激励是指为达到组织的目标，管理者根据组织中个体或群体的需要特征而采取一系列的措施、手段、力量的过程，这个过程用以影响个体或群体的行为，从而使之能够做出组织所期望的努力。

(2)略。

3. 答：麦克莱兰认为，在人的生存需要基本得到满足的前提下，成就需要、权力需要和归属需要是人的最主要的三种需要。

(1)成就需要的高低对一个人、一个组织的发展起着特别重要的作用；

(2)权力需要是影响或控制他人且不受他人控制的需要；

(3)归属需要是建立友好、亲密的人际关系的需要，即寻求被他人喜爱和接纳的一种愿望。

4. 答：奥尔德弗认为，人的核心需要有三种，包括生存的需要、关系的需要和成长发展的需要，因而这一理论被称为ERG理论。

5. 答：挫折理论是由美国的亚当斯提出的。挫折是指人类个体在从事有目的的活动过程中，指向目标的行为受到障碍或干扰，致使其动机不能实现、需要无法满足时所产生的情绪状态。挫折理论主要揭示人的动机行为受阻而未能满足需要时的心理状态，以及由此而导致的行为表现，力求采取措施将消极性行为转化为积极性、建设性行为。

6. 答：归因是指人们对已发生事件的原因的推论或知觉。归因理论是关于人的某种行为与其动机、目的和价值取向等属性之间逻辑结合的理论，主要解决的是日常生活中人们如何找出事件的原因这一问题。

六、论述题

1. 答：(1) 工具人假设。在工厂制度中，资本家把雇佣的工人看成活的机器或是机器的一个组成部分或者会说话的工具。管理的任务就在于使作为管理对象的人像机械一样去工作。

(2) 经济人假设。亚当·斯密认为，人的本性是懒惰的，必须加以鞭策；人的行为动机源于经济和权力维持员工的效力和服从。

(3) 社会人假设。梅奥认为，人是有思想、有感情、有人格的活生生的"社会人"，人不是机器和动物。作为一个复杂的社会成员，金钱和物质虽然对其积极性的产生具有重要影响，但是起决定因素的不是物质报酬，而是职工在工作中发展起来的人际关系。

(4) 自我实现人假设。自我实现是指"人都需要发挥自己的潜力，表现自己的才能，只有人的潜力充分发挥出来，人的才能充分表现出来，人才会感到最大的满足"。这就是说，人们除了上述的社会需求之外，还有一种想充分运用自己的各种能力、发挥自身潜力的欲望。

(5) 复杂人假设。就个体而言，人的需要和潜在愿望是多种多样的，而且这些需要的模式随着年龄的增长、知识的增加，以及在社会中所扮演的角色、所处的境遇和人际关系的变化而不断地发生着变化；就组织的人而言，人与人是有差异的。因此，无论是"经济人""社会人"，还是"自我实现人"的假设，虽然各有其合理性的一面，但并不适用于一切人。

2. 答：马斯洛把人的需要依次分成生理需要、安全需要、社交需要、尊重需要和自我实现需要五类，依次由较低层次到较高层次。

(1) 生理需要。这是人类为了维持其生命最基本的需要，也是需要层次的基础。

(2) 安全需要。保护自己免受身体和情感伤害，同时能保证生理需要得到持续满足的需要。

(3) 社交需要。它包括爱情、归属、接纳、友谊的需要。

(4) 尊重需要。每个人都希望自己有稳定的社会地位，希望他人和社会对自己的工作、人品、能力和才能给予承认和较高的评价，希望为他人和社会所尊重，希望自己在同事中有一定的声誉和威望，对他人发挥一定的影响力。

(5) 自我实现需要。马斯洛认为这是最高层次的需要，他认为自我实现是这样一种欲望，即"希望能成就他独特性的自我的欲望，希望能成就其本人所希望成就的欲望"。

3. 答：(1) X 理论的基本观点可以概括为五个要点：

① 多数人天生是懒惰的，他们都尽可能逃避工作；② 多数人都没有雄心大志，不愿负任何责任，而心甘情愿受别人的指导；③ 多数人的个人目标都是与组织目标相矛盾的，

必须用强制、惩罚的办法才能使他们为达到组织的目标而工作;④ 多数人干工作都是为满足基本的生理需要和安全需要,因此,只有金钱和地位才能鼓励他们努力工作;⑤ 人大致可分为两类:多数人都是符合于上述设想的一类人;另一类是能够自己鼓励自己、能够克制感情冲动的人,这些人应负起管理的责任。

(2) Y理论,其基本内容如下五点:

① 工作中的体力和脑力的消耗是十分自然的。厌恶工作并不是普通人的本性。工作可能是一种满足(因而自愿去执行),也可能是一种处罚(因而只要可能就想逃避),到底怎样,要视可控制的条件而定。② 外来的控制和处罚的威胁不是促使人们努力达到组织目标的唯一手段。人们愿意实行自我管理和自我控制以完成应当完成的目标任务。③ 致力于实现目标是与实现目标联系在一起的报酬在起作用。报酬是各种各样的,其中最大的报酬是通过实现组织目标而获得个人自我满足、自我实现的需求。有自我满足和自我实现需要的人往往以达到组织目标作为自己致力于实现目标的最大报酬。④ 普通人在适当条件下,不仅学会了接受职责,而且还学会了谋求职责。逃避责任、缺乏抱负以及强调安全感,通常是经验的结果,而不是人的本性。⑤ 大多数人,而不是少数人,在解决组织的困难问题时都能发挥较高想象力、聪明才智和创造性。⑥ 在现代工业化社会的条件下,普通人的智能潜力只得到了部分的发挥。

4. 答:双因素理论,又称激励保健理论。其主要内容为:

(1) 促使职工在工作中产生满意或良好感觉的因素与产生不满或厌恶感觉的因素是完全不同的。使职工感到满意的往往与工作内容本身联系在一起,这类因素的改善,能够激励职工的工作热情,从而提高工作效率,赫茨伯格把这类因素称为"激励因素"。

(2) 使职工感到不满的,则同工作环境或条件相联系,这些因素的改善只能消除职工的不满、怠工和对抗,但不能使职工变得满意,赫茨伯格把这类因素统称为"保健因素"。

5. 答:公平理论集中于人们对他们的工作结果与他们的工作投入相比较所获得的公平感,强调决定激励的重要的东西是与人的所得与投入相对的水平,而不是绝对的水平。

(1) 公平是激励的动力。公平理论认为,人能否受到激励,不但受到他们得到了什么的影响,还受到他们所得与别人所得是否公平的影响。

(2) 公平的比较。公平的比较包括横向比较和纵向比较。所谓横向比较,即一个人要将自己获得的回报(包括金钱、工作安排以及获得的赏识等)与自己的投入(包括教育程度、所做的努力、用于工作的时间、精力和其他无形损耗等)的比值与组织内其他人作社会比较,只有相等时他才认为公平;所谓纵向比较,即把自己目前投入的努力与目前所获得报偿的比值,同自己过去投入的努力与过去所获报偿的比值进行比较,只有相等时他才认为公平。

6. 答:(1) 弗鲁姆认为,人总是渴求满足一定的需要并设法达到一定的目标。这个目标在尚未实现时,表现为一种期望,这时目标反过来对个人的动机又是一种激发的力量,而这个激发力量的大小,取决于目标价值(效价)和期望概率(期望值)的乘积;

(2) $M = \sum(V \cdot E)$

M 表示激励力量,是指调动一个人的积极性、激发人内部潜力的强度;V 表示目标价值(效价),这是一个心理学概念,是指达到目标对于满足个人需要的价值;E 表示期望值,是人们根据过去经验判断自己达到某种目标的可能性是大还是小,即能够达到目标的概率。

该理论假定,如果以下三个条件都满足,则激励的力量会更高:员工认为努力会带来良好的绩效评价;良好的绩效评价会带来组织奖励,如奖金、加薪或晋升;组织奖励会满足员工的个人目标。

7. 答:(1)强化理论是美国心理学家和行为科学家斯金纳等人提出的一种理论。

(2)斯金纳所倡导的强化理论是以学习的强化原则为基础的关于理解和修正人的行为的一种学说。所谓强化,从其最基本的形式来讲,是指对一种行为的肯定或否定的后果(报酬或惩罚),它至少在一定程度上会决定这种行为在今后是否会重复发生。根据强化的性质和目的可把强化分为正强化和负强化。

(3)强化激励理论是控制和塑造职工行为方式的一种强有力的管理工具,为提高激励效果,斯金纳提出了实施强化时应注意的几个问题:第一,必须针对行为结果给行为当事人以及时的、明确的信息反馈。第二,正强化和负强化的作用不仅表现在对行为发生频率的调整差异上,还表现在激励效果的明显不同。一般来说,要尽量少用负强化,正强化的激励效果要好得多。第三,强化的时间选择或安排十分重要。例如,斯金纳通过调查发现,间断性的强化比经常性的强化更加有效。

七、案例分析题

案例分析(一)

1. D 2. B 3. B 4. B

5. 答:根据赫茨伯格的双因素理论,汪明明的任务就是要消除员工的不满意因素,即提供足以满足人们基本需要的保健因素,然后再运用激励因素来满足员工较高层次的需要,进而推进员工达到更好的工作业绩,同时获得更大的满足感。然而,双因素理论虽然对影响着人们的工作行为的因素有着明确的划分,但也存在着许多缺陷,如缺乏普遍适用的满意度评价标准等。对于该案例的情况,就是由于缺乏普遍适用的满意度评价标准而造成的。

案例分析(二)

答:B类员工。

理由(要点):根据期望理论,B类员工的效价和期望值都足够大,激励力最大;A类员工,期望值最大,但是效价太低;C类员工,效价最大,但是期望值太低。因此,对A、C两类员工而言,激励力都不大。B类员工的效价和期望值都足够大(适中),两者相加最大,因此激励力最大。企业的激励方案对B类员工最有效。

案例分析(三)

1. C 2. B 3. A 4. A 5. C 6. C 7. C 8. D 9. D 10. A 11. C

八、综合应用题

1. 答:主要包括:(1)社会需要(感情留人);(2)尊重需要(尊重人才);(3)自我实现需要(事业留人)。

2. 答:主要包括:(1)激励因素(成就、工作本身);(2)保健因素(人际关系、收入保障、工作等)。

3. 略。

第11章 沟通

一、本章词汇(略)

二、单项选择题

1. A 2. B 3. C 4. A 5. A 6. C 7. A 8. D 9. B 10. C
11. C 12. A 13. B 14. C 15. B 16. C 17. A 18. D 19. B 20. B
21. B 22. D 23. B 24. D 25. D 26. B 27. B 28. B 29. C 30. A
31. A 32. D 33. B 34. B 35. B 36. A 37. D 38. C 39. C 40. C

三、简答题

1. 答：沟通是指两个或两个以上主体为改善组织绩效等目的，通过相关信息的传递、理解和共享达成共识并指导行动的过程。

2. 答：(1) 获得组织生存和发展所需要的资源和信息；(2) 有助于使个人和组织做出正确的决策；(3) 增强组织的凝聚力；(4) 能够鼓舞士气、激励下属；(5) 拓展员工的思维，提高员工的工作能力；(6) 转变员工态度，改变员工行为。

3. 答：(1) 信息；(2) 发送者和接收者；(3) 编码；(4) 传输和渠道；(5) 接收；(6) 解码；(7) 反馈；(8) 噪音。

4. 答：(1) 准确性原则；(2) 及时性原则；(3) 完整性原则；(4) 灵活性原则；(5) 连续性原则。

5. 答：(1) 口头沟通；(2) 书面沟通；(3) 非言语沟通方式；(4) 电子媒介沟通。

6. 答：按照信息的流向，正式沟通可以分为上行沟通、下行沟通、水平沟通、斜向沟通。

(1) 上行沟通主要是指低一级的组织成员和管理人员通过一定的渠道与更高一层管理者所进行的沟通交流。在这个过程中，信息是由下属人员向上层管理者传递；

(2) 下行沟通是指信息自上而下的沟通，也是在传统组织内主要的信息流向；

(3) 水平沟通又称横向沟通，是指组织内部平行机构之间或同一层级人员之间的信息交流；

(4) 斜向沟通是指处于不同层次的没有直接隶属关系的部门或成员之间的沟通，这种沟通往往发生在同时跨工作部门和组织层次的员工之间。

7. 答：(1) 链式沟通；(2) 环式沟通；(3) Y式沟通；(4) 轮式沟通；(5) 全通道式沟通。

8. 答：(1) 集群连锁；(2) 密语连锁；(3) 随机连锁；(4) 单线连锁。

9. 答：(1) 按照冲突发生的水平，可以分为个人内心的冲突、人际关系冲突、群体间的冲突和组织层次间的冲突；

(2) 根据冲突产生的原因及影响，可以将冲突分为功能正常冲突和功能失调冲突，或称为建设性冲突和破坏性冲突；

(3) 根据冲突内容，可分为目标冲突、认知冲突、感情冲突和角色冲突。

四、论述题

1. 答：障碍：(1)过滤；(2)选择性知觉；(3)情绪；(4)信息超载；(5)防卫；(6)语言；(7)民族文化。

克服：(1)运用反馈；(2)简化用语；(3)积极倾听；(4)控制情绪；(5)注意非言语提示。

2. 答：(1)非正式沟通的产生主要来自两个方面的因素：一方面，是人们天生的需要。通过这种沟通途径来交换或传递信息，常常可以满足个人的某些需要。另一方面，显而易见的原因是，正式沟通过程中存在着难以克服或固有的障碍，这种难以克服的障碍需要非正式沟通来弥补。

(2)非正式沟通的优、缺点如下：

优点：沟通形式灵活，直接明了，速度快，省略许多烦琐的程序；容易及时了解到正式沟通难以提供的"内幕新闻"，真实地反映员工的思想、态度和动机；一个具有较丰富的非正式沟通渠道的网络可能会形成宽松的企业文化氛围，可以对正式沟通渠道形成有益的补充，也可以使员工的信息压力得到一定的解脱。

缺点：难以控制，传递的信息不确切，容易失真、被曲解，而又无法落实责任；并且，如果非正式沟通被别有用心地利用，那么可能会危及正式沟通的效果，从而导致小集团、小圈子，影响组织的凝聚力和稳定性。

3. 答：(1)潜在对立和不相容；(2)认知与个人化；(3)行为意向；(4)行为；(5)结果。

五、案例分析题

案例分析(一)

1. A　2. BCD　3. C　4. A

5. 答：个人可以通过锻炼主动倾听的技巧，培养表达的技能，选择恰当的沟通渠道，积极地换位思考，进行建设性的反馈，积极利用新技术等多方面克服沟通困难。

案例分析(二)

1. 答：很差。没有达成共识，上下级之间不了解对方的真实想法。

2. 答：老板应努力提高上行沟通的方式方法，给下属设置目标、布置任务，通报组织的有关政策和规定，指出需要注意的问题等。而下级王明也应该主动与老板沟通，多汇报和表达自己的想法，多做记录，形成一个必要的信息反馈系统。

第12章　控制职能概述

一、本章词汇(略)

二、单项选择题

1. C　2. D　3. C　4. A　5. C　6. B　7. D　8. B　9. A　10. C
11. A　12. D　13. B　14. C　15. B　16. A　17. A　18. A　19. B　20. B

21. D 22. A 23. D 24. C 25. D 26. B 27. B 28. A 29. B 30. C
31. C 32. A 33. B 34. B 35. B 36. C 37. A 38. B 39. C 40. C
41. B 42. A 43. D 44. B 45. D 46. B 47. D 48. C

三、多项选择题

1. BCD 2. BCD 3. BCD 4. ACD 5. AC

四、判断题

1. √ 2. × 3. × 4. √ 5. √

五、简答题

1. 答：控制是指按照既定的计划、标准和方法对工作进行对照检查，发现偏差，分析原因，进行纠正，以确保组织目标实现的过程。

2. 答：(1) 适应环境的变化；(2) 限制偏差的累积；(3) 处理组织内部的复杂局面；(4) 降低成本。

3. 答：(1) 确立标准。标准是控制的依据，没有标准，控制就成了无目的的行动，不会产生任何效果。

(2) 衡量绩效。

(3) 纠正偏差。在衡量绩效之后，管理者便可以对实际工作进行评价，并依据偏差的程度和性质，分析其产生的原因，采取相应的措施：或维持现状，或矫正偏差，或修改标准。

4. 答：(1) 亲自观察；(2) 统计报告；(3) 口头报告；(4) 书面报告；(5) 抽样调查。

5. 答：(1) 根据组织活动过程的不同阶段分类：前馈控制、同期控制、反馈控制；

(2) 根据控制的主体分类：间接控制、直接控制；

(3) 根据控制的标准分类：程序控制、追踪控制、自适应控制、最优控制。

六、论述题

1. 答：(1) 反映计划要求原理。控制是实现计划的保证，控制的目的是为了实现计划，因此，计划越是明确、全面、完整，所设计的控制系统越是能反映这样的计划，则控制工作也就越有效。

(2) 组织适宜性原理。组织机构越是明确、全面、完整，设计的控制技术越能反映组织机构中的岗位职责，也就越有利于纠正偏离计划的误差。

(3) 控制关键点原理。控制关键点原理是控制工作的一条重要原理。这条原理可表述为：为了进行有效的控制，需要特别注意在根据各种计划来衡量工作成效时有关键意义的那些因素。

(4) 控制趋势原理。对于控制全局的管理人员来说，重要的是未来的趋势而不是现状本身。趋势通常是多种复杂因素综合作用的结果，趋势的形成需要一段长时间的积累，并对管理工作的成效起着长期制约作用。

(5) 例外原理。例外原理是指行政领导者越把主要精力集中于一些重要的例外偏差上，则控制工作的效能就越高。

(6)直接控制原理。直接控制是相对于间接控制而言的。直接控制原理可表述为：管理人员及其下属的工作质量越高,就越不需要进行间接控制。

2. 答:(1)适时控制。组织的生产经营活动中产生的偏差只有及时采取措施加以纠正,才能避免偏差的扩大,或防止偏差对组织不利影响的扩散。及时纠偏,要求管理人员及时掌握能够反映偏差产生及其严重程度的信息。

(2)适度控制。一是实施适宜的控制程度和控制频度,防止控制过多或控制不足;二是处理好全面控制与重点控制的关系;三是处理好控制成本和控制收益的关系。

(3)客观控制。客观控制是指应该针对组织的实际状况,进行适宜的监督、量度和纠偏。有效的控制必须是客观的、符合组织实际的。

(4)弹性控制。组织在生产经营过程中可能经常遇到某种突发的、无力抗拒的变化,这些变化使原来的计划与现实条件严重背离。有效的控制系统应该具有灵活性或弹性,应在这样的情况下仍能发挥作用、维持组织的正常运营。

七、案例分析题

1. B 2. C 3. D 4. A 5. B 6. A

第13章 控制方法

一、本章词汇(略)

二、单项选择题

1. C 2. B 3. D 4. C 5. C 6. B 7. B

三、多项选择题

1. ABCD 2. ABCD 3. ABD 4. ABCD 5. BCDE 6. ABC

四、判断题

1. √ 2. √ 3. × 4. × 5. √

五、简答题

1. 答:含义:预算是指通过对组织内外部环境的分析,在科学的生产经营预测与决策基础上,用价值和实物等多种形态反映组织未来一定时期的投资、生产经营及财务成果等一系列的计划和规划。

种类:(1)从预算所涵盖的内容范围来看,主要分为经营预算、资本预算和财务预算;

(2)从预算编制的主体来看,主要分为部门预算和总预算;

(3)从预算所涵盖的时间范围来看,主要分为短期预算和长期预算;

(4)从预算编制的特征来看,主要分为未来状态预算、责任预算及措施预算;

(5)按照编制预算的出发点不同,可分为增量预算和零基预算两大类;

(6) 按预算期的时间特征不同,可分为定期预算和滚动预算。

2. 答：经济订购批量是固定订货批量模型的一种,可以用来确定企业一次订货(外购或自制)的数量。

3. 答：ABC 分类管理法全称为 ABC 分类库存控制法,又称帕累托分析法、主次因分析法、分类管理法。该方法是根据事物在技术或经济方面的主要特征,进行分类排队,分清重点和一般,从而有区别地确定管理方式的一种分析方法。

ABC 分类管理法按照以下步骤进行分类：

第一步,计算每一种材料的金额。

第二步,按照金额由大到小排序,并列成表格。

第三步,计算每一种材料金额占库存总金额的比率。

第四步,计算累计比率。

第五步,分类。累计比率在 0%~60%之间的,为最重要的 A 类材料；累计比率在 60%~85%之间的,为次重要的 B 类材料；累计比率在 85%~100%之间的,为不重要的 C 类材料。

4. 答：含义：准时生产是指一种多品种、小批量混合生产条件下高质量、低消耗的生产方式。

基本思想：

(1) 准时生产方式的基本思想是"只在需要的时候,按需要的量,生产所需的产品",也就是追求一种无库存或库存达到最小的生产系统；

(2) 准时生产方式以准时生产为出发点,首先暴露出生产过量和其他方面的浪费,然后对设备、人员等进行淘汰、调整,达到降低成本、简化计划和提高控制的目的；

(3) 准时生产的基础之一是均衡化生产,即平均制造产品,使物流在各作业之间、生产线之间、工序之间、工厂之间平衡和均衡地流动；

(4) 准时生产提倡采用对象专业化布局,用以减少排队时间、运输时间和准备时间；

(5) 准时生产可以使生产资源合理利用,包括劳动力柔性和设备柔性；

(6) 准时生产强调全面质量管理,目标是消除不合格品,消除可能引起不合格品的根源,并设法解决问题。

5. 答：含义：六西格玛管理法是一种统计评估法,其核心是追求零缺陷生产,防范产品责任风险,降低成本,提高生产率和市场占有率,提高顾客满意度和忠诚度。六西格玛管理既着眼于产品、服务质量,又关注过程的改进。

主要特征：(1) 以顾客为关注焦点；(2) 通过提高顾客满意度和降低资源成本促使组织的业绩提升；(3) 注重数据和事实；(4) 实现对产品和流程的突破性质量改进；(5) 有预见的积极管理；(6) 追求完美,容忍失误。

6. 答：平衡计分卡是由财务、顾客、内部业务流程、学习和成长四个方面构成的衡量企业、部门和人员的卡片,之所以取名为平衡计分卡,是因为它的目的在于平衡,兼顾战略与战术、长期和短期目标、财务和非财务衡量方法、滞后和先行指标。

7. 答：含义：标杆管理就是以在某一项指标或某一方面指标实践上竞争力最强的企业或者行业内的领先企业或组织内部某部门作为基准,将本企业的产品、服务管理措施或相关实践的实际情况与这些基准进行定量化的评价、比较,在此基础上制定、实施改进的策略和方法,并持续不断反复进行的一种管理方法。

类型：根据标杆对象选择的不同，通常可将标杆管理分为以下几类：内部流程标杆、外部竞争性流程标杆、功能性流程标杆、通用性标杆管理。

六、论述题

1. 答：零基预算，又称零底预算，是指在编制成本费用预算时，不考虑以往会计期间所发生的费用项目或费用数额，而是将所有的预算支出均以零为出发点，一切以实际需要与可能出发，逐项审议预算期内各项费用的内容及开支标准是否合理，在综合平衡的基础上编制费用预算的一种方法。

其具体步骤如下：

（1）组织的各部门在明确组织目标的基础上，将长远目标、近期目标相结合，说明各项业务性质、目的，以零为基础，详细制定各项业务所需要开支的预算。

（2）组织决策者对各部门的预算方案，进行成本-效益分析，比较评价，权衡各预算项目的轻重缓急，根据组织目标排出各项业务的先后次序。

（3）按次序分配可用资金，落实预算，如果分配到最后已无多少剩余资金可供分配，则应暂时放弃那些要进行而又不是必须进行的项目，以免最终因资金不足而使计划落空。

2. 答：生产控制是指系统凭借控制的动能，监督、制约和调整系统各环节的活动，使生产系统按计划运行，并能不断适应环境的变化，从而达到系统预定的目标。

生产控制的内容有：（1）生产进度控制，又称生产作业控制，是在生产计划执行过程中，对有关产品生产的数量和期限的控制。其主要目的是保证完成生产作业计划所规定的产品产量和交货期限指标。

（2）设备维修。设备维修是对机器设备、生产设施等制造系统硬件的控制。其目的是尽量减少并及时排除物资系统的各种故障，使系统硬件的可靠性保持在一个相当高的水平。

（3）库存控制，又称库存管理，是对制造业或服务业生产经营全过程的各种物品、产成品以及其他资源进行管理和控制，使其种类、数量、存储时间维持在经济、合理的水平上。

（4）成本控制。常用的成本控制方法有目标成本法、作业成本法、责任成本法和标准成本法。

（5）准时生产。其实质是保证物流和信息流在生产中的同步，实现以恰当数量的物料在恰当的时间进入恰当的地方。

（6）质量控制是质量管理的一部分，致力于满足质量要求。迄今为止，质量管理和控制已经经历了三个阶段，即质量检验阶段、统计质量管理阶段和全面质量管理阶段。

3. 答：平衡计分卡反映了财务、非财务衡量方法之间的平衡，长期目标与短期目标之间的平衡，外部和内部的平衡，结果和过程平衡，管理业绩和经营业绩的平衡等多个方面。所以它能反映组织综合经营状况，使业绩评价趋于平衡和完善，利于组织长期发展。

（1）顾客方面。管理者确认组织将要参与竞争的客户和市场部分，并将目标转换成一组指标，如市场份额、客户留住率、客户获得率、顾客满意度、顾客获利水平等。顾客方面回答的是"顾客如何看待我们"的问题。

（2）内部业务流程方面。平衡计分卡重视的不是单纯的现有经营过程的改善，而是以确认顾客和股东的要求为起点、满足他们的要求为终点的全新的内部经营过程。内部业务流程着眼于企业的核心竞争力,回答的是"我们的优势是什么"的问题。

(3) 学习和成长方面。学习和成长方面的目标是解决"我们是否能持续为客户提高并创造价值"这一问题。只有持续提高员工的技术素质和管理素质,才能不断地开发新产品,为客户创造更多价值并提高经营效率,企业才能打入新市场,增加红利和股东价值。

(4) 财务方面。财务方面列示了组织的财务目标,并衡量战略的实施和执行是否在为最终的经营成果的改善做出贡献。其目标是解决"股东如何看待我们"这一问题。表明我们的努力是否对企业的经济收益产生了积极的作用。因此,财务方面是其他三个方面的出发点和归宿。

4. 答:(1) 标杆管理的实施需要历经一系列的流程:

① 确定标杆管理的项目。标杆管理的项目一般是对企业竞争力影响最重要的因素,同时也是企业的薄弱环节。一般来说,项目应在对自己状况进行比较深入、细致研究的基础上确定。

② 确定标杆管理的对象和对比点。这个对象应当是业绩最佳、效率最高的少数有代表性的对象。标杆管理的对比点应当在标杆控制项目范围内决定,通常为业绩的作业流程、管理实践或关键要素,在此基础上确立测量指标作为控制的依据。

③ 资料收集和调查。从各种渠道收集相关项目、相关调查对象和调查内容方面已有的研究报告、调查报告或相关信息。

④ 分析比较,找出差距,确定最佳纠偏做法。在对所取得的资料进行分类、整理,并进行必要的进一步调查的基础上,进行调查对象之间以及调查数据与自己企业的实际情况的比较研究,确定出各个调查对象所存在的差异,明确差距形成的原因和过程,并确定出最佳做法。

⑤ 明确改进方向,制订实施方案。在明确最佳做法的基础上,找出弥补自己和最佳实践之间差距的具体途径或改进机会,设计具体的实施方案,并进行实施方案的经济效益分析。

⑥ 实施与监督。将方案付诸实施,并将实施情况不断和最佳做法进行比较,监督偏差的出现并采取有效的校正措施,以努力达到最佳实践水平,努力超过标杆对象。

(2) 标杆管理的局限性:

① 标杆管理导致企业管理模式趋同。标杆管理鼓励企业相互学习和模仿,模仿使得从整体上看企业运作效率的绝对水平大幅度提高,然而企业之间相对效率差距却日益缩小。普遍采用标杆管理的结果必然使各个企业的管理模式趋同。

② 标杆管理陷阱。如果标杆管理活动不能使企业跨越与领先企业之间的"技术鸿沟",单纯为赶超先进而继续推行标杆管理,则会使企业陷入繁杂的"落后—标杆—又落后—再标杆"的"标杆管理陷阱"之中。

七、计算题

答:由题意可知:

每次订货成本 $A=128$ 元,年需求量 $N=2500$ 吨,货款 $K=4000000$ 元,保管费用率 $R=16\%$

则：产品单价 $P = \dfrac{K}{N} = \dfrac{4000000}{2500} = 1600(元)$

单位保管费用 $C = P \cdot R = 1600 \times 0.16 = 256(元)$

(1) 经济订购批量：

$$Q^* = \sqrt{\dfrac{2AN}{C}} = \sqrt{\dfrac{2 \times 128 \times 2500}{256}} = 50(吨)$$

(2) 每年订货次数 $= \dfrac{N^*}{Q} = \dfrac{2500}{50} = 50(次)$

(3) 平均保管费用 $= \dfrac{Q}{2} \cdot C = \dfrac{50}{2} \times 256 = 6400(元)$